Mein
Gartenparadies

Mary Keen

Mein Gartenparadies

Von der Entstehung eines der schönsten
Gärten Englands

Fotografien von Andrew Lawson

Callwey

Meiner Familie gewidmet

Übersetzung aus dem Englischen
von Bärbel Baeseler, Börm

Die Originalausgabe erschien unter dem Titel »Creating a Garden«
1996 im Verlag Conran Octopus Ltd. in London

Die Deutsche Bibliothek – CIP-Einheitsaufnahme
Mein Gartenparadies: von der Entstehung eines der schönsten
Gärten Englands / Mary Keen. Fotogr. von Andrew Lawson. [Übers.
aus dem Engl. von Bärbel Baeseler. Verantw. Hrsg.: Sarah Pearce]. –
München: Callwey, 1997
Einheitssacht.: Creating a garden <dt.>
ISBN 3–7667–1279–9 Gb.

© 1996 Conran Octopus Limited
© 1997 Verlag Georg D.W. Callwey GmbH & Co,
Streitfeldstraße 35, D-81673 München
© Text: Mary Keen 1996; Fotos: Andrew Lawson 1996;
Zusammenstellung und Gestaltung der Originalausgabe:
Conran Octopus Limited 1996; der deutschen Ausgabe 1997
beim Verlag Georg D. W. Callwey GmbH & Co

Das Werk einschließlich aller seiner Teile ist urheberrechtlich
geschützt. Jede Verwertung außerhalb der engen Grenzen des
Urheberrechtsgesetzes ist ohne Zustimmung des Verlages unzulässig
und strafbar. Das gilt insbesondere für Vervielfältigungen, Übersetzungen, Mikroverfilmungen und die Einspeicherung und
Verarbeitung in elektronischen Systemen.

Verantwortlicher Herausgeber   Sarah Pearce
Projektleitung   Stuart Cooper
Textherausgeber   Sarah Ridell
Assistenz   Helen Woodhall
Künstlerische Leitung   Leslie Harrington
Gestaltung der englischen Ausgabe   Lesley Craig
Zeichnungen   Vanessa Luff, Liz Pepperell, Corinne Renow-Clarke
Bildbeschaffung   Jess Walton
Produktion   Julia Golding
Register   Hilary Bird

Umschlaggestaltung   Bernd Wegener, Berlin, unter Verwendung
der Abbildung Seite 104 und 107, fotografiert von Andrew Lawson
Satz   Edith Mocker, Eichenau
Druck und Bindung   Mandarin Offset Ltd., Hongkong
Printed in China 1997
ISBN 3–7667–1279–9

INHALT

Vorwort 6

DIE GESCHICHTE EINES GARTENS

Der neue Garten 10

Der Stachelbeergarten 22

Das Tal 36

Der Gemüsegarten 50

Der Obstgarten 72

Das Plateau 84

Die Christrosen-Beete 94

Der Sommer- und der Wintergarten 108

An Mauern und in Töpfen 128

Den Garten genießen 144

TIPS UND TRICKS

Die Planung 158

Harte Arbeit 164

Bodenvorbereitung 172

Blumenrabatten 178

Ein Zeitplan für einen neuen Garten 186

Die Pflege des Gartens 192

ANHANG

Lieblingspflanzen 200

Register 206

Dank 208

VORWORT

Es war eine schöne Aufgabe, die Gärten um das neue Opernhaus in Glyndebourne zu gestalten. Ich selbst bevorzuge aber Gärten, die wesentlich kleiner sind.

Einige Gärten sind wie Paradiese – sie besitzen eine emotionale Kraft, die ein Hochgefühl hervorruft. Diese privaten Bereiche wecken eine Vielzahl von Assoziationen und Träumen und bilden eine sichere Insel, um sich vom Alltag zurückzuziehen. Die heutige Zeit verlangt in allen Bereichen ein fertiges Produkt, aber ein fertiges Garten-Design gibt es nicht. Anlage- und Bepflanzungspläne sind nur der Anfang, denn kein Garten ist jemals fertig: das Verändern und Wachsen ist das Wichtige. Im Laufe der Zeit lassen sich selbst an kleinsten Gärten unterschiedliche Bedeutungsebenen ablesen. Es handelt sich dabei um Unwirklichkeiten: Atmosphäre, Frieden, die Möglichkeit, einen Garten im Licht der Morgendämmerung oder im letzten Abendlicht zu genießen, sind schwer zu erfassen. Wenn jemand wissen möchte, wie Pflanzen gepflegt und zusammengestellt werden, kann es nützlich sein, sich spezielle Schaugärten anzusehen. An solch meist überfüllten Orten kann sich jedoch kaum eine friedliche Besinnung einstellen. Die objektive Erfahrung eines frem-

VORWORT

den Gartens ist niemals mit der subjektiven Einstellung zu vergleichen, die nur in dem Garten zu finden ist, in dem man selbst arbeitet. Die Beziehung zu einem Garten, den man sich nur anschaut, ist oberflächlich; der eigene Garten aber ist Teil des eigenen Lebens und kann somit auch zu einer totalen Bindung führen.

Wenn ich Gärten für Kunden anlege, suche ich zuerst nach der Beziehung zwischen Besitzer und Garten. Der Garten muß dem entsprechen, was sich der Auftraggeber vorstellt – innerhalb der realen Möglichkeiten –, und er muß mit dem Haus eine Einheit bilden. Manchmal sind diese Anforderungen schwer miteinander in Einklang zu bringen. Viele Gärten, bei deren Anlage ich geholfen habe, sind sehr groß und dienen meist der Repräsentation: Sie sind zum „Vorzeigen" für Freunde oder Besucher gedacht. Meist handelt es sich dabei um Gärten, in denen der Besitzer nicht selbst arbeitet. Ich habe Spaß an solchen Aufgaben, wo sich großzügige Themen und kostspielige Vorstellungen verwirklichen lassen; die Gärten, die ich am liebsten mag, sind jedoch meist kleiner. Es sind Gärten, in denen der Besitzer oder ein sehr einfühlsamer Gärtner wirklich mit der täglichen Arbeit beschäftigt ist. Ein Garten mit Seele benötigt jemanden, der ihm Leben einhaucht und auf die individuellen Schwingungen reagieren kann. Ein Ausdruck wie „penibel gepflegt" ist etwas ganz anderes als „liebevoll umsorgt". Wenn es sich nur um eine Bürde und nicht um ein Vergnügen handelt, so zeigt sich das deutlich.

Es gibt ein verwirrend großes Angebot von Ratgebern für Gärten und Gartenanlagen, so daß ein weiteres Buch in diese Richtung kaum zu rechtfertigen wäre. Als jedoch meine älteste Tochter anfing, einen Garten anzulegen, wollte sie von mir wissen, wie ich damals begann und welche Gedanken ich dabei hatte. Während der letzten drei Jahre, seit wir in die Cotswolds, im Südwesten Englands, gezogen sind, fand ich heraus, daß ich diesen Garten ganz anders anging als Gärten, die ich für Auftraggeber plante und ausführte. Es erscheint vielleicht als Einschränkung, daß ich mich in diesem Buch nur auf einen einzigen Garten konzentriert habe; es wäre aber nicht möglich gewesen, die Gedanken, die mich dabei beschäftigt haben, zu generalisieren. Wichtig ist, daß der Garten „unter die Haut" geht. Das ist wesentlich einfacher zu erreichen, wenn man am eigenen Garten arbeitet als an einem Projekt für andere. Fachleute können beim Organisieren helfen und verschiedene Vorgehensweisen vorschlagen. Sie können auch viele Ideen anregen, aber sie werden einen Garten nicht besser verstehen können als derjenige, der in ihm lebt. Keiner wird in der Lage sein, einen befriedigenderen Garten für Sie anzulegen als Sie selbst. Es kann Jahre dauern, aber während dieser Zeit können Sie, wie wir damals, direkt im Paradies leben.

GARTENPLAN

Gartenräume

1. Das Tal und der Teich
2. Der Sommer- und der Wintergarten
3. Die Christrosen-Beete
4. Das Plateau
5. Der Obstgarten
6. Der Stachelbeergarten
7. Der Gemüsegarten

Gebäude

8. Das Haus und die Schuppen
9. Der Holzschuppen (Garage)
10. Die kleine Schule und das Gewächshaus
11. Die Kirche

Wichtige Bäume

12. Eibe
13. Kupferfarbene Buche
14. Kastanie
15. Apfelbäume
16. Zeder
17. Linde

DIE GESCHICHTE EINES GARTENS

DER NEUE GARTEN

Die Suche nach der Seele des Gartens • Haus und Umgebung •
Vergangenheit und Gegenwart • Harmonie als Ziel •
Eine richtige Entscheidung • Ein weiter Ausblick • Der eigene Garten

Einen Garten sollte man vor allem langsam anlegen. Wenn ich an einem fremden Projekt arbeite, müssen Entscheidungen viel schneller getroffen werden, als mir lieb ist: Der Anblick eines Beraters, der nur umherschweift, um „ein Gefühl für den Garten" zu bekommen, erweckt wenig Vertrauen im Auftraggeber. Pope, ein Poet und leidenschaftlicher Gärtner des 18. Jahrhunderts, gab schon damals den guten Rat, erst einmal die Stimmung eines Ortes auf sich wirken zu lassen.

Manchmal ist die Seele eines Ortes schwer zu finden, diese Erfahrung haben wir auch mit unserem neuen Haus gemacht. Die Umgebung war wunderschön. Auf meiner Haussuche fuhr ich an einem Oktobertag ein kleines Tal hinunter, in dem Buchenwälder einen Fluß säumten, und fand ein großes, mit Wildem Wein bewachsenes Haus, umgeben von

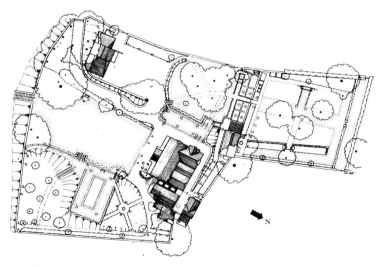

LINKS: *Als der Wilde Wein entfernt, die Autos von der Vorderseite des Hauses verbannt und der Eingangsbereich wiederhergestellt waren, sah das Haus nicht mehr so entmutigend aus.*

DIE GESCHICHTE EINES GARTENS

Noch bevor gepflanzt wurde, bot die Sitzgruppe einen schönen Platz in der Sonne. Am frisch gekalkten Vorbau rankt noch keine Rose, aber auf der Kiesterrasse siedelten sich bald Thymian, Stockrosen und Königskerzen an.

verstaubten Sträuchern – ein enttäuschendes Ende einer schönen Fahrt. Hinter dem dreistöckigen Gebäude ragte eine uralte, angelsächsische Kirche empor. „Das mußt Du sehen. Es ist wie im England zu Chaucers Zeiten", schrieb John Betjeman an einen Freund. In seinem Führer „Guide to Parish Churches of England and Wales" beschrieb er diese überschwenglich und gab ihr einen Stern als besonders attraktive Kirche. Freunde meinen immer wieder, daß ich mich bestimmt auf den ersten Blick in diesen Ort verliebt hätte; ich muß jedoch zugeben, daß ich damals kaum Möglichkeiten sah, aus diesem Anwesen etwas zu machen. So schön auch das Tal und die Kirche sein mochten, das Haus war entmutigend und ein Garten eigentlich nicht vorhanden.

Bei der Vorstellung hier Blumen anzupflanzen, wo das Klima rauh erschien, das Gelände steil war und die Erde steinig, bezweifelte ich, ob die Cotswolds wirklich so berühmt für ihre Gärten sein könnten. Unser letztes Haus lag an einem sanft nach Süden abfallenden Hang. Die kiesige Erde trocknete schnell ab und ließ sich sehr einfach bearbeiten. Um das Haus herum war es immer warm. In Berkshire, im Südosten Englands, blühten die Schönmalven manchmal den ganzen Winter lang; wir hatten einen drei Meter hohen Lorbeerbaum und beschnitten die Rosen kurz vor Weihnachten. In den Cotswolds schienen die Bedingungen ganz anders zu sein. Das Gärtnern sah nach schwerer Arbeit aus, und offenbar war der Wind ein großes Problem. Die Einheimischen erzählten, daß es fast jeden Winter schneien würde. Es war also keine Liebe auf den ersten Blick, aber zu dem Zeitpunkt war einfach nichts anderes zu bekommen. Wir hatten unser Haus im schönen Berkshire verkauft, und da die Umgebung und die Kirche unwiderstehlich waren, entschieden wir uns für dieses Anwesen. Ich selbst war mit dem ganzen Unterfangen nicht sehr glücklich.

Das Tal war wirklich sehr schön, aber das Haus schien nicht dazuzugehören. Von der Vorderseite gab es keinen weiten Blick, der eine Verbindung zur Landschaft hergestellt hätte. Es gab auch keine Pflanzen, die einen direkten Bezug zur Umgebung gebracht hätten. Heidesträucher und Johanniskraut bedeckten einen steilen Hang nach Westen und ließen nur auf einen hastigen Besuch in einem Gartencenter schließen. Hinter dem Haus war ein künstlicher Steingarten angelegt worden; eine Seite davon aus Betonplatten – nicht aus dem warmen, gelben Cotswolds-Stein. Hier wuchsen weitere Heidesträucher. Ein leuchtend blauer Swimmingpool lag dicht an der Grundstücksgrenze. Das Haus selbst mußte neu eingedeckt werden, und im Inneren waren diverse Reparaturen und Umbauten in Gang. Baumaterialien, Gerüste, LKWs und Müllcontainer umgaben das Gebäude, und der Lärm von Radios und Hämmern erfüllte die Luft. In dieser Atmosphäre war es schwer zu entscheiden, wo mit dem Garten angefangen werden sollte. In vielen Büchern wird empfohlen, ein Jahr zu warten, um zu sehen, was in einem neuen Garten bereits vorhanden ist. Das erschien mir aber viel zu lang. Ich befürchtete: Wenn ich nicht bald mit dem Garten beginnen würde, ich würde das ganze Unternehmen fallen lassen.

Zuerst entfernten wir den Wilden Wein vorn am Haus. Dahinter kam eine hellgraue Vorderseite mit vielen Fenstern aus der Zeit Georgs V. zum Vorschein. Um das gesamte Gebäude herum mußte mehr Platz geschaffen werden. Ausgehend von einem Haus selbst findet man oft den Schlüssel für die passende Gartenanlage. Die Gärten, die ich im Auftrag übernehme, umgeben oft alte Gebäude. Ein Architekt koordiniert meist die Arbeiten zwischen Gebäude und Garten. Es erscheint vielleicht vermessen zu behaupten, daß ein Garten immer eine Verbindung zwischen dem Menschen und der Natur darstellt, wo doch viele von uns in Städten leben müssen. Aber auch Städte haben eine Landschaft, und die Bäume einer Straße oder in einem Nachbarsgarten bilden die Umgebung, die den privaten Bereich umschließen. Wenn an der Straße ein dominierender Baum vorhanden ist, vielleicht eine Allee von Kirschbäumen, dann sollte man etwas Ergänzendes pflanzen und nicht etwas, das in direkter Konkurrenz zu den Kirschbäumen steht. Ein Garten ist für mich dann schön, wenn eine Zugehörigkeit zum Haus und der Umgebung zu finden ist. Egal, wie attraktiv eine bestimmte Pflanze ist, wenn sie nicht im Einklang mit dem Gebäude und der Umgebung steht, kann sie nicht toleriert werden. Es ist wichtig zu wissen, was fortzulassen ist – erst dadurch entsteht eine harmonische Einheit.

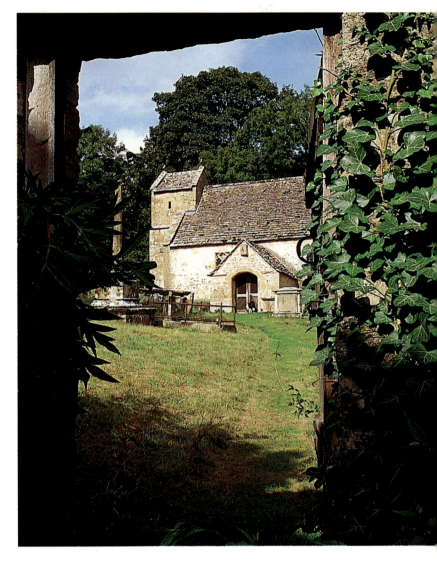

Durch eine Tür in der Mauer hat man einen wunderschönen Blick auf die kleine, alte Kirche.

Nachdem das Haus eine saubere Fassade hatte, begann ich es zu akzeptieren und konnte mich auch näher mit seiner Geschichte befassen. Im Jahre 1805 wurde das Gebäude, das damalige Pfarrhaus, vom Corpus Christi College in Oxford als ziemlich verfallen beschrieben. Das College war zu der Zeit Eigentümer der Gemeinde. Im Jahre 1834 wurde es vom Pfarrer wiederhergestellt – mit einer Fassade wie die einer Puppenstube. Es war die Art von Haus, die schon immer Ausblick auf das Pfarrland hatte, vielleicht mit einem Weg durch ein Gebüsch, Blumenbeete mit schönen Pflanzen und einem Kräutergarten. Hundert Jahre später wurde das Gebäude an einen Architekten, Sidney Gambier-Parry, verkauft, der in den frühen 20er Jahren einen Anbau im Cotswolds-Stil und einen Vorbau vor die Haustür im Arts-and-Crafts-Stil veranlaßte. Er züchtete Bienen, restaurierte die Kirche und pflanzte die Thujenhecken, die zu dem Zeitpunkt, als wir das Haus kauften, eine sehr dominante Stellung im Garten einnahmen. Nach ihm wohnte die

DIE GESCHICHTE EINES GARTENS

Auf den ersten Blick war das Haus nicht sehr vielversprechend. Die hohen Bäume links schienen das Haus einzuengen – im Vergleich dazu das luftigere Plateau auf Seite 10. Wilder Wein kann an einer südlichen Hauswand kaum als Schmuck angesehen werden.

Schwester der Schriftstellerin Katherine Mansfield in dem Haus. Sie hatte eine erstaunliche Sammlung von Christrosen und Kirschbäumen, die enorm ertragreich waren. Sie liebte das Anwesen und war bekannt für ihre Energie und Güte. Von ihrem Garten war nur noch wenig vorhanden. Die Pflanzungen waren verschwunden, aber an einem der Schuppen fanden wir viele Maiglöckchen und eine besonders schöne rote Strauchpäonie, die sich an diversen Stellen ausgesät hatte. Unmittelbar vor uns war das Haus von einer Familie bewohnt worden, die wohl auch von der Kirche fasziniert war und die den Garten erstaunlich pflegte – es gab kaum noch Unkraut. Leider hatte sie moderne Baumaterialien eingesetzt und pflegeleichte Büsche gepflanzt, die mit soviel Geschichte nicht in Einklang zu bringen waren. Ich habe nichts gegen moderne Materialien und Pflanzen; sie passen aber besser zu modernen Gebäuden.

Langsam entwickelte sich bei mir ein Bild von dem Garten, der zum Haus gehören könnte. Es sollte etwas von dem wiederhergestellt werden, das zu der Zeit, als die Pfarrfelder bestanden, vorhanden war. Die Felder gehörten nicht mehr zum Anwesen, aber es grasten noch Schafe darauf. Der Garten sollte etwas von dem Arts-and-Crafts-Gedanken erhalten, der in dieser Gegend so stark vertreten und von Gambier-Parry überall im Hause

DER NEUE GARTEN

zu finden ist. Das bedeutete, daß örtliche Materialien und sehr gute Handwerker nötig würden, was bestimmt nicht billig werden würde. Wir hatten uns aber darauf geeinigt, selbst wenn es Jahre dauern müßte. Für einige steht dieses Arts-and-Crafts-Element im Widerspruch zum Stil des Hauses. Strenge Verfechter der Bewegung der Zeit Georgs V. haben etwas gegen den Türvorbau, der die Fassade unterbricht. Beides war aber vorhanden, und für mich bedeutet es eine in dieser Gegend verwurzelte Tradition, die das Haus davor schützt, zu glatt und überschaubar auszusehen. An der Rückseite hat das Gebäude Giebel und ist wesentlich älter; hier wurde im typischen Cotswolds-Stil gebaut. Man hätte das ignorieren und das Haus so umbauen können, daß es eher einer Miniaturausgabe eines Herrschaftshauses entspricht – dazu sind die Zimmer aber allesamt zu klein und quadratisch. Außerdem mußte es auch der Kirche gerecht werden – das kleine Haus hinter der Kirche machte Träume von Grandeur schnell zunichte.

Die Festlegung von Richtlinien, die durch den Stil und die Umgebung eines Hauses beeinflußt werden, hat noch nie jemanden daran gehindert, einen Garten ganz individuell anzulegen. Für die meisten von uns bestehen die elementaren Bedürfnisse in einem Garten darin, einen Platz zum Sitzen und eine Ecke für Blumen zu haben. Wenn diese

Als wir hierher zogen, gab es keinen ungetrübten Blick auf Felder mit weidenden Schafen. Die Rasenfläche war kleiner und wurde auf einer Seite von der großen Thujenhecke und auf der anderen Seite von einer geschlossenen Front aus Koniferen und Lorbeerkirschen eingeengt.

Gleich nachdem wir umgezogen waren, erschienen die Osterglocken und Narzissen. Die größeren, gelben sind eine neuere Züchtung, die wir inzwischen wieder entfernt haben, um sanfteren Farben Platz zu machen. Auf einem der Apfelbäume fanden wir zu unserer großen Freude eine Mistel.

einfachen Wünsche ein gemeinsames Thema haben, wird der Garten, egal wie klein, zum Erfolg. Größere Gärten bieten die Möglichkeit, Gemüse anzubauen, einen Platz zum Spielen für die Kinder und eine Ecke für Müll und Kompost sowie viele Beete für Stauden und Pflanzen. Diejenigen, die Blumen lieben, legen vielleicht sowohl sonnige als auch schattige Blumenbeete an oder möchten – so wie ich – verschiedene Bereiche für unterschiedliche Jahreszeiten anpflanzen. Unabhängig davon, wieviel Platz ein Gartenliebhaber auch zur Verfügung hat, es ist immer zu wenig, um alle gewünschten Pflanzen unterzubringen. Die Versuchung ist groß, alle Pflanzen, über die man liest oder die man sieht, auch anzuschaffen. Die Einheit des Ganzen sollte aber nicht außer acht gelassen werden: durch selbst auferlegte Disziplin wird die Wirkung eines Gartens erhöht; es handelt sich eben nicht um eine bloße Ansammlung von Pflanzen.

Wenn man anfängt, einen Garten zu planen, ist es oft hilfreich, sich einen Weg vorzustellen: einen genüßlichen Spaziergang mit vielen Unterbrechungen, zusammen mit einem anderen Gartenliebhaber, aber doch meist allein. Ich finde Gärten, in denen man sich selbst vergessen kann, am schönsten; das wollte ich auch mit meinem eigenen Garten erreichen. Der Garten war nie für Besucher gedacht, die nach ausgefallenen Pflanzen suchen oder verblüffende Farbkompositionen entdecken sollten. Diese Aspekte sind immer zweitrangig – wichtig ist die Seele des Gartens und das Konzept der Anlage.

Der schönste Blick über die Landschaft wurde durch eine Kiesauffahrt vor dem Haus und ein schmales Rasenstück, das durch zuviel Wildwuchs verdunkelt wurde, verdorben. Nach Osten hin wurde die Rasenfläche von einer 30 Meter langen Thujenhecke begrenzt und nach Süden hin schloß dichtes Gebüsch an. In der westlichen Ecke ragten einige Zypressen aus einer Hecke mit zweifarbigen Lorbeerkirschen und Flieder hervor. Das große Haus war also von allen Seiten eingeschlossen; es verlangte dringend nach mehr Licht und Luft. Der Architekt Le Nôtre, der für Ludwig XIV. in Versailles arbeitete, war der Meinung, daß jedes Haus eine Terrasse brauche, deren Tiefe der Höhe des Gebäudes zu entsprechen hätte. Das ist keine schlechte Regel, aber etwas so Formales wie eine Terrasse ist nicht erforderlich. Eine Rasenfläche vor einem Haus erzeugt die gleiche Ruhe, die jedes Gebäude ergänzt. Le Nôtre legte Terrassen an, so daß man bequem spazierengehen konnte, ohne nasse Füße zu riskieren. In der heutigen Zeit ist eine Rasenfläche ebensogut. Unsere Vorfahren haben einen Großteil ihrer Freizeit mit Spazierengehen zugebracht; heute mögen wir lieber auf dem Rasen liegen und uns dabei unterhalten oder auf dem Rasen spielen. Diese Ebene vor dem Haus dient auch als Anker: das Gebäude wird durch den Rasen mit der Umgebung verankert. Sitzt oder liegt man auf dem Rasen, kann man diese Verbindung spüren. Um eine großzügige Rasenfläche anzulegen, mußten die Parkplätze vor dem Haus verschwinden; die Wagen wurden in einen anderen Teil des Gartens – neben der Garage – verbannt. Es ist zwar umständlich und unbequem, einen längeren Weg mit Einkäufen im Regen zurückzulegen, trotzdem würde ich immer versuchen, Autos aus der direkten Umgebung des Hauses zu entfernen.

Um das Gefühl von Weite zu vertiefen, entfernten wir die Thujenhecke, so daß die Rasenfläche größer wurde. Da Lebensbäume nur flach wurzeln, war das keine schwere Arbeit. Die Hecke und die Zypressen wurden von einem örtlichen Unternehmen gefällt, das uns einen Berg von Borke hinterließ, die sich gut zum Mulchen eignete. Das Geld war also sinnvoll ausgegeben. Wir versetzten die Fliedersträucher und Schneebeeren zur südlichen Gartengrenze, und nachdem Steine aufgelesen und der Rasen angesät worden waren, freuten wir uns auf eine große Rasenfläche und den Ausblick auf die weidenden Schafe. Die unmittelbare Umgebung des Hauses hatte sich positiv verändert.

Ein Auslichten im großen Umfang muß gut überlegt sein; man sollte zuvor immer wieder aus höhergelegenen Fenstern in den Garten schauen, um sich vorzustellen, wie sich der Ausblick nach dem Fällen von vielen Bäumen verändern würde. Die riesige Thujenhecke verbarg einen großen Teil des Bauernhofs unseres Nachbarn, aber sie verdeckte

Vom Fenster am Treppenabsatz aus hat man im Herbst einen weiten Blick über den Rasen bis hin zu den nebelverhangenen Bergen.

auch den Blick auf einen wunderschönen Wald. Ersetzt durch Eiben würde die neue Hecke nach einiger Zeit und nach viel Düngen die nicht so schönen Aspekte des Bauernhofs verdecken und gleichzeitig den Blick auf den Wald freigeben.

Im Westen des Hauses hatten wir einen kleinen Obstgarten mit übernommen, der zu zwei Rosenbeeten mit Teehybriden abfiel. Darunter führte der Hang mit Heidesträuchern und Johanniskraut weiter bis hin zu einer hohen Mauer, die fast an die Fenster reichte. Ähnlich wie vor dem Haus war auch an der Westseite zu wenig freie Fläche vorhanden. Durch eine terrassenförmige Anlage ließen sich großzügige Ebenen gestalten, die dem Gebäude mehr Platz geben würden. Dies war der zweite Bereich, den wir zusammen mit einem Handwerker, der sich auf Trockenmauern spezialisiert hatte, in Angriff nahmen. Die hohe Mauer wurde durch zwei niedrigere ersetzt; eine Höhe von etwa einem Meter nahe am Haus ist wesentlich gefälliger. Die obere Mauer vor dem Obstgarten und den Rosenbeeten wurde etwas höher. Zwischen den Mauern hatten wir dann Platz für ein Plateau.

Im Frühjahr des ersten Jahres (der Umzug war im März) beschäftigten wir uns vor allem mit dem Plateau und den Vorbereitungen für den oberen und westlichen Gartenbereich. Das war aber kein Ersatz für eigentliche Gartenarbeit. Wir konnten nicht ein ganzes Jahr ohne das Anpflanzen von Blumen und Sträuchern leben. Unterhalb der Kirche, im Gemüsegarten, fanden wir Obstbäume und die Reste eines Hühnerauslaufs vor. Dort waren zwei kleine Gemüsebeete angelegt worden. An dieser Stelle machten wir Platz für die Pflanzen, die wir von unserem vorherigen Garten mitgebracht hatten, und die später in diesem Garten zu neuer Pracht gedeihen sollten. Eigentlich hätten wir all das, was sich in unserem alten Garten befand, auch dort lassen müssen. Ähnlich wie Türbeschläge oder Badarmaturen dürfen auch Pflanzen nicht entfernt werden. Die meisten Pflanzen lassen sich jedoch problemlos durch ähnliche ersetzen. Für unseren Frühlingsstart hatten wir bereits im Sommer vor dem Umzug mit dem Planen begonnen.

Lange bevor das alte Haus verkauft worden war, hatten wir viele seltene Christrosenarten ausgegraben und durch gewöhnlichere Sorten ersetzt. Wir gingen davon aus, daß es nur wenige Käufer gäbe, die den Unterschied zwischen *Helleborus x nigercors* und der bekannten *H. x argutifolius* sehen würden. Wäre ein Käufer gekommen, der wirklich die besonderen Sorten hätte schätzen können, wäre ich gern bereit gewesen, die Pflanzen wieder an ihren alten Platz zurückzubringen. Aber ein echter Pflanzenkenner tauchte nie auf, so daß die seltenen Sorten im Umzugswagen verschwanden. Außerdem gab es viele Pflanzen, die einen rein sentimentalen Wert hatten, meist Geschenke von anderen Gartenliebhabern. Eine besonders schöne Form von Lungenkraut, eine Hebe, die ich aus einem Blumenstrauß als Steckling gezogen hatte, die erste Rose, die ich während eines Italienurlaubs gesehen hatte – diese

Das Gewächshaus bietet Raum für kletternde Pelargonien und Bleiwurz sowie einen Arbeitsplatz, an dem Stecklinge und empfindliche Pflanzen überwintern können. Nachdem die Eiben zurückgeschnitten waren, sah es aus, als würden sie nie wieder wachsen; nach drei Jahren jedoch ließen sie sich in ansehnliche Formen schneiden (siehe Seite 84).

Hinter dem Haus wurden die Christrosen und andere Frühlingsblumen gepflanzt. Das Foto zeigt nur zwei Stufen des langen Kieshangs und die Dachziegel, die das Beet begrenzen. Zwei weitere Steinstufen wurden später hinzugefügt. Große Steine aus der Umgebung wurden als Wegmarkierung benutzt.

Pflanzen durften nicht dort gelassen werden. Assoziationen sind genauso wichtig wie die Pflanzen selbst. Die *Rosa banksiae* kann man kaufen, aber sie werden nie die gleiche Bedeutung haben wie jene, die sich aus einem Steckling von der Italienreise entwickelten. Der Seidelbast, den ich aus Samen gezogen hatte, den ich von einem berühmten Gärtner erhielt, ist vielleicht unscheinbarer als die gleiche Sorte, die in einem Gartencenter zu kaufen ist, aber durch seine Herkunft wird er für mich immer etwas besonderes sein. Die seltenen Pflanzen und jene, die einen besonderen sentimentalen Wert haben, machten alle den Umzug vom alten in den neuen Garten mit. Wir waren in diesem ersten, sehr trockenen Sommer damit beschäftigt, uns um diese Pflanzen zu kümmern. Dadurch hatten wir auch das Gefühl, daß die eigentliche Gartenarbeit nicht unterbrochen wurde.

Einige Pflanzen konnten bereits ihren endgültigen Platz ums Haus herum einnehmen. Zu beiden Seiten des Weges, der hinten entlang des Hauses verlief, wurden Lungenkraut und Christrosen gepflanzt, deren Blüten uns schon im Frühjahr erfreuen sollten. Später wurden vor dem Haus Sommerbeete für etwas frostempfindliche Pflanzen wie blaue Malven und dunkelrote Schmuckkörbchen unter einjährigen Kletterpflanzen (wie die grünlichweiße Glockenrebe, goldene Schönranke und blaue Trichterwinde) angelegt. Trotz des steinigen, nicht vorbereiteten Bodens, der voller Winden und Giersch war, wurde auch schon etwas Gemüse angepflanzt. Beim Arbeiten in diesen Bereichen, die allmählich wie unsere eigenen aussahen, entwickelte sich langsam ein Bild von dem Garten, der einmal entstehen könnte. Wenn man viele Stunden im Garten verbringt, wird dieser kreative Prozeß vorangetrieben. Selbst bei den einfachsten Aufgaben, wie Zusammen-

harken von Blättern oder Entfernen von Unkraut, kann die Phantasie für den Garten als Ganzes angeregt werden. Es ist etwa so, als wenn man an ein Stromnetz angeschlossen würde – es entsteht eine Verbundenheit zur Seele des Gartens und man entdeckt Dinge, die keine Planung berücksichtigen könnte. Manchmal kann man wochenlang an einer bestimmten Stelle entlanggehen, bevor man begreift, daß sie etwas ganz Besonderes ist. Vielleicht handelt es sich um eine geschützte Nische, die der Wind nicht erreicht, um den Blick auf einen Baum in einem Nachbargarten oder um eine Ecke, die immer von der Abendsonne bedacht wird. Man muß also viel Zeit damit verbringen, die Details kennenzulernen; erst dann wird ersichtlich, was an dieser Stelle verbessert werden kann. Das Gefühl für die unmittelbare Umgebung des Hauses und für die Pflanzen, die in dieser Gegend wachsen, vertiefte sich während des ersten Sommers. An alten Bauernhäusern in der Nähe wuchsen goldener Efeu oder dunkelrote Rosen. In den roten Backsteinhäusern, in denen wir zuvor wohnten, hatten wir Schwierigkeiten mit leuchtenden Farben wie Gelb oder Rot gehabt. Vor einem Hintergrund aus grauem oder gelblichem Stein schätzte ich jetzt diese Töne mehr als die weißen und blassen Töne, die ich in unserem vorherigen

Schaut man vom tieferliegenden Bauernhof auf das Haus, kann man den Weg zwischen der hohen Mauer und den Stufen am Rande des Rasens nicht sehen. Nachdem der Blick von der Haustür aus frei war, entdeckten wir auf dem Abhang einen alten blauen Traktor, der dort ständig abgestellt wird, um sein Starten zu erleichtern. Vielleicht stört dieses Wrack die Idylle; wir erfreuen uns an dem alten Gerät genauso wie an den Pferden.

Garten bevorzugt hatte. An der Giebelseite eines Hauses in einem benachbarten Dorf wuchs nichts weiter als eine riesige Spalierbirne. Diese Einfachheit war wie eine Inspiration. Aus Steinwällen wuchs die Jakobsleiter, und Schneeglöckchen waren überall zu sehen – am Straßenrand und in den Wäldern. Lungenkraut fand sich auf den nördlichen Hängen der Schafweiden, und im Sommer erschienen schwarze Königskerzen mit ihren gelben Blüten, gefolgt von Wiesen-Storchschnabel entlang der Straße im Tal. Echtes Labkraut, Maiglöckchen und Christrosen wuchsen alle in unmittelbarer Nähe. Alles war anders als in Berkshire; die Natur erschien viel unberührter. Wenn der Garten zu dieser Landschaft gehören sollte, mußten lokale Besonderheiten berücksichtigt werden.

Das Beobachten von Pflanzen, die in der näheren Umgebung eines neuen Gartens wachsen, gehört zum Entdecken der Seele eines Ortes. Die Gebäude in der Nähe, die Landschaft, die Bäume und kleineren Gewächse sind stets Anzeichen des vorherrschenden Charakters. Am Ende des ersten Jahres beschlossen wir, einen Cotswolds-Garten anzulegen – mit einem Gespür für Zeitlosigkeit, die Zugehörigkeit zur Landschaft und zur alten Kirche hinter unserem Haus.

DER STACHELBEER-GARTEN

*Eingeschränkte Aussichten •
Versetzen von Öltanks und Maulbeerbäumen •
Buchsbaumhecken • Obst und Gemüse • Blau und Orange •
Eine einfache Pergola • Eine moderne Inschrift*

Jeder Gartendesigner träumt davon, einen atemberaubenden Ausblick oder ein besonderes Objekt optimal zu inszenieren. Ein großer Teil unseres Gartens ist linear und steil, so daß sich genügend Möglichkeiten für Überraschungen boten. Wenn man durch einen Garten eigentlich ständig bergan geht, sind zwischendurch einige Stellen erforderlich, an denen man sich ausruhen kann. In großen Gärten wird der Betrachter in verschiedene „Räume" oder „Zimmer" geleitet, die den Blick immer wieder auf Oasen, umrahmt von Pflanzen, freigeben oder durch deren Öffnungen die Landschaft zu sehen ist. Wenn weniger Platz zur Verfügung steht, kann man das Auge auf ein besonderes Objekt oder eine besonders schöne Pflanze lenken. Zu den ersten Bereichen, die wir in Angriff nahmen, gehörte der Weg von der Hintertür hinauf zwischen den schmalen Beeten, die wir jetzt

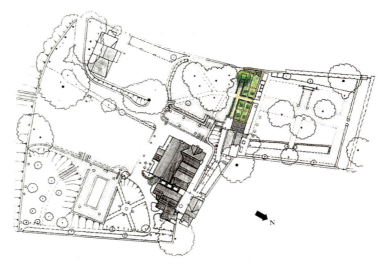

LINKS: *Der Blick auf den kleinen Sitzplatz in der Ecke des Stachelbeergartens zeigt die Blautöne von Borretsch und Rittersporn vor Stiefmütterchen und Erdbeeren.*

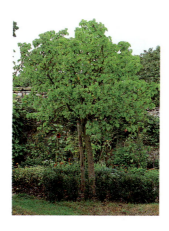

OBEN: *Der Maulbeerbaum steht am Ende des langen, ansteigenden Weges – er wirkt weniger formal als ein Ornament.*

UNTEN: *Im zeitigen Frühjahr läßt sich die Struktur des Gartens am besten erkennen.*

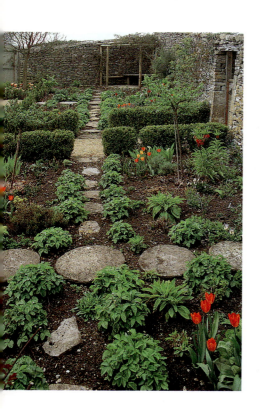

die Christrosen-Beete nennen. Der Weg führt an einem kleinen Gebäude vorbei, in dem früher die Dorfschule für ganze sechs Schüler untergebracht war. Dann geht der Weg am Gewächshaus entlang und immer noch bergauf, bis die letzten 18 Meter zur Grenzmauer erreicht sind. Oben angelangt, sah man nur einen riesigen Lebensbaum vor der Mauer, der den Blick versperrte. Daneben war ein Schlachtschiff von einem Öltank nicht zu übersehen. Der Lebensbaum, ein immergrüner Strauch, war zur Jahrhundertwende bei Gärtnern sehr beliebt gewesen. Er war bestimmt als besonders ins Auge fallende Schönheit am Ende des Weges gepflanzt worden. Nun hatte er jedoch stattliche 21 Meter erreicht, paßte nicht mehr in seine Umgebung und dominierte genau die Stelle, die eigentlich ein sonniges Plätzchen hätte sein können.

Rechts neben dem Weg verlief unsere einzige nach Süden zeigende Mauer. Links schloß sich der kleine Obstgarten mit fünf bilderbuchartigen Apfelbäumen an. Der Besitzer des Anwesens im frühen 20. Jahrhundert, Sidney Gambier-Parry, der den Lebensbaum gepflanzt hatte, setzte auf der Obstgartenseite am Weg auch eine Zeder und zwei norwegische Fichten, die viel Sonne wegnahmen. Außerdem schienen sie mir nicht die richtigen Nachbarn für die Apfelbäume zu sein. Sie mußten auf jeden Fall weichen. Zum Roden der Bäume benötigten wir eine besondere Genehmigung, die wir auch erhielten, unter der Bedingung, an Stelle des Lebensbaums einen anderen Baum zu pflanzen. Alle dort vorhandenen Koniferen wurden daraufhin von einem Spezialisten gefällt, der auch die Stümpfe ausgrub und uns einen großen Haufen von Borke und Häcksel für den Garten hinterließ.

Der als Blickfang auserwählte Baum sollte ein schwarzer Maulbeerbaum sein, der etwa 4 Meter hoch und 3 Meter breit war. Wir haben ihn aus unserem vorherigen Garten mitgebracht, weil schwarze Maulbeeren selten sind und langsam wachsen. Vor dem Umzug hatten wir diesen Baum deshalb für uns reserviert. Das Umpflanzen eines Baumes dieser Größe ist immer riskant. Der erste Sommer hier war heiß, und trotz ständigen Wässerns hatte unser Maulbeerbaum nicht ein einziges Blatt. Im Juni gab uns ein sehr erfahrener Gärtner den Ratschlag, daß nur dreimaliges Gießen pro Tag den Baum retten könnte. Wir gossen den nackten Baum also morgens, mittags und abends. Sechs Wochen später wurden wir mit winzigen grünen Blättchen belohnt.

Ein einzelner Baum verändert noch nicht eine problematische Zone, und der Öltank dominierte diesen Bereich noch immer. Das Versetzen von Tanks ist sehr kostspielig, so daß ich mich damit abfand und ein Flechtwerk davorstellte, um den Koloß etwas zu verdecken. Ich überlegte weiter, was ich mit der Fläche zwischen dem Weg und der südlichen Mauer tun könnte. Die vorherigen Besitzer hatten ein schmales Beet an der Mauer angelegt, auf dem Rosen und Rittersporn neben einer kleinen Rasenfläche wuchsen. Die Fläche war ungefähr 4 Meter breit und 6 Meter lang. Gärtner, die vor allem Blumen lieben, hätten wahrscheinlich die Rabatte vor der nach Süden zeigenden Mauer verbreitert und mit Blumen, die einen sonnigen Standort bevorzugen, bepflanzt. Vier Meter sind für ein Staudenbeet mit Sträuchern nicht zu breit. Die Stimmung, die die alten Apfelbäume auf der anderen Seite des Weges hervorrufen, wäre jedoch durch eine große

Bepflanzung mit Stauden und leuchtenden Blumen zunichte gemacht. Mir schien es angebrachter, die Obst- und Gemüsegartenatmosphäre zu unterstreichen, als ein Blumenbeet anzulegen. Mir schien auch die Relation unpassend. Es war in etwa so, als würde ich ein kleines Bild mit Aquarellfarben malen und jemand gäbe mir den Rat, in eine Ecke ein paar Pinselstriche mit Öl zu machen, um das Bild etwas aufzupeppen. In allen Gärten, in denen ich arbeite, versuche ich konsequent jeweils eine Idee umzusetzen, die in Einklang mit dem Gesamtprojekt steht. Die Apfelbäume gehörten hierher. Es war schade, auf Sträucher wie *Buddleja crispa* (Schmetterlingsstrauch) und Sternjasmin an der Mauer und Salvien und Rosen davor zu verzichten; wenn man jedoch gegen die Stimmung eines Gartens ankämpft, verliert man letztlich immer.

Der Gemüsegarten dahinter ist nur an drei Seiten von Mauern umgeben; an seiner Südseite steht eine Hecke, so daß dort keine Feigen oder Pfirsiche wachsen konnten. Eine Südmauer hier war also der geeignete Platz für empfindliche Früchte, und das Beet zwischen Weg und Mauer konnte ebenfalls mit Obst und Gemüse gefüllt werden. Es sollte ein kleiner Garten mit Salaten und Kräutern, vielen Ringelblumen, Borretsch und Kapuzinerkresse entstehen, der gut zu den Obstbäumen passen und wie von selbst zum Gemüsegarten führen würde. Um wirklich sinnvoll zu sein, mußte dieses Stück Garten irgendwie optisch mit den Obstbäumen verbunden, aber gleichzeitig davon getrennt werden. In alten Kräutergärten wurden traditionell niedrige Buchsbaumhecken gepflanzt. Auch heute noch wird Buchsbaum gern als Beeteinfassung verwendet. In Hinton Ampner

Im Spätsommer werden die hellen Gelbtöne und die leuchtenden Blautöne, die zu Beginn des Sommers dominieren, durch sattes Orange und Braun der Sonnenblumen und Ringelblumen abgelöst.

DIE GESCHICHTE EINES GARTENS

OBEN: *Das Stiefmütterchen 'Arkwright's Ruby' erscheint zusammen mit Nelkenwurz und Ehrenpreis im Frühsommer. Der Stachelbeergarten wird im Sommer zu heiß und trocken, so daß die Stiefmütterchen nicht überleben können. Glücklicherweise säen sie sich jedes Jahr wieder reichlich aus.*

RECHTS: *Die Blätter der pflegeleichten blauen Iris 'Jane Phillips' sind noch lange nach der Blüte schön.*

in Hampshire, jetzt im Besitz des National Trust, hatte ich gesehen, wie man Buchsbaum zum Eingrenzen von Apfelbäumen in hohem Gras benutzt. Wenn dort, wo der Weg zu den Obstbäumen führt, zu beiden Seiten Buchsbaumhecken gepflanzt und das Beet vor der Mauer mit Buchsbaum eingefaßt werden würde, hätte man den Eindruck, beide Bereiche gehörten zusammen. Der Buchsbaum wäre zudem eine praktische Abgrenzung. Wege aus Rasen sind zwar hübsch anzusehen, aber auf abschüssigen Wegen, die auch jeden Tag im Winter begangen werden, nicht sehr sicher. Steinplatten waren zu teuer und Kies wäre auf dem steilen Weg schwer zu halten gewesen; Beton kam nicht in Frage, so daß schließlich eine örtliche Besonderheit, genannt „Hoggin", benutzt wurde, um trockenen Fußes von der Hintertür bis zum Gemüsegarten gelangen zu können. Der Weg, der kleine Obstgarten und die Wiese mit den Apfelbäumen bilden nun eine Einheit, die aussieht, als wäre sie schon immer da gewesen. Ich gehe gern von dem aus, was vorhanden ist und setze ungern Ideen um, die wie frisch aus einem Design-Buch entsprungen aussehen; vielleicht auch deshalb, weil ich es meist mit Gärten zu tun habe, zu denen alte Gebäude gehören.

Der Buchsbaum *(Buxus sempervirens)* sollte kniehoch wachsen. Eine niedrigere Einfassung für die Obstbäume hätte albern ausgesehen. Im Obstgarten waren nun einige besondere Blickpunkte erforderlich, um hinter der dunkelgrünen Hecke bestehen zu können. Eine Fläche von 6 mal 4 Metern ist zu groß, um sie nur mit niedrigwachsenden Pflanzen zu füllen. Eine Aufteilung durch sich kreuzende Wege würde die Fläche unterteilen und das Beet optisch verkleinern. Außerdem könnte man besser zwischen den Pflanzen gehen. Schnurgerade begrenzte Wege würden aber nicht zum Garten passen. Ich entschied mich also für Trittsteine, die vom Grün der Pflanzen umgeben sein sollten. Wenn es um die Details für einen bestimmten Gartenabschnitt geht, wird es schwerer,

die richtige Entscheidung zu treffen. Wäre die Buchsbaumhecke ordentlicher oder niedriger gewesen, und wären die sich kreuzenden Wege mit Steinplatten oder Ziegeln ausgefüllt worden, hätte der Garten einen wesentlich gepflegteren Eindruck gemacht. Ich bewundere Gärten im Stil der französischen Neo-Renaissance, aber für dieses Stück Erde wäre das übertrieben gewesen. Außerdem hätte mich die Pflege überfordert.

Die Trittsteine waren überall im Garten zu finden. Sie mußten groß genug zum Betreten sein und ausreichend dick, um bei Belastung nicht zu brechen. Sie wurden auf einer dünnen Sandschicht ohne Mörtel verlegt. Für die Wege, die zur Mauer verliefen, wären weitere Trittsteine angebracht gewesen, aber zu viele Steine hätten dem Eindruck der Improvisation oder des Zufälligen widersprochen. Wir hatten Glück. Einige sogenannte „Staddle Stones" oder „Steinpilze", die früher von den Bauern unter die Ställe gelegt wurden, um Ratten fernzuhalten, lagen nutzlos entlang des Rasens. Eigentlich mag ich diese Steine nicht besonders, weil sie mich an ihre ehemalige Aufgabe erinnern, aber umgedreht wurden aus ihnen wunderbare runde Trittsteine. Anders herum eigneten sie sich gut für Stufen und Stützen. Das ganze Arrangement hat sich bewährt. Die Kreuzwege wurden anschließend zu beiden Seiten mit Erdbeeren der Sorte 'Baron Solemacher' bepflanzt.

In jedem der vier Beete mußte nun etwas Größeres stehen. Zuerst dachte ich an Johannisbeersträucher, fand sie aber dann doch zu groß. Oder Fenchel – aber das hätte diesen Teil in einen Kräutergarten verwandelt. Kräutergärten bedeuten eine Menge

Der gemeine Fenchel sieht hübsch zwischen den gelbbraunen Herbstblumen aus. Direkt dahinter steht die winterharte Chrysantheme 'Bronze Elegance', die etwas später von der dunkelroten 'Apollo' begleitet wird.

PINWAND

Inspirationen für den Stachelbeergarten

1 Hecken und Beete im „Liebesgarten" in Villandry, Frankreich
2 Ringelblumen in Chilcombe, Dorset
3 *Borago officinalis* (Borretsch), eine Zeichnung aus *Medical Botany* von William Woodville, 1794
4 *Tulipa whittallii*, eine Zeichnung aus *Curtis's Botanical Magazine* von Stella Ross-Craig, 1943
5 Ein Stachelbeerzweig, Zeichnung von William Hooker (1785-1865)
6 Zierkohl und Mangold in Villandry, Frankreich
7 Der ehemalige Kräutergarten der Autorin in St. Mary's Farmhouse, Berkshire
8 Der Lavendelweg mit Stachelbeerstämmchen in Barnsley House, Gloucestershire

DIE GESCHICHTE EINES GARTENS

SITZPLATZ
Die einfache Laube wurde aus dicken Lärchenpfosten konstruiert, die inzwischen von Rosen und Wein berankt sind. Für die Eckbank wurde junges Eichenholz benutzt, weil dieses billiger als abgelagertes Holz ist.

STACHELBEERE
Stachelbeeren, die auf Stamm gezogen sind, lassen sich viel einfacher ernten, als wenn sie an Büschen reifen. Man kann sie aus Stecklingen in etwa drei Jahren heranziehen. Sie müssen immer abgestützt werden – ein normaler Besenstiel eignet sich gut dazu.

DER STACHELBEERGARTEN

TULPEN
'Generaal de Wet' ist eine duftende, alte Tulpensorte, die nicht mehr oft zu sehen ist. Das Orange der Blüten zusammen mit dem goldenen Majoran gehört zu den Freuden des Frühjahrs.

HERBSTFARBEN
Die Blätter der Stachelbeeren werden im Herbst bronzefarben. Hinter den Ringelblumen blüht unermüdlich das Mädchenauge 'Moonbeam', bei dem im Gegensatz zu den Ringelblumen nicht täglich das Verblühte entfernt werden muß.

DIE GESCHICHTE EINES GARTENS

OBEN UND UNTEN: *Die Ecke wurde mit einer ganz einfachen Konstruktion genutzt. Die einbetonierten Lärchenpfosten dienen als Rankhilfe für Kletterpflanzen. Zusätzlich wurden noch dünne Drähte gespannt, um Rosen und Wein eine Starthilfe zu geben.*

Arbeit und sind meist gar nicht so nützlich. Wir hatten einen Kräutergarten an unserem vorherigen Haus, in dem das Unkraut überhand nahm und sich überall aussäte. Ich konnte nicht viel damit anfangen, so daß die Kräuter nach und nach durch Rosen, Nelken und Stiefmütterchen abgelöst wurden. In unserem alten Garten hatten wir auch einige Hochstamm-Stachelbeeren. Genau das richtige für Leute, die sich bei der Ernte nicht anstrengen möchten, denn an normalen Stachelbeersträuchern hängen die besten Beeren meist unter den stacheligen Zweigen, direkt im Schmutz. Bei Hochstämmen sitzen die Beeren etwas unter Schulterhöhe, was die Ernte erheblich angenehmer macht. Einige Rosenstämme können manchmal überladen wirken, vielleicht, weil ihre Blüten oft im Verhältnis zum Busch zu groß sind. Aber keiner würde behaupten, eine Stachelbeere sei zu groß für ihren kleinen Busch. Stachelbeeren wurden also in alle vier Beete gepflanzt, und zu ihren Füßen fanden die wichtigsten Kräuter Platz: Petersilie, Sauerampfer (der französische mit den runden Blättern), Estragon und gelber Majoran. Ein Lorbeerbaum wurde vor die sonnige Mauer gesetzt, an der auch ein Pfirsichstrauch, eine Myrte und eine Feige um Platz kämpften. Eine ganz hellgelbe Rose habe ich ebenfalls erlaubt und soviel Kapuzinerkresse, einfache Ringelblumen und blauen Borretsch wie nur irgend möglich.

Die einjährigen Blumen boten im ersten Sommer einen überwältigenden Anblick. Sie begannen sozusagen als Protest gegen die farbfreien Zonen, die viele meiner Auftraggeber so bevorzugen. Weiße Gärten und die hellsten Pastelltöne scheinen sehr in Mode zu sein. „Nur kein Orange, und ich mag eigentlich auch kein Rot", sind oft gehörte Hinweise bei einem ersten Treffen mit einem Kunden. Farbe ist aber etwas so Schönes, und ich kann Blau und Orange einfach nicht widerstehen. Orange macht das Blau noch intensiver, wie jeder Maler weiß. In dem Garten eines Malers, den ich bewundere, werden die gleichen Farbtöne verwendet und, wie ich zu erinnern glaube, von Violett begleitet. Im zweiten Sommer hier wurden die Einjährigen noch durch mehrjährige Pflanzen ergänzt, wobei ich nicht Violett, sondern Blutrot und Schwefelgelb neben Blau und Orange setzte. Der winterharte Goldlack 'Bloody Warrior' und das Fingerkraut 'Monsieur Rouillard' fanden ihren Platz ebenso wie eine hellgelbe Primel, die sich überall aussäen durfte. Einige blaue Iris 'Jane Phillips' wurden wegen ihrer Blätter als auch wegen ihrer Blüten zusammen mit Kaiserkronen und der Tulpe 'Aladdin' gepflanzt, um die Blütezeit zu verlängern. Der Borretsch läßt sich aus diesem Bild nicht fortdenken; er muß allerdings gut gestützt werden, da er sehr groß wird und leicht umkippt. *Salvia patens* ist vielleicht eine bessere Wahl für ein spätsommerliches Blau.

Im ersten Sommer, als sich die Beete rechts vom Gemüsegarten mit Farbe füllten, war der Bereich, in dem der Öltank stand, eine ständige Mahnung. Zuerst dachte ich daran, drei Kirschbäumchen in Gefäßen entlang des Weges zu setzen, um so das Obstthema fortzusetzen. Es stellte sich jedoch heraus, daß diese Fläche ähnlich gestaltet werden müßte wie die inzwischen sehr ansehnliche rechte Seite. Ein mitfühlender Klempner erklärte den Öltank für rostig und undicht und schlug vor, einen neuen Öltank hinter die Mauer in der Ecke des Gemüsegartens zu setzen, so daß er von der Straße aus einfach zu füllen und außerdem vom Garten aus nicht mehr sichtbar wäre. Das war kein billiges Unterfangen. Man hätte für die gleiche Summe, die für die „Operation Öltank" benötigt wurde, auch einen kleinen Gebrauchtwagen – mit hohem Kilometerstand – kaufen können.

Das furchtbare Ding wurde von einem der benachbarten Bauern abgeholt, der den Tank zu einer Art Blickfang auf einem seiner Felder machen wollte. Die häßlichen Fundamente blieben uns jedoch erhalten. Es war unmöglich, den Beton zu entfernen. Unmöglich ist natürlich nichts, wenn man die Mittel hat, Berge von Beton zu bewegen – es sollte aber nicht noch mehr Geld in dieses Unterfangen fließen.

Nachdem der Tank entfernt war, konnte auch hier das Design des Stachelbeergartens, das wirklich gelungen schien, übernommen werden.

OBEN: *Sonnenblumen und Ringelblumen gaben in der ersten Saison die nötige Höhe und Farbe.*

UNTEN: *Der Stein mit der Inschrift, die aus all unseren Initialen besteht, verblüfft viele.*

In der Ecke verblieb aber ein Dreieck aus Beton; und die Mauern, die bei weitem keinen rechten Winkel bildeten, sahen etwas merkwürdig aus. Manchmal ist so ein Zustand sogar positiv. Durch zuviel Formalität – genau rechtwinklige Ecken und perfekte Quadrate – wird leicht ein zu strenger Eindruck erweckt. Die etwas unkonventionelle Anordnung entsprach viel eher der hier vorzufindenden Stimmung. Ein anderes Problem lag darin, daß wir nicht wußten, wie der Bereich hinter dem Maulbeerbaum angelegt werden könnte. Sollte der Weg hier in einem runden Beet um den Baum herum enden oder aber quadratisch wie der Garten selbst sein? Wir versuchten es mit einer Rundung. Die Buchsbäumchen wurden dazu in einem Kreis um den Baum gestellt; anschließend dann in einem Quadrat. Die eckige Form sah viel besser aus und wurde dann auch verwirklicht. Um den Maulbeerbaum herum wurden die Buchsbaumpflanzen in doppelter Reihe gepflanzt, um das Ende des Weges zu betonen. Ich habe Bäume gesehen, die sogar ganz und gar von Buchsbaumhecken eingeschlossen sind – bis direkt an den Stamm heran. Das sieht etwas fremdartig, aber vor allem in Stadtgärten sehr schön aus. Ich wollte jedoch eine Lücke zwischen Hecke und Baum erhalten, um diese mit Tulpen

füllen zu können. Vielleicht lasse ich die Hecke irgendwann einmal bis zum Stamm wachsen; noch bevorzuge ich die etwas weniger formale Lösung. Hinter dem Baum, wo der Weg zurück zu den Obstbäumen führt, war genügend Platz für einige rote Primeln unter den apricotfarbenen *Ribes x gordonianum*. Zusammen mit der Wolfsmilch *Euphorbia griffithii* 'Fireglow' und etwas Liebstöckel bilden sie ein hübsches Frühjahrsbild. Diese ungewöhnliche Farbgebung mag aus der Nähe etwas künstlich erscheinen, aus der Entfernung betrachtet passen die Farben jedoch gut zusammen.

Zu diesem Zeitpunkt war endlich klar, was wir mit der „Betonecke" machen würden. In der Ecke sollte ein Sitzplatz entstehen, von dem aus die Farben betrachtet werden könnten, die meine Auftraggeber stets ablehnen. Der Sitzplatz sollte außerdem ein Dach aus Rosen erhalten. Es sollte keine feste Laube, sondern eher ein schattiges Plätzchen werden. Ohne Eisenverbindungen und keine Pergola im klassischen Sinn, sondern ein Halbkreis aus einfachen Lärchenpfosten mit wenigen Rundhölzern als Dach, um den Rosen Halt zu bieten. Lärchenholz macht nicht viel her, aber ich hatte eine Konstruktion aus diesem Holz als Weinrankhilfe gesehen, die mir gut gefiel. Außerdem ist Lärchenholz sehr billig. Unbehandelte Holzpfähle, die in die Erde geschlagen werden, haben nur eine begrenzte Lebensdauer. Sie verrotten relativ schnell und müssen ersetzt werden – aber zumindest die nächsten Jahre werden sie wohl überstehen. Die Rose 'Albéric Barbier' wuchs bereits an der Mauer, nicht ganz in die richtige Richtung, aber eine kräftige Portion Stallmist und ein korrigierender Schnitt bewirkten, daß sie bereits in einem Sommer die Hälfte des Spaliers bedeckte. Eine weitere Rose, 'Félicité Perpétue', ein Wein mit nach Erdbeeren schmeckenden Trauben und eine weiße Clematis wurden zu Füßen der anderen Pfosten gepflanzt – außer Reichweite von 'Albéric'. In Sitzhöhe wurden drei Eichenbretter in der Ecke befestigt, das längste Brett etwa mit einer Länge von 3 Metern. Dort kann man gut zu zweit sitzen oder aber allein, und dann gemütlich die Beine auf die Sitzfläche hochziehen. Das Plätzchen benötigt eigentlich ein paar Kissen, aber langes Ausruhen gehört leider noch nicht zu den „Aktivitäten" in diesem Garten.

Der Boden der Sitzecke bestand aus Betonresten – optimistisch betrachtet, genau die Grundlage für eine Pflasterung. Rechteckige Steine lassen sich nur schwer in einen Halbkreis einpassen, ohne dafür viele Steine fachgerecht schneiden zu müssen – außerdem hätten sie nicht zu der sehr einfachen Konstruktion gepaßt.

In dieser Gegend, in der viele Steine vorhanden sind, werden Einfahrten und Höfe oft mit unregelmäßigen Steinen gepflastert. In unserem Garten kosteten Steine nichts, da sie überall herumlagen. Kies wäre eine Alternative gewesen, eine Mischung aus verschiedenen Steinarten oder kleine Steine, die dicht nebeneinander in den Boden gesetzt werden. Direkt vor der Bank leisteten wir uns den Luxus, einen rechteckigen Stein zu setzen, in den ein Freund die Initialen aller Familienmitglieder meißelte. Aus „Betonecke" war nun „Calm Down" geworden. Diese beruhigenden Worte bestehen genau aus all unseren Initialen. Auch in alten Gärten kann man derlei Spielereien häufig finden. Wenn man sich keine kostspielige Statue oder Antiquität leisten kann, erfüllt ein Motto auf dem Boden fast den gleichen Zweck.

OBEN: *Borretsch ist ein unverzichtbarer Hintergrund für die Gelbtöne des Frühsommers. In einem trockenen Jahr ist es allerdings schwer, ihn die ganze Saison hindurch am Leben zu erhalten.*

GEGENÜBER: *Die Blautöne des winterharten Bleiwurz und* Salvia patens *bilden das Gleichgewicht zu den Rosttönen des Herbstes.*

DAS TAL

*Die englische Tradition der Gartenräume • Ein Zufluchtsort •
Ein Teich • Frühlings- und Herbstfarben • Blumenzwiebeln*

Die englische Tradition der Gartenräume gibt einem die Gelegenheit, sich im Garten zu verlieren. Dieses „Verlieren" bezieht sich auf ein geistiges Verlieren, ein Vergessen und ein Abschalten. In der heutigen Zeit verspüren viele von uns das Bedürfnis dazu; wir möchten alles hinter uns lassen. Manchmal gehen Träume und Wirklichkeit ineinander über. Einige Menschen vergessen alle Sorgen und Ängste, wenn sie sich an einem einsamen Ort, an der See oder auf einem Berg, befinden. Für manche bietet Musik die Möglichkeit, den Alltag zu vergessen. Schon Shakespeare gab den guten Rat, Wut und Ungestüm mit Musik zu mildern. Ein Garten ist ein ebenso gutes Heilmittel und wesentlich einfacher zu arrangieren als ein Musikstück. Die vollständige Ablenkung, die das Arbeiten im Garten verlangt, sowie frische Luft und Bewegung sind ein nützlicher

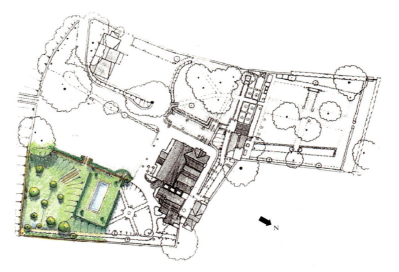

LINKS: *Das Tal in der äußersten Ecke des Gartens wurde überwiegend der Natur überlassen. Im Gras blühen nach den Schneeglöckchen und Anemonen die Butterblumen.*

DIE GESCHICHTE EINES GARTENS

OBEN: *Als wir diesen Berg von Steinen sahen, wollten wir eigentlich einen mediterranen Garten anlegen, entschlossen uns dann aber doch, nur einheimische Pflanzen zu verwenden. Buchsbaum, Eiben und einige Rosenarten fühlten sich hier bald wohl.*

UNTEN: *Der neue „Pool-Teich" noch ohne die dunkelbraune Folie, umgeben von Eiben, die im ersten Jahr im Gemüsegarten standen.*

Ausgleich in unserem hektisches Leben. Um Ruhe und Abgeschiedenheit zu finden, ist ein besonders verstecktes, einsames Plätzchen erforderlich.

In unserem neuen Garten, in diesem schönen Tal, schien es schwer, einen solchen Zufluchtsort zu finden. Von einem hochgelegenen Fußweg unterhalb des Waldes konnte man unser Kommen und Gehen ständig beobachten. Fußgänger machten oft sogar eine Picknickpause, und selbst wenn man niemanden sehen konnte, so fühlte man ihre Gegenwart eigentlich immer. Hinter dem Gemüsegarten, nahe der Kirche, verlief ein weiterer Fußweg, und da die Kirche besonders reizvoll war, wurde sie regelmäßig besucht. Die Geräusche, die Fahrräder, die gegen die Hecke gelehnt wurden, und der Anblick von Menschen, die stehenblieben, um in den Garten zu schauen, störten unseren Traum von Ruhe und Zuflucht. Unterhalb der Kirche und im Tal spielten unsere netten Nachbarn Tennis. Das Geschrei um verschlagene Bälle und mißlungene Aufschläge erklang über die niedrige Mauer, und die Löcher in der noch spärlichen Hecke ließen uns nur zu oft unfreiwillig zu Zuschauern werden.

Was wir brauchten, war eine Stelle, die wirklich von der Außenwelt abgeschnitten war. Unterhalb des Swimmingpools, den unsere Vorgänger gebaut hatten, gab es eine Grasfläche, die zur Straße hin leicht abfiel. Hier wuchsen ein paar Buchen, und Rugosa-Rosen kümmerten zusammen mit Johanniskraut vor sich hin. Die an den Hügel anschließende Mauer war auf unserer Seite niedrig, auf der Seite zur Straße hin jedoch recht hoch. Dieser Teil des Gartens war allerdings vom gegenüberliegenden Hügel sowie der darunterliegenden Sackgasse einsehbar. Andererseits war dies der einzige Bereich im

Garten, der eigentlich keine eigene Identität hatte. Der Gemüsegarten im Schutze der Kirche eignete sich nicht für das Anlegen von Gartenräumen und auf die fünf uralten, wenn auch unproduktiven Apfelbäume wollte ich auch nicht verzichten. Der Rasen hatte eine fast heilige Aufgabe, da er doch das Haus mit der Umgebung und dem Ausblick verbinden sollte. Der steile und enge Weg hinter dem Haus bot auch keine Möglichkeit, um sich dort „zu verlieren". Der untere Garten mußte nicht mit dem Blick auf Schafe, ein Stück Wald, einen Fluß oder die Kirche konkurrieren. Dieses Stückchen könnte man für Blumen reservieren, zum Schwimmen (der Pool war vorhanden, nur sollte er nicht mehr blau gestrichen sein) und zum Zurückziehen. Hier gab es keine Bäume, aber eine große Eibe auf dem vorderen Rasen spendete im Südwesten ausreichend Schatten.

In den bekannten englischen Gärten Hidcote in Gloucestershire, Sissinghurst in Kent und Tintinhull in Somerset sowie in vielen anderen Gärten als „Gartenräume" erreicht man durch die Aneinanderreihung verschiedener Flächen eine optische Vergrößerung – der Garten erscheint größer und gleichzeitig privater. Selbst wenn ein solcher Garten

Der gebogene Ast der alten Stechpalme soll eines Tages als Tür zum „Teichzimmer" dienen. Das Muschelmosaik vor dem Baum stammt aus einem sehr alten Herrenhaus in den Cotswolds.

PINWAND

Inspirationen für den Teich
1 Der ehemalige Swimmingpool der Autorin in St. Mary's Farmhouse in Berkshire
2 Der Teichgarten in Knightshayes, Devon
3 Eine Öffnung in der Hecke in Hardwick Hall, Derbyshire
4 Der Badeteich in Hidcote, Gloucestershire, mit Blick auf den Fuchsiengarten
5 Derselbe Teich von der gegenüberliegenden Seite
6 Ein Detail des Pools in Knightshayes, Devon
7 Der Buchenweg in St. Mary's Farmhouse, Berkshire, der vom blühenden Gemüsegarten fortführt

PINWAND

Inspirationen für das Tal
1 Schattenspiele unter Birken im Sommer
2 Zierapfel *Malus* 'Golden Hornet'
3 Schneeglöckchen in den Wäldern von Walsingham Abbey in Norfolk
4 Die Beeren des Spindelstrauches *Euonymus europaeus* 'Red Cascade'
5 Die Blüten von *Rosa moyesii* 'Geranium'
6 Ein Teppich von *Anemone blanda* in Pinbury Park, Gloucestershire
7 Die Hagebutten von *Rosa moyesii* 'Geranium'
8 Schneeglöckchen in Benington Lordship, Hertfordshire

DIE GESCHICHTE EINES GARTENS

Das Auflesen von Steinen in den ersten Jahren war mühsam, aber viele der Steine konnten verwendet werden, um die Treppe, die unten zu erkennen ist, zu verlängern. Der Schneeball Viburnum opulus 'Roseum' *fühlt sich auf Kalkboden besonders wohl. Der kleine Apfelbaum* (Malus trilobata) *vor der Treppe ist eine Rarität.*

voller Besucher ist, findet man doch immer noch eine stille Ecke für sich allein, so daß man das Gefühl hat, von Pflanzungen eingehüllt und geschützt zu werden. Als ich die Planung für den unteren Garten begann, habe ich dieses Konzept nicht bewußt berücksichtigt. Ich wollte einige lange Wege zwischen Beeten um den rechteckigen Teich herum anlegen. Ein örtlicher Handwerker, der die Treppen an der Westseite des Hauses baute, kannte den Garten seit Jahren, auch zu der Zeit, als es noch nicht den Swimmingpool gab. Er erinnerte sich an einen Weg neben der Mauer, die die östliche Grenze bildete, wo alte Fliederbüsche, Lorbeerkirschen und Jasmin wuchsen. Diese mußten dem Pool Platz machen, der unmittelbar an die Grundstücksgrenze gesetzt wurde, um nachmittags so wenig wie möglich im Schatten des Hauses zu liegen. Die Fläche um den Pool herum war uneben, was mir nicht gefiel, und Abgeschiedenheit gab es auch nicht. Wenn der Pool etwas nach Süden versetzt werden würde, ergäbe sich Platz für eine Eibenhecke um ihn herum. Außerdem könnte der alte Weg neben der Mauer, der zu einer Tür am Mauerende auf die Straße führt, wieder hergestellt werden.

Der Pool ist schmaler als üblich. Ich wollte eine Fläche von 9 x 3 Metern, wurde aber vom Rest der Familie überstimmt, da zwei Schwimmer sich auf so einer engen Fläche nicht beggnen könnten. Ich selbst fand das nicht so schlimm, da ich sowieso lieber abends kurz ins Wasser hüpfe, wenn kein anderer mehr Lust zum Baden hat. Ich hätte den Pool also sehr schmal geplant, um perfekte Proportionen zu erhalten. Er wurde aber etwas breiter, so daß zwei Schwimmer nebeneinander Platz hatten. Der Pool wurde mit einer braunen Folie verkleidet und wirkt nun eher wie ein Teich. Als Randbegrenzung wurden große rechteckige Steinplatten verwendet. Zwei imaginäre Diagonalen, von den Ecken des „Teichs" zu den Ecken der Eibenhecke, werden durch vier Buchsbaumkugeln betont. Im nahegelegenen Pinbury Park wird eine ähnliche Fläche (ein Rechteck von 18 x 9 Metern) von grünen Mauern und Rasen mit vier Buchsbaumkugeln eingefaßt – und das ist alles. Dieser Garten wirkt durch das Wasser lebhafter als der friedliche Rasenraum in Pinbury; das Prinzip ist aber das gleiche. In Hidcote, wo der Teich wesentlich größer ist, hat das Wasser die gleiche Funktion wie der Rasen in Pinbury. Unser Teich hat außerdem noch einen großen Unterhaltungswert. Es sollte genügend Platz zum Sonnenbaden und für Kinder da sein, die sich nach einem kühlen Bad warmlaufen wollten. Ohne Badegäste und Handtücher kehren dann wieder die Ruhe und Besinnlichkeit zurück.

Der ursprünglich blaue Pool nahm etwa ein Drittel der ebenen Fläche des unteren Gartens ein. Darunter schloß sich die Wiese mit den widerspenstigen Buchen und Rugosa-Rosen an, die dann zur Straße hin abfiel. Um den neuen Teich und den Blumengarten anzulegen, mußte ein weiteres Drittel der Gesamtfläche eingeebnet werden, so daß an einer Seite des Pools ein ziemlich tiefes Gefälle zu dem Weg vor der Grenzmauer entstand. Ich fand das sehr schön, denn wenn man vom Tor unten in der Mauer den Weg hinaufging, hatte man einen herrlichen Blick auf die Kirche, an einer Seite von Fliederbüschen und Kirschlorbeer und auf der anderen Seite von der steilen Böschung unterhalb der Eibenhecke eingerahmt. Vielleicht wird hieraus einmal ein Tunnel, mit

noch mehr Kirschlorbeer und Jasmin und eventuell einer wilden Rose und einem Geißblatt an der Böschung. Darunter könnte man Farne, Schneeglöckchen und Primeln pflanzen. Im Süden legten wir unterhalb der Eibenhecke einen weiteren Hang an, um eine größere ebene Fläche zur Straße hin zu erhalten. Der Hang ist sehr steil, aber genauso steil ist auch der Hügel mit dem öffentlichen Fußweg auf der anderen Seite. In einer flachen Gegend würden die Böschungen um den Teich herum wie Wolkenkratzer zwischen Bungalows herausragen, in den Cotswolds gehören Hügel aber zur Landschaft. Der südliche Abhang auf schnell austrocknendem Kalksandstein bringt jeden Gartenliebhaber in Versuchung. Es war der ideale Platz für mediterrane Sträucher und Pflanzen. Diese Pflanzen sollten aber eigentlich dicht am Haus wachsen, oberhalb des Teichs, und eine zweite Farborgie in dieser Menge – selbst mit dem Abstand des kühlen Wassers dazwischen – wäre wohl zuviel gewesen. Der Übergang zwischen Garten und Wiesen, Feldern oder Wäldern ist immer schwierig. Nur hier konnten die Bäume gepflanzt werden, die uns im Sommer vor zuviel Sonne und neugierigen Blicken schützen würden. Der Wald im Hintergrund war sehr dominierend, und im Vordergrund, nach Süden hin, waren die Dächer des Bauernhofs nicht zu übersehen. Im Osten, hinter der Mauer, die uns von unseren Nachbarn trennte, ragten dicht nebeneinander eine goldene

Das Anwachsen von Bäumen und Sträuchern in hohem Gras ist schwierig, weil das Gras anfangs schnell die Pflanzungen überwuchern kann. Durch dicke Schichten von Kompost, Borke und manchmal auch Steine konnte die Feuchtigkeit gehalten werden. Helleborus foetidus und weiße Weidenröschen wurden zu beiden Seiten des gemähten Weges, der zu den Stufen führt, ins höhere Gras gepflanzt.

ANEMONEN
Anemone blanda *breitet sich in Blautönen über das ganze Tal aus.*

STUFEN
Nach dem Einebnen mußte die Treppe verlängert werden, um bis nach unten ins Tal zu reichen.

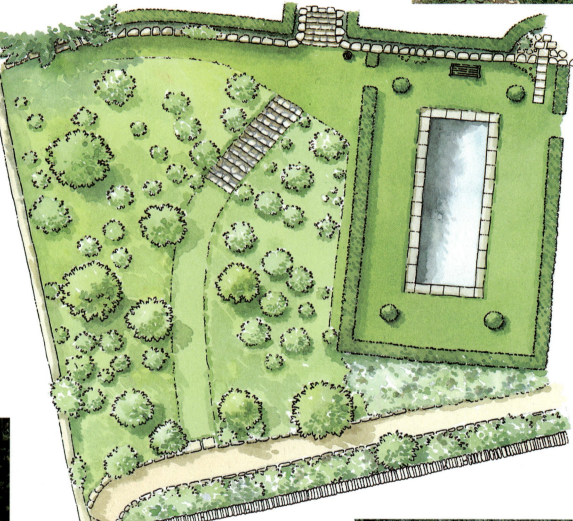

BUCHSBAUMKUGELN
Die Kugeln aus Buchsbaum sind oben noch flach geschnitten, weil sie sich erst einmal unten verdichten müssen.

SITZPLATZ
Diese Bank in der Mauer oberhalb des Tales war von Efeu und Immergrün überwuchert.

Konifere und eine blaue Zeder empor, so daß man sich beim besten Willen nicht einbilden konnte, hier würde die unberührte Natur beginnen. Fremdartige Bäume wie diese machen nur zu deutlich, daß der Mensch eingegriffen hat. Es war einfacher, mit der goldenen Zypresse als mit der blauen Zeder zu leben. Goldtöne passen gut zu Steinen und sind oft in den Gärten dieser Gegend zu finden. Kugeln von goldenen Eiben oder goldene Liguster trifft man häufig an; sie wurden wahrscheinlich gepflanzt, um dunkle Wintertage aufzuheitern, wenn der Himmel fast in die grauen Steinmauern überzugehen scheint.

Ich wollte erreichen, daß unser Tal optisch zur dahinterliegenden Landschaft gehört, zu dem großen Waldgebiet zu beiden Seiten des Tals. Zuerst dachte ich daran, einige Bäume zu pflanzen, vielleicht eine Gruppe von Stechpalmen (Ilex), um uns die nicht vorhandene Abgeschiedenheit zu geben. Die Idee mit dem Ilex hielt sich über mehrere Monate. In Cliveden, in Buckinghamshire, wird eine Statue von Prinz Albert von einem Hain aus Ilex beschützt. Es ist ein fast magischer Ort, eine große Fläche, die von silbernen Bäumen gleich riesigen Oliven umgeben ist. Ich hatte vor, den Ilex wie große Sträucher wachsen zu lassen – wie das im 18. Jahrhundert auch der Landschaftsgärtner Repton tat –, er sollte nicht so hoch wie der Ilex in Cliveden werden. In unserem vorherigen Garten stand auch ein Ilex, der von uns allen geliebt wurde. Der Vorteil von Ilex ist außerdem, daß man eine dichte Abschirmung von der Straße, den Spaziergängern und den beiden nicht in die Landschaft passenden Bäumen erhielte. Obwohl ich meist zu einer einfachen Gestaltung neige, wollte ich dennoch die Möglichkeit haben, noch einige Bäume und Sträucher pflanzen zu können.

Schließlich bestimmte der Buchenwald auf dem gegenüberliegenden Hügel das weitere Vorgehen. Die Ilex-Idee war zwar nicht schlecht, aber doch etwas langweilig. Auch wäre es fast unmöglich gewesen, nach einiger Zeit noch etwas unter die Sträucher zu pflanzen. Die Buchen, die ich zuerst im Oktober gesehen hatte, brachten eine wunderbare Herbstfärbung hervor. Es sollte also eine Gruppe von Bäumen gepflanzt werden, die auch im Herbst prächtig aussieht und mit den Buchen auf der anderen Seite des Tals harmoniert. Ich erinnere mich, daß ich vor langer Zeit einmal in einer Zeitungskolumne davor warnte, in einem kleinen Gartenstück Herbstfarben zu verwenden; heute glaube ich jedoch, daß das wohl falsch war. Nachdem ich mich nun zum Thema Herbst für unser Tal entschlossen hatte, um auch die Schönheit der Bäume auf dem gegenüberliegenden Hügel miteinzubeziehen, stellte ich einige Regeln auf. Herbstfarben waren erlaubt, im Sommer sollte unser Tal jedoch eine grüne, belaubte Zuflucht wie ein natürlicher Wald werden. Im Frühling erscheint das helle Grün der Buchen, und zu ihren Füßen wuchern Waldanemonen und Waldhyazinthen (die in England so beliebten „Bluebells"). Zwischen den Buchen sind wilde Kirschen, *Prunus avium,* und die Traubenkirsche *P. padus* zu finden, so daß in unserem kleinen Miniaturwald auch im Frühling etwas Farbe erlaubt war. Vielleicht sollten wir Birnen pflanzen. Birnen wie 'Jargonelle' haben wunderschöne Blüten und wurden früher viel in Gloucestershire angebaut. Nachteilig war jedoch der säulenförmige Wuchs, der die gewünschte Abgeschiedenheit

Die birnenförmigen Hagebutten von Rosa moyesii *sind im Spätsommer sehr apart. Während des Winters müssen frisch gepflanzte Rosen und Schneeball vor Kaninchen geschützt werden.*

OBEN: Malus *'Golden Hornet'* *trug bereits als kleines Bäumchen so viele Früchte, daß ich befürchtete, die Zweige würden brechen.*

UNTEN: Rosa eglanteria *zeigt fast genauso viele Früchte.*

DIE GESCHICHTE EINES GARTENS

nicht gewährleistete. Zieräpfel waren wegen ihrer Wachstumsform, der Blüten im Frühjahr und der Früchte im Herbst geeigneter. *Malus trilobata* mit Blättern, die an Ahorn erinnern, ist ein zartes Bäumchen, das man kaum in Gärten antrifft. Schon seit Jahren wollte ich einen solchen Baum pflanzen. *Malus floribunda* und *M. coronaria* 'Charlottae' sind Sorten, die gut bekannt sind, und *M. x zumi* 'Golden Hornet' schien ebenfalls eine gute Wahl, denn die gelben Äpfel würden gut mit der goldenen Konifere hinter der Mauer harmonieren.

Wenn Blüten also erlaubt waren, dann sollten auch einige Kirschbäume mit ihren weit ausladenden Zweigen dazu gehören. Die große weiße Kirsche 'Taihaku' mochte ich schon immer gern, so daß sie sogleich bestellt wurde, obwohl ich befürchtete, sie könne vielleicht zu kultiviert vor dem natürlichen Wald im Hintergrund wirken. Genau das war dann auch der Fall. Die bronzefarbenen Blätter im Frühjahr und die riesigen Büschel weißer Blüten im Mai sahen aus wie eine aufgetakelte Filmdiva in einer Gruppe von Kindern in schlichten, weißen Kleidern. In einer Stadt oder einem abgeschlossenen Garten, wo die Kirsche nicht mit dem sanften Hintergrund eines englischen Frühjahrs konkurrieren muß, können Zierkirschen schön aussehen, obwohl sie nie die zierliche Schönheit eines Zierapfels erreichen. Nach einem Jahr mußte 'Taihaku' also wieder weichen; statt dessen wurde die gefüllte Form einer einheimischen Kirsche, die im gegenüberliegenden Wald wuchs, angepflanzt. Dieser Baum, der auf dem Hang unterhalb des Teichs stand, konnte von vielen Stellen des Gartens aus gesehen werden, immer vor dem Wald als Hintergrund. Um den Blick auf die Dächer des Bauernhofs zu verdecken, wurden *Prunus* 'Shirotae' und *P.* 'Shogetsu' gewählt. Ihr Wuchs ist sehr unenglisch, konnte dort aber am ehesten toleriert werden. Als Sträucher kamen ein Schneeball mit gelben Beeren, diverse Spindelstraucharten, auch die Wildform, die als Pfaffenhütchen in den Hecken der Umgebung wächst, und viel Buchsbaum und Eiben als immergrüner Schutz gegen die Straße in Frage. Außerdem sollte durch die Eiben die Gerade, die von den Eiben unterhalb des Teichs gebildet wird, unterbrochen werden. Flieder und Jasmin, die schon entlang der Grenzmauer wuchsen, wurden auch hier angesiedelt und Rosen, die eher wegen ihrer Hagebutten als wegen ihrer Blüten ausgewählt wurden: wie *Rosa webbiana*, *R. moyesii*, *R. pimpinellifolia* 'Grandiflora' und *R.* 'Dupontii'. Auf die Rugosa-Rose, die knallgelbe Blätter im Herbst und tomatenförmige Hagebutten hat, wurde verzichtet. Sie ist zwar sehr interessant, hätte aber die Stimmung, die ich erzielen wollte, gestört. Ich weiß natürlich auch, daß die japanischen Zierkirschen eigentlich nicht dazu gehören, sie sehen im Frühling aber so wunderschön aus, daß sie wohl bleiben müssen. Zwei Traubenkirschen wurden im zweiten Jahr hinzugefügt, so daß im ganzen elf Bäume auf einer Fläche von ungefähr 20 Quadratmetern ihren Platz fanden.

Die ebene Fläche beträgt davon etwa die Hälfte. Mit den Jahren müssen einige Bäume wahrscheinlich weichen, Ziel ist es jedoch, einen vollständig schattigen Bereich zu schaffen, dessen Boden die Sonne nicht erreichen kann, so daß ideale Bedingungen für schattenliebende Pflanzen geschaffen sind. *Helleborus foetidus* (die grüne, einheimische Christrose), Massen von Schneeglöckchen, Waldmeister, *Smyrnium perfoliatum*, Farne, Maiglöckchen und Leberblümchen werden eines Tages die Erde unter den Bäumen bedecken. Am südlichen Hang, der im Sommer nur leicht schattig ist, wuchert *Anemone blanda*. An sonnigen Tagen öffnen sich die Blüten weit, so daß überall ein intensives Blau zu sehen ist. Ich überlege, ob ich Blumenzwiebeln und solche Pflanzen, die mit dem warmen Kalksteinhügel zurechtkommen, hinzufüge. Einige Sternbergien habe ich schon im oberen Teil gepflanzt und herbstblühende Krokusse sind auch vorhanden. Die kleine Narzisse 'Hawera', für die die Bedingungen ideal wären, war fast eingesetzt, als Nell, unser unverzichtbarer und erfahrene Gärtner, mich daran erinnerte, unsere ursprüngliche Regel, nämlich die Konzentration auf ein einzelnes Thema, nicht aus den Augen zu verlieren. Die Anemonen würden viel von ihrer Wirkung einbüßen, wenn sie mit Narzissen konkurrieren müßten. Die Schönheit einer einzelnen Art kann überwältigend sein; für den Boden in unserem Tal ist das auch genau richtig. Zuerst erscheinen die Schneeglöckchen, überwiegend die einfachen, die, sobald sie geblüht haben, geteilt werden. Dann kommen die Anemonen zusammen mit den grünblühenden Christrosen, einigen Leberblümchen und Blausternen, um das Blau unter den Bäumen noch zu vertiefen. Anschließend folgen die Butterblumen, die mit zunehmendem Schatten wohl verschwinden werden, noch aber sehr schön aussehen. Löwenzahn muß ausgestochen werden – eine furchtbare Arbeit, aber erforderlich, da er sonst das ganze Gebiet überziehen würde. Nach den Butterblumen blühen Rosen und Flieder in gedämpfteren Tönen. Im Herbst kommen dann die gelben Sternbergien heraus, deren Blätter und Früchte die gleiche Farbe haben. Die blauen herbstblühenden Krokusse lenken vielleicht zu sehr vom gefärbten Herbstlaub ab, aber man muß abwarten, wie sie sich entwickeln. Die Schwierigkeit in jedem Garten liegt darin, zu entscheiden, was ausgelassen werden soll. Es gibt so viele schöne Pflanzen, daß es traurig ist, nicht alle wachsen zu sehen. Oft ist es aber lohnender, sich auf die Pflanzen zu konzentrieren, für die optimale Bedingungen vorhanden sind. In unserem Tal, das ein kühles Fleckchen Erde zum Erholen, Ausruhen und Entspannen sein sollte, war das besonders wichtig.

Sobald der Schnee am Hang geschmolzen ist, erscheinen unter den jungen Bäumchen Schneeglöckchen und Anemonen. Im Winter lassen sich die Spuren der Kaninchen gut verfolgen. Sie fügen vor allem jungen Pflanzungen erheblichen Schaden zu; sprüht man mit Renardine, kann man sie aber fernhalten.

Der Gemüsegarten

*Traditionelle Anlagen • Versuchungen widerstehen •
Wege und Hecken • Selbstgebaute Sitzplätze • Schönheit auch im Winter •
Obst und Spaliergemüse • Ein Platz für altbekannte Blumen*

Gemüsegärten in Anlagen, die dem Publikum zugänglich sind, ziehen immer sehr viel Aufmerksamkeit auf sich. Leider gibt es den klassischen Gemüsegarten kaum noch. In den 50er Jahren wurde das Gemüse, das bis dahin die Familie ernährte, immer mehr durch pflegeleichte Rasenflächen oder Blumenrabatten verdrängt. Heute halten die meisten Menschen Gemüse und Obst im Garten nur noch für eine mühsame Plackerei. Für denjenigen, der selbstangebautes Gemüse zu schätzen weiß, ist die damit verbundene Arbeit gar nicht so anstrengend, und ein gepflegter Gemüsegarten ist sowohl etwas für das Auge als auch für die Küche. Wenn heute in einem Garten Gemüse in geringem Umfang angebaut wird, greift man meist auf die Vorbilder in alten Büchern zurück, wo Gemüse in kleinen Beeten, die von Buchsbaumhecken eingefaßt sind, gepflanzt wurde. Jahrhun-

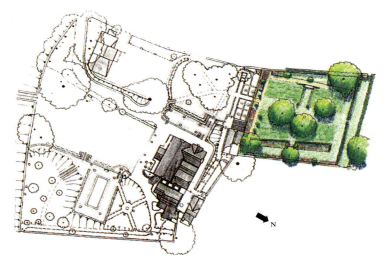

LINKS: *Eigentlich sind es Funkien und nicht Kohlköpfe, die immer wieder wegen ihrer üppigen Blätter gelobt werden. Einige Reihen mit Kohl zusammen mit Dahlien sind aber ein ebenso schöner Anblick.*

Ein gerahmter Blick durch einen Torweg ist immer faszinierend. Von hier aus gesehen erscheint der Gemüsegarten wie ein verwunschenes Versteck. Die Kirche hinter dem Pflaumenbaum verliert nie ihren besonderen Reiz.

dertelang baute man in vielen Gärten Europas Gemüse auf vier quadratischen Flächen an. Ein solcher Gemüsegarten, der auch einen dekorativen Aspekt hat, erfordert allerdings etwas mehr Pflege. Unkraut sollte nicht zu sehen sein, und auch verrottende Kohlblätter sind kein schöner Anblick. Außerdem muß man an einer anderen Stelle im Garten ständig Gemüse nachziehen, damit nach der Ernte einer bestimmten Sorte keine unschönen Lücken entstehen.

Wir leisten uns den Luxus, Gemüse traditionell in Reihen anzubauen, ohne den Anspruch, der Garten müßte immer „vorzeigbar" sein. Unkraut gibt es zwar nicht sehr viel, aber ein blau blühender Salatkopf sowie eine halbe Reihe mit Kartoffeln, in der die Forke die letzte Mahlzeit markiert, sind regelmäßig anzutreffen. Wenn man Gemüse auf traditionelle Weise anbaut (was heute noch ab und zu in Schrebergärten zu sehen ist), ist der Arbeitsaufwand wohl geringer als bei einem Gemüsegarten, der auch hübsch anzusehen sein soll. In einem kleinen Stadtgarten würde ich wohl anders vorgehen, auf dem Land ist aber das Einfache meist auch das Beste. In unserem vorherigen Garten hatten wir Gemüse auf einer von hohen Mauern eingeschlossenen Fläche von etwa 27 Quadratmetern angebaut. Entlang des Weges, der die vier Flächen unterteilte, gab es Birnen- und Rosenbögen und am Beetrand blühten altbekannte Blumen wie Iris, Pfingstrosen, Jungfer-im-Grünen und Bartnelken. Diese Pflanzen gedeihen fast immer, und obwohl einige Experten etwas verächtlich die Nase rümpften, ergeben sie genau die von mir gewünschte Stimmung.

Im neuen Garten stand ein ähnliches Rechteck zur Verfügung; anstelle von hohen Mauern nach Norden und Westen war dieses Stück jedoch von Buchenhecken und etwas mitgenommenem Geißblatt umgeben. Die Steinmauer hinter dem Stachelbeergarten bildet die südliche Grenze, und nach Osten hin begrenzt eine niedrige Mauer den Garten zur alten Kirche. Einige Apfelbäume, eine Wiese und die Reste eines Hühnerauslaufs waren vorhanden, außerdem ein Mittelweg und zwei recht steinige Beete auf einer Seite, auf denen wohl auch früher Gemüse angebaut worden war. Dieser Teil des Gartens war so friedlich und perfekt in seiner Schönheit, daß man dieses Stück Erde eigentlich so festhalten und nicht verändern sollte – es war wie ein Bild aus „Schneewittchen". Man ist immer wieder versucht, zuviel zu machen – Blumen, Bögen, weiße Sitzmöbel und feste Wege hinzuzufügen. Wo aber Felder, Wälder oder Gebäude die Aufmerksamkeit auf sich ziehen, ist es stets besser, weniger zu tun. Durch zu viele gut gemeinte Änderungen erhält man schnell eine für die Umgebung zu perfekte Anlage. Wenn ich unsicher bin, welcher Weg der richtige ist, welches Gefühl in einem bestimmten Gartenteil verstärkt werden sollte, denke ich eher in Worten als in Bildern. Es hilft mir, durch eine Reihe von Adjek-

DER GEMÜSEGARTEN

tiven, das zu beschreiben, was mir vorschwebt. „Zeitlos", „friedlich", „uralt", „grün", „bescheiden" – das sind Worte, die eine nützliche Formel für unseren Gemüsegarten zu Füßen des alten Kirchturms ergaben.

Die meisten Bäume ließen wir stehen, weil ihre knorrigen Stämme genau zum Gefühl der Zeitlosigkeit und des Friedlichen paßten. Die Äste wurden etwas ausgeschnitten, um mehr Licht für das Gemüse hindurchzulassen, und dort, wo es sehr schattig ist, wurden Himbeeren und Johannisbeeren gepflanzt. Das Gras auf dem Hauptweg blieb erhalten. Der Weg war sehr großzügig und wir ließen zu beiden Seiten, wo man normalerweise wohl Blumenbeete angelegt hätte, zwei Streifen Gras in gleicher Breite stehen. Im Sommer werden diese Rasenstreifen nicht so oft wie der mittlere Streifen gemäht. Im Frühling blühen dort Osterglocken; nicht die riesigen Spiegeleier wie 'King Alfred', sondern eine kleinblütige Sorte, die wir bereits vorfanden. Wenn wir diesen Bereich ganz neu hätten

Eine so friedliche Stimmung läßt sich viel schneller erreichen, als man denkt. Im ersten Sommer erinnerte der Blick zurück zum Tor daran, wieviel noch zu tun war. Drei Sommer später wirkt der Garten so, als hätte er nie anders ausgesehen.

PINWAND

Inspirationen für den Gemüsegarten

1 Frisch geerntete und gesäuberte Kartoffeln
2 Die Buchsbaumkugeln im Gemüsegarten in Heale House, Wiltshire
3 Bohnenstangen und Bambusstäbe in West Dean, Sussex
4 Bartnelken *(Dianthus barbatus)* mit kontrastreicher Färbung
5 Reifende Äpfel und Tomaten
6 Ein traditioneller Gemüsegarten in Frankreich
7 „The Cabbage Patch" – ein Gemälde von Alfred Glendening (1861–1907)
8 Eine Zeichnung der Birnen 'Souvenir du Congrès' und 'Madame Treyve' aus *The Gardener's Assistant*, 1871
9 Die gelben Blüten von Zucchini

MEERKOHL-TÖPFE
Töpfe neben dem Meerkohl (ein recht selten angebautes, aber vorzügliches Gemüse) werden fast vom Rhabarber überwuchert, der den dahinterliegenden Komposthaufen verdeckt.

PFLASTER
Hier wurde ein Pflaster auf traditionelle Weise unregelmäßig verlegt. Darunter befindet sich eine tiefe Grube, die mit Steinen aus dem Garten gefüllt wurde, um die hintere Wand der ehemaligen Schule trockenzulegen. Alle Steine wurden im Garten aufgesammelt und unbearbeitet verwendet.

EDELDISTEL
Die stahlblaue Edeldistel war ein Geschenk von Eddie, dem pensionierten Gärtner. Die Pflanze wuchs im Garten, als er hier noch arbeitete, war aber nicht mehr vorhanden, als wir einzogen.

HIMBEEREN
Herbsthimbeeren sind immer willkommen, vor allem, weil sie zu einer Zeit reifen, wenn es kaum noch Sommerobst gibt. Hier handelt es sich um 'Autumn Bliss'.

DIE GESCHICHTE EINES GARTENS

Die Kirche dominiert auch den Gemüsegarten. Die neue Buchsbaumhecke soll einmal das Beet mit den leuchtenden Sommerblumen verdecken, um den Blick von hier aus nicht zu stören. Die großen, goldfarbenen Osterglocken werden langsam verschwinden und durch kleinere, blassere Sorten ersetzt.

anlegen müssen, hätte ich mich wahrscheinlich für eine der *Cyclamen*-Hybriden wie 'February Silver', 'Thalia' oder eine alte Narzissensorte entschieden, denn dieses sind Blumen, die eher im Hintergrund bleiben und weniger dominierend sind.

Um den Gemüsegarten herum legten wir feste Wege an, um im Winter einfacher zu den Frühbeeten und den Komposthaufen gelangen zu können. Anschließend wirkte der Garten vom Tor aus immer noch grün und unberührt. Die schmalen Steinwege waren breit genug, um mit der Schubkarre hinter den Beeten fahren zu können. Im Winter wird das Gras unter dem Torbogen schnell unansehnlich. Ich glaube aber, Graswege sind es durchaus wert, einige Unannehmlichkeiten auf sich zu nehmen. Manchmal reicht es, im Frühjahr den Boden mit einer Forke aufzulockern, um mehr Luft an die Erde heranzulassen. Man kann die Fläche dann einige Wochen nicht betreten, bis sich das Gras erholt hat. Man muß eben nur die Kanten benutzen, die beschädigte Stelle überspringen oder für die Schubkarre Holzbretter verlegen; ein Betreten sollte unbedingt vermieden werden. Nach sehr harten Wintern kann man kleine Stellen auch mit Fertigrasen flicken; diese Möglichkeit entspricht finanziell aber der Anschaffung einiger schöner Rosen – und das schon bei kleinen Flickarbeiten. Die Versuchung war groß, zu beiden Seiten des Weges Blumenbeete wie in unserem alten Garten anzulegen. Blumen hätten jedoch die friedliche Stimmung gestört, so daß ich für mich den Kompromiß fand, einen Teil des Gartens – den Streifen entlang der Mauer zur Kirche – mit einer Buchsbaumhecke abzutrennen, um dort Blumen anzupflanzen.

Die vorhandene Geißblatthecke war nicht so sehr alt als unansehnlich. Sie war zum Teil von Efeu und Holunder durchwuchert und würde immer schwer zu handhaben sein. Geißblatt muß viermal im Jahr beschnitten werden, bei Buchsbaum dagegen reicht ein einmaliger Schnitt. Die zwei Meter hohe Hecke schirmte uns allerdings vom öffentlichen Fußweg ab, der dort hinten zur Kirche hinauf führt. Die Entscheidung, die Hecke zu entfernen, war also nicht ganz einfach. Entlang der Straße wuchs eine Buchenhecke, und wir überlegten, ob wir diese einfach fortführen sollten, so daß der Garten insgesamt von zwei Steinmauern und zwei Buchenhecken begrenzt wäre. Buche wächst schnell, muß aber nicht so oft beschnitten werden wie Geißblatt: zweimal im Jahr, im Winter und im Sommer, ist ausreichend. Die Blätter sind jedoch im Winter braun, und vor der Steinkirche hätte das vielleicht nicht schön ausgesehen. Eigentlich ist unsere Gegend auch untypisch für Buchen. Am Straßenrand wachsen überwiegend Weißdorn und Haselnußsträucher. Ich habe lange überlegt, ob ich diese zeitlosen, einheimischen Sträucher verwenden sollte. Haselnuß hat den Vorteil, daß sie nur einmal im Jahr beschnitten werden muß und ich stellte mir vor, wie sie in einem sanften Bogen den grünen Weg zur Kirche überspannen würde. Wir hätten dann aber sofort die Hecke an der anderen Seite des Weges ersetzen müssen. Diese bestand auch aus Geißblatt, jedoch in besserem Zustand als unsere, da sie regelmäßig von ihrem Besitzer, einem pensionierten Gärtner, beschnitten wurde. Er selbst war hocherfreut bei dem Gedanken, die Hecke nicht mehr pflegen zu müssen. Schließlich entschieden wir uns aber doch gegen die Haselnußsträucher, weil sie uns nicht genügend abgeschirmt hätten. Besucher der Kirche halten oft auf ihrem Weg an, um uns zu versichern, wieviel Arbeit wir doch auf uns genommen hätten, oder um zu fragen, was wir gerade pflanzen. Im Sommer hatten wir es manchmal mit einem halben Dutzend Fragen pro Stunde zu tun. Natürlich muß man auf die Bemerkungen eingehen; allein eine dichte Hecke hätte uns schützen können.

Am Ende fiel die Entscheidung für Buchsbaum. Die dunkelgrünen Blätter würden mit denen der Hecke auf der anderen Seite harmonieren, wir hätten einen wirksamen Sichtschutz, und nur wenig Beschnitt wäre notwendig. Buchsbaum hatte Tradition und würde die neue Hecke, die wir zwischen Gemüse und Blumen gesetzt hatten, fortführen. Wir ließen uns in einer Spezialgärtnerei beraten, welche Art für unsere Zwecke am geeignetsten war. Wir entschieden uns dann für 'Handsworthii', eine schnellwachsende Art, die in kurzer Zeit eine dichte Hecke bilden würde. Wir benutzten zwei Sorten dieser Art, meist kein besonders guter Rat, aber in diesem Garten schien die kaum merkliche Abwechslung genau richtig zu sein.

Die vier Beete für Gemüse wurden unterschiedlich vorbereitet. Das erste Beet war bereits zur Hälfte umgegraben, aber noch voller Quecke und Steine. Es wurde geharkt, bepflanzt, und wir versuchten, das Unkraut in Schach zu halten. Das Gemüse ragte immer etwas über das Unkraut hinaus, aber das Unkrautjäten war dennoch anstrengend,

Unter den Bohnenstangen, die mit Netzen umspannt sind, werden die Johannisbeeren geschützt. Auf die Stangen wurden Blumentöpfe gestülpt, um ein Reißen der Netze zu verhindern. Diese Konstruktion ist allerdings eher dekorativ als nützlich, da die Vögel immer wieder einen Weg zum Obst finden.

Vor den Kletterbohnen ist das halbe Kartoffelfeld schon frei, so daß hier Wintersalat gesät werden kann. Das Pampasgras in Eddies Garten sieht fast aus wie Rauch von einem kleinen Freudenfeuer.

besonders zwischen dem Pastinak. Auf dem zweiten Beet wurden Kartoffeln angebaut, die schon immer als Bodenverbesserer bekannt waren. Dieses Beet war einfacher zu pflegen und schon am Ende des ersten Sommers fast unkrautfrei. Für das dritte Beet, das im ersten Jahr nicht kultiviert wurde, holten wir uns zu Beginn des Frühjahrs einen Gärtner, der die Erde durchpflügte. Er meinte, das Unkraut könnte so schnell bekämpft werden; besonders dann, wenn man anschließend Unkrautvernichtungsmittel benutzen würde. Da der Boden aber sehr mager war und wir sowieso nichts von Vernichtungsmitteln halten, kauften wir eine Menge zusätzlichen Kompost, mit dem das verbleibende Unkraut 12 Zentimeter hoch abgedeckt wurde. Hier wurde dann den ganzen Sommer lang Unkraut gezupft. Wenn die Mulchdecke hoch genug ist, kommen selbst Wurzeln von Butterblumen an die Oberfläche, so daß diese Arbeit nicht so schwer war. Im nächsten Herbst wurde die Fläche per Hand umgegraben und dann für Kartoffeln genutzt. Die Steine waren schlimmer als das Unkraut: wir kippten Karrenladungen in die Gräben, die für den Untergrund der festen Wege ausgegraben worden waren. Darauf wurde später „Hoggin" verteilt, eine Mischung aus Kies und Lehm, die zu einer festen Masse verdichtet wird.

Wenn man Gemüse auf traditionelle Weise anbaut – also nicht in hübschen Karrees, die von Buchsbaum eingefaßt sind –, so kann das bedeuten, daß der Garten für einen Großteil des Jahres leer ist. Diese Art Gärten sind im Sommer wunderschön anzusehen, im Winter dagegen sehr nackt. In den Wachstumsmonaten zeigt das Gemüse alle erforderlichen Farben und Strukturen. Wir mußten uns also etwas einfallen lassen, um dem Garten auch im Winter etwas Leben zu geben, ohne unser eigentliches Ziel, einen besinnlichen, grünen Garten, aus den Augen zu verlieren. In alten englischen Gemüsegärten, die meist von Mauern umgeben sind, trifft man häufig im Hintergrund Spalierobst an. In unserem vorherigen Garten hatten wir auch einige Spalierbirnen entlang des Hauptweges gepflanzt, die im Winter einen reizvollen Blickfang boten.

Der Kirchturm im Osten war immer ein schöner Anblick, der die unbestellten Beete mehr als wettmachte. Derlei Aussichten auf die nähere Umgebung gehören zu den wichtigen Aspekten eines Gartens; wir hatten da besonders viel Glück. In alten Städten sind es oft die Dächer, vielleicht durch die Zweige einer benachbarten Magnolie gesehen, die einen schönen Ausblick ergeben. Auf dem Land bietet der Blick auf einen entfernten Hügel oder auf einen großen, schön gewachsenen Baum eine Bereicherung im Winter. Bäume ohne Laub sind faszinierend, und das gilt auch für unsere absolut unproduktiven Apfelbäume. Diese Bäume geben dem schlafenden Gemüsegarten die notwendige Struktur.

Blickt man jedoch vom Eingangstor in der Mauer auf den Garten, scheinen alle interessanten Aspekte in der Mitte angesammelt zu sein oder aber auf der rechten Seite, wo

die Kirche das bewaldete Tal dominiert. Die Buchenhecke entlang der Straße zeigt im Winter nur etwas braune Farbe; und ein Teil des Bungalows, in dem Eddie, der pensionierte Gärtner, wohnt, lugt über die Hecke – etwas weniger romantisch als der Kirchturm. So wurde der Apfelbaum 'Crispin' in der Ecke gepflanzt, um den Blick auf das Haus etwas einzuschränken, und einige Spalierbirnen am Weg, um den Blick daran zu hindern, über die leeren Beete zum Fenster des Nachbarn zu wandern. Jedes Spalier erreicht später einmal eine Breite von etwas über zwei Metern, so daß zwei Birnen auf jeder Seite des Weges ausreichten.

Ursprünglich hatte ich vorgehabt, den Spalierweg an der Buchenhecke mit einem Sitzplatz, der von Birnen eingeschlossen sein sollte, zu beenden. Es wäre ein schöner Platz gewesen, um auf die Kirche zu schauen. Da wir jedoch in unserem vorherigen Garten genug Probleme bei der Ernte hatten, weil wir ständig über Blumenbeete steigen mußten, wollten wir es uns hier etwas einfacher machen; ein Sitzplatz an dieser Stelle hätte auch den Zugang zum Komposthaufen versperrt. Wir hatten einen festen Weg parallel zur Buchenhecke angelegt, um im Winter im Garten arbeiten zu können, ohne zu oft mit der Schubkarre über das Gras fahren zu müssen. Wir schlossen also einen wei-

Unterhalb der geschützten Johannisbeeren haben die Gartennelken in einer kaninchenfreien Zone ihren Platz gefunden, nachdem sie im unteren Garten ständig abgefressen worden sind. Die Dachziegel, die den Weg begrenzen, haben wir im Garten gefunden.

OBEN UND UNTEN: *Die Fotos zeigen die Entstehung des „Wartehäuschens", dessen Dach eines Tages mit Spalierbirnen bedeckt sein soll. Nachdem die Sitze, der Rasenweg und die Bambusstangen als Spalier für die Birnen fertig waren, paßte sich das Ganze schon etwas besser ein.*

teren Kompromiß, indem wir noch einen Maulbeerbaum pflanzten, und zwar am Ende dieses Arbeitsweges, direkt vor der Buchenhecke. An die Lärchenpfosten entlang des Weges nagelten wir einige alte Eichenbretter, die wir günstig erstanden hatten. Zwei gotische Ornamente, die wir auf einem Flohmarkt fanden, wurden so integriert, daß sie kleine Gucklöcher bildeten. Innen wurden zwei Eichenbretter als Sitzflächen angebracht. Das Ganze sah mehr und mehr wie ein kleines Wartehäuschen an einer Bushaltestelle aus. Hinter dem „Wartehäuschen" wurden zwei weitere Birnen gepflanzt, die im Laufe der Zeit einmal das Dach dieser Konstruktion bilden sollten. Als Pfosten verwendeten wir Lärche und anstelle von Drähten Bambusstäbe, um etwas mehr Struktur zu geben, bis die Zweige der Birnen diese Aufgabe übernehmen konnten. Anfangs sah die Konstruktion sehr roh und fremd aus und wurde nicht von allen akzeptiert. Witze über Bushaltestellen machten die Runde. 'Alt' und 'bescheiden' ja, 'friedlich' ja, 'zeitlos' wohl nicht ganz und 'grün' würde dieses Arrangement erst sein, wenn die Birnen richtig zu wachsen anfingen.

Wenn man eine Idee so weit verwirklicht hat, muß man weitermachen und sich fragen, was eigentlich schiefgegangen ist, nach Inspirationen suchen und diverse Lösungsmöglichkeiten durchspielen. Die richtige Antwort braucht meist lange, es kann ein Jahr dauern, bis man weiß, was zu tun ist. Aber für diese Art von Design gibt es keine einfache Formel. Manchmal gibt es auch wirklich keine Lösung und man muß eine Niederlage zugeben, von vorne anfangen oder mit dem Malheur leben. Bei der Arbeit für Kunden gehe ich weniger Risiken ein, weil weniger Zeit zur Verfügung steht, aber in diesem Garten ist es legitim, zu experimentieren. Das Problem des Wartehäuschens war eigentlich seine Form. Eine Konstruktion für das Dach würde den Anblick wesentlich verbessern.

Ich habe viel Zeit damit verbracht, eine optimale Dachkonstruktion zu entwickeln. Das Dach könnte die Form des Kirchturms wiederaufnehmen, aber vielleicht wäre das auch zuviel.

Wahrscheinlich wird es wohl kein flaches Dach, sondern eher ein niedriges Walmdach werden, in der Hoffnung, daß es nicht so wirkt, als ob die Wartehäuschen jetzt ganz vornehm sein wollten. – Freundliche Familienmitglieder helfen mir immer wieder, indem sie Bambusstangen in verschiedenen Winkeln gegen die Konstruktion halten, um herauszufinden, was wohl am besten aussehen mag. Wir haben viel Zeit. Die Birnen werden eine Weile brauchen, bis sie die Höhe der Pfosten erreicht haben. Hätte ich allein entscheiden können, wäre der Zugang zum Spalierweg einfach dicht gemacht worden. Bei der Arbeit für einen Kunden hätte ich dies vor Beginn abgesprochen. Beim eigenen Garten ist das Vorgehen aber anders, und dadurch, daß so ein Garten langsam wächst und alle mit Rat und Tat helfen, erhält er einen ganz besonderen Charakter. Die Fläche in der hintersten

Gartenecke, nahe der Kirche, wurde für Spargel, Artischocken, schwarze Johannisbeeren und Himbeeren reserviert. Dafür wurden weitere Pfähle gesetzt und mit Drähten verbunden. So erhielt man einen Bereich, der etwas Höhe bot und die niedrigen Gemüsebeete auflockerte. In großen Gärten habe ich manchmal aus Holz geschnitzte Äpfel und Birnen, Kugeln oder Tannenzapfen als Abschluß für die Spalierpfosten benutzt. In diesem Garten hätte das im wahrsten Sinne „zu aufgesetzt" gewirkt. Die Pfostenenden wurden hier nur etwas abgeschrägt.

Neben dem Weg, der zum Kompost führt, bedecken sechs Töpfe eine der besten Gemüsearten, die man anpflanzen kann: leider ist der Meerkohl oder auch Seekohl wenig bekannt. Die Töpfe sehen auch im Winter schön aus, ebenso zwei typisch englische Schornsteinköpfe und ein galvanisiertes Faß über dem Rhabarber. Hier in England gibt es zwar diverse nützliche und schöne Abdeckungen für Wintergemüse, die leider aber meist auch sehr teuer sind. Wir haben uns deshalb bei größeren Mengen von Gemüse für die günstigere Plastiklösung entschieden. Plastikabdeckungen lassen sich zudem gut im Boden verankern, was bei den starken Winden auch angebracht ist.

Im dritten Jahr trugen die Birnen die ersten Früchte. Eigentlich ist es besser, den Obstansatz in den ersten Jahren auszubrechen, weil die jungen Äste schnell leiden können. Wir haben aber nur einen Teil der Früchte vorzeitig entfernt.

Im Verlaufe der Jahre haben wir ein System entwickelt, um Wintergemüse vor Tauben zu schützen, das sowohl nützlich als auch hübsch anzusehen ist. Schwarze Netze (keine grünen) werden über Holzpfähle gespannt, die mit einem umgedrehten Blumentopf geschmückt werden. Die Holzpfähle oder Äste sollten in regelmäßigen Abständen und in geraden Linien gesetzt sein. Im Sommer benutzen wir den gleichen Schutz bei Erdbeeren und allem, was vorübergehend in Gefahr sein könnte. Andere Gartenliebhaber entscheiden sich vielleicht eher für Terrakotta-Katzenköpfe, für geschnitzte Krähen oder große Greifvögel, die zwischen den Gemüsereihen lauern und auch im Winter als Schmuck dienen. Althergebrachte und handwerklich gefertigte Objekte helfen immer dort, wo keine Blumen mehr vorhanden sind. Ein gußeiserner Fußabstreifer und eine viktorianische Pflanzhilfe zum Ausrichten der Gemüsereihen, Geschenke von lieben Freunden, vielleicht eine alte Wasserkanne und manchmal eine Forke, die in der Erde steckt: alles Dinge, die oft draußen verbleiben. Ich mag die dadurch erweckten Assoziationen mit normaler Gartenarbeit. Sie erzeugen für mich die gleiche Stimmung im Garten wie Bücher oder Handarbeiten auf einem Wohnzimmertisch. Man spürt, daß jemand gerade ein Zimmer – oder den Garten – verlassen hat und gleich zurückkommen wird, um das Begonnene fortzusetzen. Natürlich kann man es mit

Die vier Buchsbaumkugeln am Wegkreuz sind den Kugeln in Heale House nachempfunden. Sie wurden drei Jahre, bevor dieses Foto entstand, als kleine Büsche gepflanzt. Im Hintergrund ist der Eingang zum Kirchengelände zu sehen.

solchen Dingen auch übertreiben. Häuser, in denen sich alte Zeitungen in allen Ecken und schmutzige Kaffeetassen auf dem Küchentisch stapeln, vermitteln dieses Gefühl nicht unbedingt; das gleiche gilt für Gärten, in denen überall die Gartengeräte herumliegen und umgekippte Säcke mit Dünger den Weg versperren. Kleine Dinge aber, die nützlich und gleichzeitig dekorativ sind, können mehr Stimmung erzeugen als reine Ornamente. Sie scheinen darauf hinzuweisen, daß hier ein Platz ist, an dem gearbeitet und Gemüse angebaut wird, um eine Familie zu ernähren – so wie das schon seit hunderten von Jahren der Fall ist. Diese Art, einen Garten „auszustatten" eignet sich nicht für Menschen, die Gartenarbeit als Plage und nicht als Vergnügen betrachten. Ein nagelneuer Spaten und ein Strohhut auf einer Gartenbank, zurückgelassen von jemandem, der nie einen Spaten angefaßt hat, würde genauso falsch aussehen wie Marie Antoinette bei dem Versuch, als Bäuerin zu leben.

Um den Garten auch in den Wintermonaten noch etwas interessanter zu machen, wurden vier Buchsbaumkugeln zur Betonung des Wegkreuzes gepflanzt. Die Positionen für die Buchsbäume habe ich gewählt, weil mich ähnliche Anordnungen in Heale House in Wiltshire begeistert hatten. Das imaginäre Quadrat, das durch die Buchsbaumkugeln in Heale – und nun auch hier – gebildet wird, suggeriert einen Ort der Ruhe und Besinnlichkeit. Quadrate haben eigentlich immer diese Wirkung: sie bilden Räume, sichere

Zufluchten zum Verweilen. Eines Tages werden die Buchsbaumkugeln zu großen Büschen herangewachsen sein wie in Heale. Ich mag auch die wiederholte Anordnung von beschnittenen Buchsbäumen, die hier in der Gegend so verbreitet sind. Sie betonen wichtige Stellen des Gartens auf immer andere Weise. Säulen von grüner irischer Eibe und kugeliger Buchsbaum inmitten von Blumen; Kuppeln von Eibe und kleinere Buchsbaumformen ums Haus herum zusammen mit den eigenartigen Formen, die später einmal aus den Buchsbäumen an der Terrasse entstehen sollen. Durch all diese Immergrünen werden Spaziergänge im Winter verschönert – im Sommer werfen sie den notwendigen Schatten und bilden einen ruhigen Hintergrund für die farbenfrohen Blumen.

Gemüse war nie meine Stärke. Für mich war der Anbau von Gemüse ein Hobby, an dem mir die genaue Planung und das Wachsen mehr Freude machen als die eigentliche Ernte. Von einem alten Bauern habe ich gelernt, wie man Bohnenstangen auf traditionelle Weise anordnet, die, zusammen mit Wicken an dünnen Ästchen, im Sommer eine zusätzliche senkrechte Komponente bilden. Für das Sauberhalten der Beete ist oft noch vor der Ernte für die nächste Mahlzeit Zeit. Vorausgesetzt, man entfernt das Unkraut regelmäßig, fast noch bevor es zu sehen ist, dann ist die Arbeit leicht und schnell erledigt. Bei uns in der Familie wird wesentlich mehr über das Ernten gestöhnt. Wir haben es schon vor Jahren aufgegeben, kleine französische Bohnen anzubauen, weil sie so schwer zu ernten sind. Statt dessen werden Sorten wie 'Blue Lake' angebaut, die an Stangen wachsen, das Leben viel einfacher machen und zusätzlich noch Höhe in den Garten bringen.

Das lange Rechteck vor der Mauer zur Kirche, das wir durch eine Buchsbaumhecke vom Gemüsegarten abgetrennt hatten, gehört den typischen Blumen des Bauerngartens – Pfingstrosen, Mohn, Strandastern und Bartnelken, die auch in unserem vorherigen Garten anzutreffen waren. Rosen passen hier nicht hin. Auch keine besonders seltenen oder exotischen Blumen, sondern nur solche, die jeder sofort erkennen kann. Die Fläche ist etwa 27 Meter lang und 5,5 Meter breit. Wir unterteilten diese in eine drei Meter breite Randzone, einen Grasweg und ein schmales Beet direkt an der Mauer zur Kirche.

Der Garten endet hier an der kleinen ehemaligen Schule, die zu dieser Seite keine Fenster hat. In der äußersten Ecke dieses Gebäudes sammelte sich ständig Wasser, so daß es hier immer feucht war. Zwei Winter lang hat jeder aus der Familie, der gerade Zeit hatte, mitgeholfen, eine tiefe Grube hinter dem Gebäude auszuschachten. Diese wurde mit großen Steinen aus dem Gemüsegarten gefüllt, und im Graben direkt am Gebäude entlang wurden Schindel (statt des porösen Sandsteins) hinzugefügt. Dadurch erhielten wir den Untergrund für einen gepflasterten Sitzbereich, von dem aus man am Beet entlang sehen kann. Außerdem hat man wieder einen herrlichen Blick auf den Kirchturm. Unregelmäßiges Steinpflaster, das noch vor einigen Jahren gern verwendet wurde, ist inzwischen vollkommen aus der Mode gekommen und wird oft etwas belächelt; in dieser Gegend werden aber viele Höfe mit flachen, unregelmäßig großen Steinen gepflastert. Steinplatten wären hier, wo der Eindruck von Einfachheit vorherrschen sollte,

NÄCHSTE SEITE: *Die Bohnenstangen erinnern an längst vergangene Zeiten. Die Verstrebungen sind notwendig, um ein Zusammenbrechen unter dem Gewicht der Bohnen zu verhindern. Der Island-Mohn im Vordergrund ist als Vasenschmuck bestimmt.*

UNTEN: *Die Dahlien in sattem Rot sind eine unbekannte Sorte, die uns von einem Nachbarn geschenkt wurden. Auf diesem Versuchsfeld für Dahlien wachsen auch die Wicken, die im Spätherbst allerdings verblüht sind. Im Winter ist hier der Platz zum Verbrennen von Gartenabfällen.*

DIE GESCHICHTE EINES GARTENS

OBEN: *Im Vordergrund ist der Apfelbaum 'Beauty of Bath' zu erkennen, dessen Früchte eigentlich ungenießbar sind, der aber durch seinen schönen Wuchs besticht.*

UNTEN: *Dies ist der Blick vom Sitzplatz hinter dem Apfelbaum aus auf die Kirche.*

wirklich fehl am Platz gewesen. Deshalb benutzten wir die Steine so, wie sie bei uns im Garten zu finden waren. In die Lücken pflanzten wir Traubenhyazinthen und Primeln und hofften, daß sie sich aussäen würden. Veilchen und wilde Erdbeeren haben sich von allein angesiedelt, ebenso wie ein paar Akeleien aus dem anschließenden Beet. Hier war ein perfekter Platz für eine alte Holzbank. Diese Bank gehörte ursprünglich meiner Schwiegermutter und hatte über die Jahre ein schönes Silbergrau angenommen. Neue Holzmöbel passen sich aber auch schnell ihrer Umgebung an, wenn man sie nur im Freien läßt. Ansonsten kann man mit einer Lasur in einem leichten Silberton nachhelfen, um die Farbe von neuem Holz etwas zu brechen. Hinter die Bank habe ich eine Kletterpflanze gesetzt, die ich in Snowshill, dem schönsten Garten in den Cotswolds, gesehen hatte: die Beerentraube *Schisandra rubriflora*. Diese Pflanze wurde von Ernest Wilson vorgestellt, der in den Cotswolds geboren wurde, wo es auch einen nach ihm benannten Garten gibt. Natürlich hätte eine solche Pflanze aus diesem Garten verbannt werden müssen, da sie sehr exotisch ist. Ich habe sie trotzdem erlaubt. Wenn man schon selbst Regeln aufstellt, kann man sie auch einmal brechen. Es wäre jedoch nicht möglich gewesen, mehr als eine exotische Rarität inmitten der einfachen Bauernblumen unterzubringen. Die *Schisandra* ist aber keine sehr auffällige Blume. Sie hat winzige, karmesinrote Glöckchen, die im Frühjahr unter grünen Blättern hervorschauen, und trägt im Herbst Früchte, die wie Kirschen aussehen. Als einzige Kletterpflanze an der Mauer erzeugte sie dort genau die beabsichtigte Wirkung.

An die Mauer zur Kirche hin, in die Nähe der Bank, setzten wir ein Jelängerjelieber ('Graham Thomas') und unter den Apfelbaum, der die Öffnung zur gepflasterten Fläche einrahmt, einige Frühlingsblüher – frühe Veilchen, die apfelgrüne *Helleborus argutifolius* und einige leuchtendblaue Brunnera. Gegenüber dem Apfelbaum wurden für einen Duft-Schneeball *Viburnum farreri* in unveredelter Form einige Pflastersteine entfernt. Dieser Strauch ist viel anmutiger als *Viburnum bodnantense*-Hybriden mit ihren größeren Blüten. Den ganzen Winter hindurch trägt er kleine, duftende Blüten, und im Sommer schirmt er die Sitzbank zum Gemüsegarten hin ab. Sonst wäre der Blick den kleinen Weg hoch zum Sitzplatz nicht vollständig verdeckt gewesen. Entlang der nach Norden zeigenden Gartenmauer wurden schmale Beete angelegt, auf denen Pflanzen wachsen, für die eigentlich kein Platz mehr ist. Einige davon verschenken wir, einige verkaufen wir, wenn der Garten für die Öffentlichkeit zugänglich ist, und andere benutzen wir, um unerwartet auftretende Lücken zu füllen. Über den Hauptrasenweg hinaus wird die Achse entlang eines gemauerten Frühbeetes bis zum Öltank fortgeführt. Dieser Teil des Gartens sollte vom Sitzplatz aus nicht zu sehen sein – die Kirche und die Blumen sollen hier den Mittelpunkt bilden.

Im Frühsommer sind die Beete zwischen den Mauern zur Kirche und zum Gemüsegarten bedeckt mit Blumen wie Bartnelke, Katzenminze und Rittersporn.

OBEN: *In der Rabatte vor der Kirche sollte ein Meer altbekannter Blumen zu sehen sein. Margeriten, Kornblumen und immer wieder Katzenminze und Bartnelken – das sind Blumen, die den Pflanzenexperten nicht beeindrucken, mir aber in ihrer überschwenglichen Fülle viel Freude bereiten.*

GEGENÜBER: *Im Oktober blühen die Astern und Chrysanthemen am schönsten. Hier taucht auch immer wieder Gemeiner Beinwell auf, der allen Versuchen, ihn auszurotten, trotzt. Bis er endlich bekämpft ist, sind hier auch Einjährige angesiedelt. Im schmalen Beet an der Mauer muß zuerst der Giersch vollständig entfernt sein, bevor mit der eigentlichen Bepflanzung begonnen werden kann.*

Im 20. Jahrhundert ist das Anlegen von Blumengärten zu einer komplizierten, wohlüberlegten Angelegenheit geworden. Besondere Farbabstimmungen und Blattkombinationen – meine älteste Tochter bezeichnet das als „contrastifolia", also Funkie neben Iris, Wolfsmilch zusammen mit Fenchel etc. – gehören zu den bevorzugten Arrangements. In der Rabatte an der Mauer zur Kirche wollte ich all die Blumen pflanzen, die ich seit früher Kindheit kannte und liebte, ohne sie allzu penibel anzuordnen. Es sollte ein nostalgisches Beet werden, wo man unbedenklich Sommer- oder Herbstblumen pflücken konnte. Lücken oder Farben, die nicht zusammenpaßten, waren hier kein Problem.

Pralle Pfingstrosen in Rot (die Sorte, die eigentlich nur für den Sommergarten reserviert war), Rittersporn, Mohn, Brunnera, große weiße Margeriten, Chrysanthemen, Strandastern, Kornblumen, Stiefmütterchen und Veilchen wurden bunt gemischt. Katzenminze und Bartnelken bildeten vorn im Beet dicke Büschel, Akelei durfte sich beliebig aussäen. Im Frühjahr werden die Strandastern und Chrysanthemen geteilt, einige davon nehmen vorübergehend im Anzuchtbeet Platz und können dann später dort glänzen, wo zu große Lücken entstanden sind. Im Spätsommer erscheinen die Dahlien. Eine sehr gute, weiße, namenlose Dahlie und die dunkelrote ‘Arabian Night' bleiben das ganze Jahr über im Beet; wir nehmen aber doch immer einige Ableger für den Fall, daß sie das Überwintern einmal nicht schaffen. Bei den Farben handelt es sich überwiegend um Rot-, Blau-, Pink- und Weißtöne, aber ein bißchen Gelb erscheint auch hin und wieder. Ganz spät im Herbst blüht noch eine winterharte Chrysantheme in sattem Gold, die sich gut als Schnittblume eignet. Sie blüht, nachdem die Bäume schon ihr Laub verloren haben.

Im Frühling ist in dieser Rabatte nicht viel zu sehen, nur einige Frühblüher unter dem Apfelbaum. Ein Jahr hatten wir versucht, in dem schmalen Beet an der Mauer Goldlack anzupflanzen, der leider für Krähen und Tauben unwiderstehlich war. Der Kohl, auf den sie es eigentlich abgesehen hatten, war durch Netze unzugänglich, aber der Goldlack, der zur gleichen Familie gehört und offensichtlich ähnlich gut schmeckt, war ungeschützt. Ich hatte auch mit dem Gedanken gespielt, Tulpen zu setzen, dann aber davon Abstand genommen. Ich liebe Tulpen und benutze sie fast überall im Garten (obwohl die Mäuse immer wieder einen Großteil verzehren), aber an der Kirche störten sie. Hier sollte man in Ruhe zusehen können, wie sich aus den grünen Sträuchern der Pfingstrosen langsam die pinkfarbenen Blüten entwickeln, die so vielversprechend wirken. Wäre hier der einzige Platz für Blumen im Garten, würde ich versuchen, die Saison zu verlängern, aber es ist auch schön, eine Stelle zu haben, die im Frühling einfach nur grün und gepflegt ist und erst im Sommer so richtig zur Geltung kommt.

DER OBSTGARTEN

*Die Kraft der Assoziation • Die Blumenwiese •
Alte Apfelbäume und Blumenzwiebeln*

Zu manchen Zeiten scheint in diesem Garten nicht sehr viel zu geschehen. Ab Ende Juli wird der kleine Obstgarten mit den wenigen alten, moosbedeckten Apfelbäumen zu einem schattigen Plätzchen, an dem die Sonne nur kurz durch die Zweige auf das darunterliegende Gras scheint. Die meisten Gartenliebhaber erwarten heutzutage auf einer 18 Quadratmeter großen Fläche mehr als nur selten gemähtes Gras und fünf unproduktive Bäume. Die nach Osten zeigende Mauer am Ende des Obstgartens ist unbegrünt, und vorwurfsvolle Mienen enthusiastischer Gartenbesucher lassen darauf schließen, daß sie – im Gegensatz zu mir – keine Gelegenheit ausgelassen hätten, Kletterpflanzen wie *Hydrangea anomala* ssp. *petiolaris* oder *Garrya elliptica*, die für Nord- und Ostmauern ideal sind, unterzubringen. Einige hätten vielleicht die Apfelbäume mit Kletterrosen und

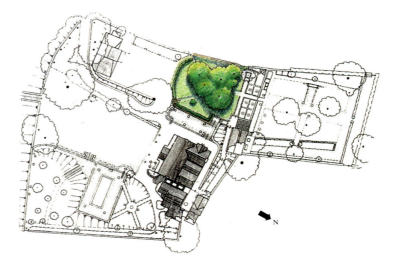

LINKS: *In den ersten Jahren wuchsen unter den Apfelbäumen vor allem kleine Margeriten und Hahnenkamm. Hartnäckige Unkräuter wie Disteln und Ampfer wurden per Hand entfernt.*

Eines Tages wird der Blick durch die Äste der Apfelbäume nur noch ein grünes Dreieck vor dem Wald freigeben. Bis die Eibenhecke auf dem Rasen wesentlich höher ist, werden wir aber die Dächer des Bauernhofes und noch viele Autos auf der Straße sehen.

Clematis im Sissinghurst-Stil bereichert, die alten Bäume entfernt, um Platz zu haben für einen Blumengarten, ein Parterre aus Buchsbaum oder ein Arboretum mit vielen verschiedenen Bäumen und Sträuchern. Für mich ist ein einfacher Obstgarten durchaus ausreichend. Der Garten hat genügend andere Plätze für Blumen und ausgefallene Gartenideen. Hier soll sich die friedliche Stimmung von allein ausbreiten; ich befürchte aber, daß das, was mir soviel bedeutet, von anderen oft nicht verstanden wird. Die alte Tradition des Gartens als Raum für Gedanken und zur wirklichen Entspannung ist heute kaum noch vorhanden.

Die Gärten wurden einmal als Englands größter Beitrag zur Kunst bezeichnet, aber in der heutigen Zeit haben sie viel von dieser Bedeutung eingebüßt. Die elitären Gärten der gebildeten Klasse sprechen den Gartenliebhaber des 20. Jahrhunderts längst nicht mehr so an wie jene, die sie vor zweihundert Jahren bewunderten. Das Hauptziel eines Landschaftsgartens im frühen 18. Jahrhundert bestand darin, eine Kette von Assoziationen und Reflexionen bezüglich Kunst und Klassik zu erzeugen. Auf intellektuellem Gebiet sind wir unseren Vorfahren unterlegen. Wir verfügen nicht mehr über die Fähigkeit, beispielsweise beim Anblick eines Tempels oder einer Gruppe von Bäumen poetische Gedanken zu entwickeln. Ich glaube aber, daß es auch heute noch Arrangements im Garten gibt, die unbewußt unsere Gedanken und Emotionen in allgemeinere Bahnen lenken. Die Kraft der Assoziation kann heute genauso stark wie im 18. Jahrhundert sein, obwohl die Konzepte umfangreicher und weniger spezifisch sind als früher. Eine Reaktion auf die Vorstellung der Vorbestimmung hängt nicht von der klassischen Bildung ab, die bei den Gärten der Vergangenheit Voraussetzung war. Die unterschwellige Bedeutung, die einem Ort einen spirituellen Wert gibt, muß nur gefunden werden; ich bezweifle jedoch, daß wir sie so intensiv erleben können wie unsere Vorfahren. Aus genau diesem Grund werden meine Gedankengänge hier vielleicht nicht von allen verstanden. Heutzutage können wir uns unter Sentimentalität mehr vorstellen als unter Gefühlen, und Nostalgie hat einen höheren Stellenwert als das Verlangen nach Unvergänglichkeit, das in uns allen schlummert. Ein Hain uralter Bäume ist kein heiliger Platz mehr für griechische Götter oder Druiden, er kann aber auch heute noch die gleiche Ehrfurcht und Bewunderung hervorrufen, die an diese Baumtempel von jeher geknüpft sind. Auf gleiche Weise werden Besucher einer alten Kirche, auch wenn sie nicht gläubig sind, vom Geist des Ortes berührt. Unbewußt senken sie ihre Stimmen oder verlieren sich wortlos in ihre eigene Gedanken.

Nur wenige Gartenliebhaber verfügen über einen Hain aus alten Eichen; oft ist der Garten aber groß genug für einige Obstbäume. Ein Obstgarten erinnert schon etwas an einen heiligen Hain und hat zudem noch eine geschichtliche Assoziation. Im 17. Jahrhundert wurden Obstgärten als heilige Orte betrachtet. Der Calvinist Ralph Austen schrieb sogar eine Abhandlung über Obstbäume, in der auch ein Abschnitt über die Seele des Obstgartens zu finden ist. Er war nicht der einzige, der das Obst eines Baumes als Symbol von Tugend und Unbescholtenheit betrachtete. „Ich sammle Blumen, meine Früchte sind nichts als Blumen", schrieb der Dichter Andrew Marvell in einem metaphysischen Gedicht über Reue. Wir sprechen auch heute noch von den Früchten unserer Arbeit; vielleicht gibt es unbewußt in uns die Erinnerung an die Jagd und das Sammeln von Beeren zum Lebenserhalt. Die Freude, Früchte ernten zu können, die anders als Geld auf Bäumen wachsen, ist immer noch vorhanden.

Obstgärten haben noch eine andere Assoziation. In der Vergangenheit wurden Bäume um Ansiedlungen herum gepflanzt, um Schutz vor Kälte, Wind und Sonne zu bieten. Eine Ansammlung von Bäumen, so betont Keith Thomas in seiner Studie „Man and the Natural World", war über Jahrhunderte lang ein Zeichen für eine menschliche Ansiedlung. Ich selbst assoziiere mit Obstbäumen die Gemälde von Samuel Palmer, besonders ein Bild mit Birnenblüten, das er in einem Garten in Shoreham malte. Wenn ich in einem Garten nur Platz für einen einzigen Baum hätte, so müßte es ein Apfelbaum sein. Ein richtiger Apfelbaum, dessen Krone in Schulterhöhe anfängt, ist in jedem Garten ein Lichtblick. Die mystischen Assoziationen oder solche zu Gemälden, die ein Obstgarten oder auch ein einzelner Apfelbaum hervorruft, kann genauso befriedigend sein wie ein Blumenbeet. Unser Obstgarten hat beides: Fünf Monate im Jahr ist er eine Frühlingsoase mit unzähligen Blumen und in der anderen Hälfte des Jahres kehren mystische Ruhe und Unberührtheit ein.

Im Frühling erscheinen unter den kahlen Bäumen kleine Narzissen wie 'February Silver', später kann man große Sträuße duftender 'Pheasant's Eye' pflücken.

PINWAND

Inspirationen für den Obstgarten

1 Ein Apfelbaum mit Hängematte im vorherigen Garten der Autorin
2 Apfelblüte in Eastgrove Cottage in Hereford/Worcester
3 „Gemüsegarten und blühende Bäume, Frühling, Pontoise", ein Gemälde von Camille Pissarro (1830–1903)
4 Ein grüner Apfel
5 Die seltene, geschützte Schachbrettblume *Frittilaria meleagris*
6 Apfelblüte in Powerstock, Dorset
7 Wildblumenwiese mit Tulpen in Faringdon House, Oxfordshire
8 Ein Detail des Gemäldes „Primavera" von Sandro Botticelli (1445–1510)
9 „May" von Pieter Casteels (1684–1749) – eine Zeichnung für einen Pflanzenkatalog, erschienen um 1732
10 Detail eines Birnbaums aus dem Gemälde „In a Shoreham Garden" von Samuel Palmer (1805–1881)

DIE RINDE EINES APFELBAUMS
Im Winter sieht die Rinde wie eine Miniaturlandschaft oder eine Reliefkarte der Mondoberfläche aus.

APFELBÄUME
Die Schubkarre unter den Apfelbäumen ist schon lange nicht mehr benutzt worden.

DER OBSTGARTEN

Auf unserem mageren Kalkboden läßt sich eine gute Ernte nur erzielen, wenn kräftig gedüngt wird. Andererseits hat die Erde aber auch viele Vorteile. Dort, wo der Boden mager ist, entwickeln sich Wildblumen besonders gut, weil das Gras, zwischen dem sie wachsen, nicht sehr kräftig ist. In unserem vorherigen Garten hatten wir in einem neu angelegten Obstgarten mit einer Fläche von etwa 18 Quadratmetern (nicht viel größer als hier) Wege durch das höhere Gras gemäht und zu beiden Seiten Blumenzwiebeln gesetzt. Vor zwanzig Jahren, als „wilde Gärten" noch etwas ganz Neues waren, hatten wir den Fehler gemacht, für die Wiese unter den Bäumen das stark wachsende Weidelgras zu säen. Kleine Margeriten, Schlüsselblumen, Krokusse und heimische Osterglocken *(Narcissus pseudonarcissus)* wurden in dieses Gras gesetzt, das den Sommer über nicht geschnitten wurde.

Als wir nun diesen Garten übernahmen, gab es sehr viele Informationen über das Anlegen von Wildgärten mit Blumenwiesen. Heute kann man überall besonders vorbereitete Saatmischungen für unterschiedliche Böden kaufen. Mehr als die Hälfte des Obstgartens bestand bereits aus Gras. Aber der Rest, auf dem ursprünglich zwei lange Beete mit Edelrosen angelegt waren, wurde umgegraben und eine spezielle Grasmischung für kalkhaltige Böden eingesät. Sowohl die alte als auch die neue Grasfläche wurden mit *Crocus tommasinianus* wegen der frühen blauvioletten Blüten, unterschiedlichen Arten von wilden Osterglocken und *Cyclamineus Hybrid narcissus* 'February Silver' bepflanzt, die sehr blaß blühen (nicht im Februar, wie man vermuten könnte, sondern im März). Einige große Primeln, die ursprünglich aus Frankreich kamen und schon in unserem vorherigen Garten wuchsen, wurden ebenfalls im Gras angesiedelt. Heute beschämt es mich, daß ich damals Pflanzen aus der Natur ausgegraben habe, aber vor vielen Jahren haben wir von Urlaubsreisen nach Frankreich oder Italien immer ein paar Alpenveilchen oder eine Pflanze wie diese Primel als Erinnerung an ein schönes Picknick oder einen Spaziergang mitgenommen. Im ersten Sommer wuchs auf dem frisch gesäten Gras ein Meer von kleinen Margeriten; auf der alten Grasfläche blühten nur ein paar Unkräuter und ein oder zwei Labkrautblüten, so daß der Obstgarten etwas unausgewogen wirkte. Es wäre besser gewesen, die ganze Fläche mit derselben Grasmischung anzusäen. Es gab aber noch soviel anderes zu tun. Einige der Margeriten und den Hahnenkamm, eine Pflanze, die in dieser Gegend heimisch ist, haben wir in die alte Grasfläche versetzt, in der Hoffnung, sie würden sich von selbst vermehren. Außerdem haben wir einige der wilden, blaublütigen Storchenschnäbel aus dem Gemüsegarten hierhin verpflanzt. Meist ist das die einfachste Art, Wildblumen auf einer Wiese anzusiedeln.

Im alten Obstgarten wurde das Gras leider nicht vollständig neu angesät. Man kann den Ansatz zur neuen Grasfläche erkennen, die zusammen mit dem Plateau angelegt wurde. Wildblumen aus dem neuen Grasstück wurden aber nach und nach auf die alte Fläche versetzt, wo dann nach drei Jahren sogar Orchideen blühten.

DER OBSTGARTEN

Um einen Garten mit Wildblumen anzulegen, gibt es ganz unterschiedliche Ansätze. Man kann, wie der viktorianische Gärtner William Robinson, Pfingstrosen und andere nicht gerade einheimische winterharte Stauden in Grasflächen pflanzen und erreicht einen recht überwältigenden Eindruck. In unserem Obstgarten, der Ruhe und Geborgenheit ausstrahlen sollte, wäre das aber nicht angebracht gewesen. Setzt man Tulpen und Prärielilien zwischen Butterblumen und Löwenzahn, wie der Prince of Wales in Highgrove, erhält man eine wunderschöne, ziemlich kostspielige Anlage, die eher in einen Park als in einen Obstgarten paßt. Die Wiese mit einem Meer von kleinen Blüten wie in Faringdon House, Oxfordshire, ist jedoch wirklich gelungen und kann als nachahmenswertes Beispiel gelten. Ein strenger Ökologe würde in einer Wildblumenwiese wohl nur die Blumen gelten lassen, die in der jeweiligen Gegend wild wachsen. Ich neige auch oft zu dieser Einstellung; auf unserer Wiese unter den Apfelbäumen wollte ich jedoch einen Botticelli-Effekt mit einer Fülle winziger Blüten, die wie Juwelen aus dem Gras blitzen, erreichen. Ich sehe keinen Konflikt zwischen Samuel Palmer und Botticelli. Vielleicht werde ich nach einigen Jahren jedoch die Fülle und Vielfalt unter den Bäumen bedauern. Kaiserkronen fühlen sich eigentlich auf unserer Wiese mit dem kalkhaltigen Boden nicht besonders wohl, sie stehen lieber auf Feuchtwiesen, trotzdem scheinen sie hier zurechtzukommen und sich sogar zu vermehren. Hyazinthen, die eine Saison im Zimmer standen, können ihren Lebensabend ebenfalls hier verbringen. Ein Jahr lang werden sie zuvor an anderer Stelle eingepflanzt, weil die verwelkten Blätter kein sehr schöner Anblick sind. Wichtig ist die Höhe der Blumen, denn sie sollen nicht zu weit aus dem Gras herausragen. Gerne würde ich Wildtulpen setzen, ich weiß aber noch nicht, ob ich damit Erfolg haben werde. Primeln und wilde Schlüsselblumen werden nach der Blüte geteilt und an verschiedenen Stellen wieder eingesetzt. Einige dürfen sich auch selbst aussäen. Die späte Narzisse 'Pheasant's Eye' wächst relativ hoch, blüht aber erst dann, wenn das Gras um sie ebenfalls lang ist. Diese alte Sorte ist schwer zu finden und wird deshalb oft durch 'Actaea' ersetzt, die hier aber zu früh blühen würde.

Im Juli, nachdem alle Blumen sich aussäen konnten, wird die Wiese das erste Mal gemäht. Von da an wird das Gras regelmäßig geschnitten, aber nie so niedrig wie die Wege. Es ist wichtig, auch spät im Herbst zu mähen, damit die Wiese im Frühjahr kurz genug ist, wenn die Krokusse blühen. Das Gras der Wiese wächst dann zusammen mit den höheren Blumen. Fast ein halbes Jahr lang, von Juli bis zu dem Zeitpunkt, an dem die Blätter der Apfelbäume fallen, kehrt hier wieder Stille ein. Die Bäume wirken dann nur durch ihre Form, ihre Blätter und ihr Obst. Für mich ist das genug.

GEGENÜBER: *Der Obstgarten ist ideal für Kinder, denn die Wege durch das Gras müssen ihnen wie Tunnel erscheinen.*

OBEN: *Die kleinblütigen Margeriten sehen im Spätsommer etwas unordentlich aus, es darf aber erst gemäht werden, nachdem sich alle Blumen selbst ausgesät haben.*

NÄCHSTE SEITE: *Wenn man einen Obstgarten vor einem Hintergrund aus Feldern sieht, läßt sich schnell begreifen, warum ein formaler Garten nie mit der Natur konkurrieren kann.*

DAS PLATEAU

*Stufen, Hänge und Terrassen •
Gestaltung durch Einschränkung • Die Kunst des Formschnitts*

Das erste Projekt, das wir in Angriff nahmen, war die Anlage des Plateaus an der Westseite des Hauses. Vom Arbeitszimmer aus schauen wir jetzt auf zwei Treppen mit Rasenplateaus und weiter auf den Obstgarten. Zuvor konnte man von hier aus nur auf eine hohe Mauer starren, die nach oben hin durch eine Anhöhe aus Heide und Johanniskraut noch mächtiger wirkte. Der Blick vom Fenster aus war wesentlich besser und von vorn gesehen schien das Haus nun nicht mehr gegen einen Hügel anzukämpfen, sondern hatte den freien Platz, den es auch benötigte. Plateaus verbessern aber nicht nur die Aussicht: sie ersetzen Hänge, die bekanntermaßen sehr schwer zu bepflanzen und zu pflegen sind. Durch ein Plateau erhält man eine ebene Fläche zum einfacheren Bearbeiten. Dort, wo das Plateau nach Norden hin steil abfällt, war nur eine niedrigere Mauer

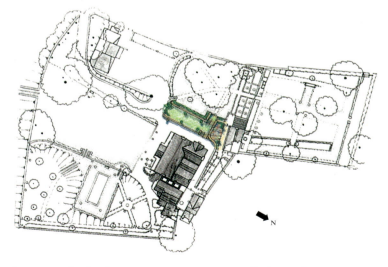

LINKS: *Das Plateau mit den beiden Begrenzungsmauern anstelle des steilen Hangs mit Heide und Johanniskraut, der zum Haus hin abfiel.*

OBEN: *Zuerst konnte ich der Versuchung nicht widerstehen, entlang der ebenen Rasenfläche Blumenbeete anzulegen.*

UNTEN: *Im Frühjahr blühten Gruppen von* Paeonia mlokosewitschii *mit Tulpen 'West Point' und 'White Triumphator'.*

erforderlich. Übrig blieb hier ein südlicher Hang mit einem Sitzplatz aus Steinen, von dem aus man einen guten Blick ins Tal hinein hat. Die Böschung ist ideal für Rosmarin und Lavendel. Verweilt man auf dem Steinsitz, ist man vom lieblichen Duft dieser Pflanzen umgeben.

Die Stufen sind recht großzügig – sie haben die Breite des Fensters –, aber die Höhe der Stufen mit fast 20 Zentimetern ist etwas unbequem. Wir haben wohl am falschen Ende gespart, als wir ein paar Zentimeter pro Stufenhöhe dazugegeben haben. Zu der Zeit waren die Kosten aber sehr wichtig, so daß die Einsparung einiger Stufen schon richtig erschien. Sie stellen für die meisten auch kein Problem dar, nur für alte Menschen und Kinder sind sie beschwerlich. Benutzt man sie, um das Gewächshaus auf dem kürzesten Weg zu erreichen, so ist das eher eine sportliche Leistung als ein vergnüglicher Spaziergang. Insgesamt sind es 16 Stufen, wenn man die kleineren Stufen mit berücksichtigt, die rechtwinklig zur Hauptachse durch den Rosmarinhang führen. Das Fundament des Gewächshauses liegt fast auf gleicher Höhe wie die erste Etage des Hauses, etwa drei Meter oberhalb der ersten Stufen. Wenn man diese Schräge mit einer durchgehenden Treppe überbrückt hätte, wäre ein etwas entmutigender Eindruck entstanden. Durch den Grasweg, der die Treppe unterteilt, sieht die Konstruktion weniger imposant aus. Oben an der Treppe ist ein weiterer Absatz, auf dem Kamille gegen die steinige Erde ankämpft. Wenn diese kleine Fläche erfolgreich ist, versuche ich vielleicht, anstelle des Rasens auf dem Hauptplateau ebenfalls Kamille auszusäen. Das Mähen hier ist eine unbeliebte Angelegenheit, weil der Rasenmäher einmal die Woche die Stufen hinaufgetragen werden muß. Ein leichterer Mäher würde schon helfen, aber es ist eine winzige Fläche. Außerdem muß der Rasenschnitt immer die Stufen hinuntergetragen werden. Hier muß ich mir wohl irgendwann etwas einfallen lassen.

Anders als beim Anlegen von Gärten für Kunden, kann man sich bei der eigenen Gartengestaltung Zeit nehmen – auch im Hinblick auf die Kosten. Wenn ich dieses Plateau für einen Kunden geplant hätte, der wenig Hilfe im Garten hat – wie das ja auch bei uns der Fall ist –, hätte ich wahrscheinlich von vornherein Kamille oder eine Pflasterung mit großzügigen Zwischenräumen für Pflanzen vorgeschlagen. Beide Möglichkeiten wären aber recht teuer gewesen und die Kamille wäre vielleicht schwer angewachsen. Zu Hause hat man die Chance, einen Versuch zu wagen und die meisten Pflanzen ohne Kosten selbst zu vermehren.

Zu Anfang schien das Plateau der ideale Platz für die Päonie *Paeonia mlokosewitschii*, die aus Samen gezogen war und den Umzug in die Cotswolds mitgemacht hatte. An der Mauer zum Obstgarten wurde ein nach Osten liegendes Beet für diese Päonien sowie weiße und gelbe, lilienblütige Tulpen vorbereitet. Hier wollte ich mit üppigen, immer gleichen Gruppen von Stauden experimentieren. Zuerst sollten entlang des ganzen Beetes die Päonien und Tulpen blühen und dann *Rosa* 'de Rescht' zusammen mit *Geranium sanguineum* und Jelängerjelieber an der Mauer. Zuletzt sollten Gruppen aus Schmucklilie und Muskatellersalbei *(Salvia sclarea* var. *turkestanica)* vor der Clematis 'Etoile Rose' erblühen. Im ersten Jahr sah das zusammen mit einem schmalen Nelkenbeet entlang der Kante der unteren Mauer ganz gut aus. Wir schienen diesen Bereich aber kaum zu nutzen, außer kurz auf dem Weg zum Gewächshaus. Diese Fläche sieht man überwiegend von oben aus dem Fenster und im Sommer vom Sitzplatz vor dem Haus aus. Wenn ich mit der gleichen Überlegung an unseren Garten gegangen wäre wie bei der Planung für Fremde, hätte ich mir mehr Gedanken über die Aufgabe dieser Fläche gemacht. Wie wichtig wäre ein weiteres Blumenbeet? Wieviel Arbeit fällt hier an? Ist dies der Platz, an dem man abends sitzen möchte? Was fehlte noch im Garten? Was würde gut zum Haus passen? Diese Fragen hätte ich mir zu Beginn stellen sollen. Weil es aber unser eigener

Im ersten Sommer hatte ich hier Gruppen von Salbei Salvia sclarea *var.* turkestanica *mit winterhartem* Agapanthus *gepflanzt, die sich entlang des Beetes immer wiederholten.*

PINWAND

Inspirationen für das Plateau
1 Schneebedeckte Formschnitte in Beckley Park, Oxfordshire
2 Formschnitte in Sapperton, Gloucestershire
3 Phantasieformen in Plas Brondanw in Gwynedd, Wales
4 Pyramiden und Hecken in Beckley Park, Oxfordshire
5 Villa La Pietra von Harold Acton in Florenz, Italien
6 Gedrängte Formen in Levens Hall, Cumbria
7 Schachfiguren in Haseley Court, Oxfordshire
8 Spitze und flache Formen in Beckley Park, Oxfordshire
9 Formschnitte im Arts-and-Crafts-Stil in Sapperton, Gloucestershire

STUFEN

Die Stufen wurden aus Steinen gebaut, die wir im Garten gefunden haben. Zu beiden Seiten wachsen Baldrian und Berufkraut Erigeron karvinskianus.

GESCHNITTENE GARTENKUNST

Im ersten Jahr waren noch Lücken zwischen den Eiben und Buchsbäumchen zu sehen, durch Düngung mit Stickstoff wuchsen sie aber schnell zusammen.

STEINGEFÄSS

Das alte Gefäß auf der Mauer wurde zuerst mit Iris reticulata *bepflanzt, später war es für* Tulipa linifolia *'Bright Gem' reserviert.*

DAS PLATEAU

Garten ist und weil ich so begeistert von dem durch die Abstufung gewonnenen Platz war, dachte ich nicht ernsthaft über den Beitrag nach, den diese Fläche für den Garten als Ganzes leisten sollte. Außerdem verschwanden die Nelken fast so schnell wie wir sie pflanzten. Sie gehören eindeutig zu den Lieblingspflanzen von Kaninchen.

Die Lösung für dieses Problem schien in einer strengen Gestaltung zu liegen. Das Beet mit den Pfingstrosen auf der einen Seite des Rasens war breit und wirkte durch die Mauer auch sehr hoch. Das schmale Beet entlang der unteren Mauer, auf dem die Nelken vergeblich ums Überleben kämpften, paßte einfach nicht dazu. Aus dem südlichen Hang mit dem Rosmarin und Lavendel ragten zwei Eiben empor. Als wir hier einzogen, gab es viele Eiben und Douglasfichten, durch die die Vorderseite der kleinen ehemaligen Schule verdeckt wurde. Die Fichten wurden gefällt, aber die Stümpfe blieben. Ein Roden auf dem steilen Hang hätte die Eiben und vielleicht die gesamte Anlage zerstört. Die etwa drei Meter hohen Eiben standen noch, und wir beschlossen, sie in Form zu schneiden. Die Kunst des Formschnitts ist in Gärten dieser Region sehr verbreitet. In vielen umliegenden Dörfern trifft man immer wieder auf wunderschöne Beispiele. Unter den Eiben fällt der Hang für sehr hohe Bäume zu steil ab. Da die Eiben aber direkt oben stehen, wirken sie sowieso recht groß. Nach zwei Jahren, in denen sie im Sommer be-

Die Eiben vor der kleinen Schule, die auf Seite 86 zu sehen sind, ließen sich problemlos beschneiden. Im dritten Jahr waren respektable Formen zu erkennen. Der steile Südhang ist ideal für Rosmarin und Lavendel.

DIE GESCHICHTE EINES GARTENS

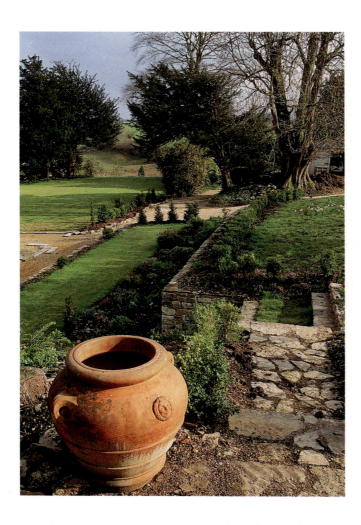

Der Blick ins Tal hinunter zeigt, daß das Plateau optisch zur großen Rasenfläche gehört und den Eindruck von Weite ums Haus herum noch verstärkt.

schnitten wurden, sahen sie schon recht interessant aus. Am anderen Ende des Plateaus waren mehrere Eiben gepflanzt worden, um die Einfahrt zu verdecken. Wir hatten Eiben gewählt, weil auf der anderen Seite des Hauses bereits eine riesige Eibe vorhanden war. Eines Tages werden diese Eiben das Haus in gebührendem Abstand einrahmen.

Als ich anfing, mich intensiv mit dem Plateau auseinanderzusetzen, stellte ich fest, daß ich wieder versucht hatte, zu viele Ideen gleichzeitig zu verwirklichen. Da waren die beiden Blumenbeete mit den Päonien und den Nelken. Da war der etwas zurückhaltendere Hang mit Rosmarin und Lavendel, der nicht mit den Staudenbeeten konkurrieren sollte. Ich hatte dort bewußt auf Zistrose, Brandkraut und diverse mediterrane Schätze verzichtet. Schließlich gab es noch die beschnittenen Eiben, die wie eine grüne Linie oben und unten auf einer überladenen Buchseite wirkten. Die geformten Eiben waren der Schlüssel zur Lösung.

Ganz zu Anfang hatte ich mir einmal für den unteren Garten eine Ansammlung von verschiedenen Formen, von Kugeln, Zapfen und Spiralen, vorgestellt – eine verwunschene Landschaft aus Eiben, in denen die Kinder hätten spielen können. Levens Hall in Cumbria und Beckley Park in Oxfordshire sind Beispiele für besonders kunstvolle Formschnitte, die einfach umwerfend sind. Die Idee mit der Eibenlandschaft verschwand wie so viele andere Ideen auch und wurde nie umgesetzt. Statt dessen hatte ich mir ein aus Buchsbaum geschnittenes großes Huhn inmitten eines Blumenmeers in den Kopf gesetzt. Wir hatten sogar die Anfänge einer solchen Henne von unserem vorherigen Haus mitgenommen. Sie saß zwischen den Christrosen und weigerte sich, einen Schnabel wachsen zu lassen. Wir hatten den Schnabel aus einem Bügel nachempfunden, der aber immer wieder herunterfiel. Wenn das ganze Plateau zu einem Bereich mit geformten Eiben werden würde, könnte ich auf die Henne zwischen den Blumenbeeten gut verzichten. Es wäre eine richtige Aussage – etwas Unübersehbares. Das Thema für diesen Gartenteil war nicht länger ungewiß. Zu Beginn des dritten Gartenjahres wurden vier wenig ansehnliche Eiben gekauft. Zu den Vorteilen von Formschnitten zählt, daß man sich sehr viel Zeit bei der Entscheidung für die endgültige Gestalt nehmen kann – über die Formen dieser Eiben haben wir uns noch nicht geeinigt.

Die Blumenbeete waren immer noch ein Problem. Die Eiben standen in den leeren Beeten mit dem schmalen Rasenstreifen dazwischen – das sah irgendwie falsch aus. Von oben gesehen war deutlich, daß die vier Eiben auf dem gleichen Untergrund stehen müß-

ten, wenn die Idee konsequent umgesetzt werden sollte. Wir versuchten uns strengere Beete vorzustellen, nur mit Schmucklilien und Geranien zu beiden Seiten des Rasens. Wir haben die Pflanzen sogar an diese Positionen versetzt. Man sollte alles versuchen und ausprobieren, um eine optimale Lösung zu finden. Solche Versuche kosten nichts als etwas Zeit. Leider sah das Arrangement immer noch nicht gelungen aus. Ein paar Kilometer entfernt, in Barnsley House, hat man irische Eiben zwischen unregelmäßig verlegte Steine, zwischen denen Zistrosen wachsen, gepflanzt. Das ist eine schöne Idee und eine, über deren Nachahmung ich mehrere Wochen nachdachte. Gegen das Gefühl, daß nur Blumen einen Garten ausmachen, ist schwer anzukämpfen. Der Erfolg in Barnsley hängt aber von mehreren Voraussetzungen ab, die unser kleines Plateau nicht bieten konnte. Die Eiben in Barnsley bilden eine achsenförmige Verlängerung des Hauses und sind von sehr viel Grün umgeben, so daß die Unruhe, die durch die unregelmäßigen Steine und die Zistrosen entsteht, durch die Größe des Gebäudes und den Rasen hinter den Eiben aufgefangen wird. Für unser Plateau mit den beschnittenen Bäumen konnte nur eine einheitliche Rasenfläche in Frage kommen. Dadurch war es aber möglich, den Hang mit den gedämpften Farben von Rosmarin und Lavendel farbenfreudiger zu gestalten, da ein Konkurrieren mit anderen Beeten nicht zu befürchten war. Am warmen, steinigen Hang über den grünen Eibenformen konnten nun eine überhängende Hugonis-Rose, weitere Iris, vielleicht Zistrosen und ganz viele Blumenzwiebeln einen geeigneten Platz finden.

Für Blumen ist an anderen Stellen im Garten genügend Platz. Das Plateau fügt sich in seiner Schlichtheit am besten ein. Die Eiben werden in etwa fünf Jahren interessante Formen haben, über die wir uns jetzt aber noch nicht einig sind.

DIE CHRISTROSEN-BEETE

Der Blick aus dem Küchenfenster • Eine Ecke mit Raritäten • Schneeglöckchen und Christrosen • Kupfertöne für den Sommer • Wirkung im Detail • Verändern eines Weges

Pflanzenliebhaber und -sammler brauchen immer eine Ecke im Garten, die im Detail wirkt, wo nicht die Gesamtheit im Mittelpunkt steht. Hier geht man nur langsam vorbei und betrachtet dabei jedes Blatt und jede Pflanze. Dies sollte der Platz für meine Lieblingspflanzen sein. Ein Beet aber, das am besten aus der Ferne wirkt, vielleicht von einem schönen Sitzplatz aus, benötigt großzügige Gruppen verschiedener Formen und Farben. Will man ein solches Beet anlegen, kann man sich beim Pflanzenkauf von vornherein etwas einschränken. Dort jedoch, wo die Blumen erscheinen sollen, die der Gartenliebhaber besonders mag, ist die Gefahr sehr groß, alle Raritäten anzusiedeln, über die man je gelesen oder die man anderswo gesehen hat. Aber selbst hier ist die Auswahl entscheidend. In England gibt es zur Zeit über 60.000 Pflanzen zu kaufen. Niemand kann sie alle

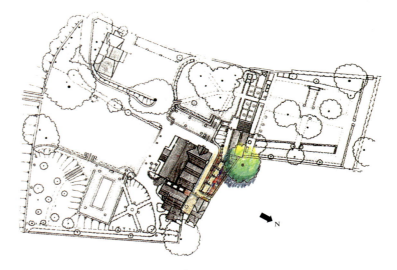

LINKS: *Im Februar blühen Alpenveilchen, Christrosen und Schneeglöckchen um die Wette. Sie können jederzeit vom Küchenfenster aus bewundert werden.*

Im Spätsommer blickt man vom Küchenfenster aus auf die Dahlie 'Hugh Mather' und die kletternde, gelbe Herzblume Dicentra scandens.

in einem Garten zur Schau stellen. In Gartencentern und Blumenläden findet man immer wieder wunderschöne Raritäten in voller Blüte. Meist lohnt es sich nicht, diese Exoten im Garten anzusiedeln, es sei denn, man hat sie selbst wachsen und gedeihen gesehen. Die Auswahl der Pflanzen in dieser Sammlerecke muß also genauestens überlegt sein. Hier kommt es nicht auf den Gesamteindruck, sondern auf ganz persönliche Vorlieben an. Gartenarbeit darf hier auch zeitaufwendiger sein, und nur die besten und seltensten Pflanzen sollten verwendet werden.

Hinter dem Haus, zwischen Haus und Mauer zur Kirche, ist ein etwa fünf Meter breiter, abfallender Streifen. Als wir das Grundstück übernahmen, führte hier ein enger Kiesweg von der Hintertür in die nordwestliche Gartenecke an einer Mauer entlang, die von 30 Zentimeter auf zwei Meter anstieg. Darüber befand sich ein Stück Rasen, ein Weg und direkt an der Mauer zur Kirche ein Blumenbeet mit Wein, Päonien und einigen Astern. Vom Küchenfenster aus sehe ich das ganze Jahr darauf, und der obere Weg wird täglich benutzt, weil er in den oberen Gartenbereich zum Gemüse, zum Komposthaufen und zum Gewächshaus führt. Dies war genau die richtige Stelle für Pflanzen, die besonders viel Aufmerksamkeit benötigen. Leider wirkte dieser Gartenteil etwas karg und düster. Oben am Hang steht im Schatten einer riesigen blauen Zeder, die zur Kirche gehört, das kleine Schulgebäude. Die Zeder und die Schule schirmten die Westsonne ab, und durch das Haus wurde die Südsonne fast ganz verdeckt. Der oberste Teil des Blumenbeets lag nur einige Stunden pro Tag nicht im Schatten, wenn die Sonne um die Hausecke herum kam und bevor sie hinter dem Schulgebäude und der Zeder verschwand. Im Winter schien dieser ganze Bereich aber im Dunkeln zu liegen.

Nachdem wir von den Verantwortlichen der Kirche die Genehmigung hatten, wurde die Zeder radikal ausgelichtet, so daß mehr Sonne hindurchscheinen konnte und das Dach der Schule nicht mehr von Ästen bedroht wurde. Der Bereich blieb aber überwiegend schattig. Da jedoch viele meiner Lieblingspflanzen keine direkte Sonneneinstrahlung mögen, war das kein Problem. Das Beet, das ich täglich vom Küchenfenster aus sehen konnte, war ideal für die Christrosen-Sammlung, die wir aus unserem vorherigen Garten mitgebracht hatten. Andere im Winter blühende Kleinode könnten so gepflanzt werden, daß der oft benutzte Weg in den oberen Garten während der kalten Monate viel interessanter werden würde.

Das Rasenstück neben der Mauer erschien weniger optimal für die Christrosen als das Beet an der Mauer zur Kirche, weil Cotswolds-Mauern, die Hänge halten sollen, immer von hinten mit Steinen als Verstärkung angefüllt werden. Nach dem Verschwinden des Rasens wäre das schmale Beet für Pflanzen wie Christrosen, die einen nahrhaften Boden benötigen, zu steinig. Ich hatte mir aber in den Kopf gesetzt, hier meine Lieblingsblumen anzupflanzen. Der Rasenstreifen wäre immer schwer zu pflegen gewesen, weil der Mäher die Stufen hinauf getragen werden müßte. Außerdem ist es beschwerlich, Rasen an Mauern entlang zu mähen. Man hätte natürlich den Rasen eingrenzen können, das hätte aber viel wertvolle Gartenzeit gekostet. Neben praktischen Überlegungen schien es schade, nicht die Chance zu nutzen, einen schönen Weg zwischen zwei Blumenbeeten anzulegen. Die meisten Blumenrabatten sind so arrangiert, daß sie am besten aus etwas Entfernung wirken und enttäuschen, wenn man direkt auf sie zugeht. Sie sehen am schönsten aus, wenn man an ihnen entlang geht und die ganze Länge überschaut. Die Enttäuschung kann man durch Doppelbeete mildern, weil der Betrachter dann meist nicht den Platz hat, zurückzutreten, um ein Beet genauer anzusehen. Ein gegenüberliegendes Blumenbeet ist aber auch für den Gartenliebhaber wichtig, der Wert auf Pflanzendetails legt, weil das zweite Beet das erste ergänzt. Ist man umgeben von Blumen, kommt man nicht umhin, hier zu verweilen, weil beide Seiten viel Aufmerksamkeit verdienen. Wenn die Blumen hier das ganze Jahr über üppig blühen sollten, wäre ein Doppelbeet ebenfalls hilfreich, um die weniger dicht wachsenden Sommerblumen üppiger erscheinen zu lassen. Da ich mich aber besonders auf die Blüte in den Wintermonaten konzentrieren wollte, war der Platz für Blumen, die zu anderen Jahreszeiten glänzen, von vornherein eingeschränkt.

Zum Ende des Frühlings dominieren die vielen weißblühenden Silberlinge und die grüne Wolfsmilch. Die jungen Pflänzchen der Silberlinge lassen sich hier nur schlecht vor Mehltau schützen, so daß wir immer an anderer Stelle eine Reserve ziehen.

Die Christrosen wurden dort an die Mauer gesetzt, wo sie am meisten auffallen würden. Ich wollte unbedingt eine bestimmte *nigercors*-Hybride haben, eine Kreuzung zwischen Christrose und *Helleborus corsicus*, mit wunderschönen wachsartigen Blüten und großen Blättern. Ich wartete Jahre auf diese seltene Pflanze, genaugenommen *H. x ericsmithii,* aber die Warteliste bei einem auf *Helleborus* spezialisierten Züchter war einfach zu lang. Viele Arten von *H. niger*, einige mit Rosafärbung und einige in reinem Weiß, habe ich dort erstanden. Die fast schwarzen, grünen oder seltsam gesprenkelten Christrosen, die *orientalis*-Hybriden, gehören auch zu meinen Lieblingen. Um sie herum

PINWAND

Inspirationen für die Christrosen-Beete

1 Kupfertöne zur Frühjahrszeit im Bauerngarten in Sissinghurst, Kent
2 Goldene Stechpalme in Essex House, Avon
3 Eine Illustration von *Helleborus niger* (die bekannte Christrose) von G. D. Ehret (1708–1770)
4 Ein Hahn aus Buchsbaum
5 Leuchtend rostrote Blätter des Ahorns *Acer sieboldianum*
6 Die Winterbepflanzung an der Hintertür zum alten Pfarrhaus in Burghfield, Berkshire
7 Ein Mosaik aus Blättern
8 Eine Illustration von *Helleborus lividus* aus *Botanical Magazine*, 1789
9 Ein rotglänzendes Blatt des Japanischen Ahorns *Acer palmatum* 'Osakazuki'
10 Große „Vögel" in Kidlington, Oxfordshire
11 Eine Illustration von Christrosen und Ranunkeln aus *Florilegium* von Johann Walther (1600–1679), veröffentlicht um 1654

EIN HUHN AUS BUCHSBAUM
Dieses Huhn zog mit uns zusammen um. Schnabel und Schwanz „wuchsen" am schwierigsten.

CHRISTROSEN
Das Lungenkraut 'Frühlingshimmel' paßt gut zur selbst gezogenen dunklen Christrose. Die Blätter werden, sobald die Blüte beginnt, heruntergeschnitten, um Krankheiten vorzubeugen.

BEETBEGRENZUNG
Die Beete wurden mit Daglingworth-Steinen, die in dieser Gegend häufig zu finden sind, begrenzt. Jeder andere größere Stein eignet sich ebensogut.

WOLFSMILCH
Die schönste, große Euphorbia ist E. characias ssp. wulfenii 'Lambrook Gold'. Sie sieht das ganze Jahr über beeindruckend aus.

STUFEN
Nachdem zwischen die beiden Stufen noch zwei weitere eingefügt und die Beete mit großen Steinen statt mit Dachziegeln abgegrenzt waren, wirkte dieser Bereich viel harmonischer. Zum Schluß wurde der Weg noch mit neuem Kies belegt.

habe ich während der ersten zwei Winter eine sorgfältig ausgewählte Sammlung von Lungenkraut angepflanzt. Zu den ersten Sorten gehörte der blaßblaue 'Frühlingshimmel', die klaren Formen von 'Glebe Blue' und 'Lewis Palmer' – außerdem 'Sissinghurst White' und 'Redstart' (in reinem Korallenrot). Ich wollte nur die besten Sorten sammeln und verzichtete auf alle Pflanzen, die auch nur einen Hauch von Zweifarbigkeit zeigen. An einem sonnigen Februartag gibt es kaum etwas Schöneres, als diese schönen Blumen zu bewundern.

Vor dem Küchenfenster pflanzte ich Alpenveilchen *(Cyclamen coum)*, um die dunkelsten Wintertage durch grelles Pink aufzuhellen. Der Beerenstrauch *Ribes laurifolium* mit seinen hängenden, lindgrünen Blüten wurde oberhalb der Mauer auf dem schmaleren Beet gepflanzt. Vom darunter liegenden Weg aus ergibt dies einen

OBEN UND UNTEN: *Das Gruppieren von Pflanzen macht hier immer wieder erneut Freude. Blaßgelbe Primeln dürfen sich überall auf dem Beet aussäen. Unten einige Wolfsmilchgewächse zu beiden Seiten der Stufen.*

schöneren Anblick als von oben, da man von unten hauptsächlich auf die Blüten sieht. Andere Pflanzen, die ebenfalls erst aus der Nähe betrachtet ihre Schönheit offenbaren, wurden in das schmale Beet vor der Mauer gesetzt. Nachdem an vielen Stellen des Gartens große Kolonien von Schneeglöckchen wuchsen, wurden auch hier besonders ausgewählte Sorten wie 'Galatea', 'Magnet' oder die gefüllte 'Desdemona' gepflanzt. In den Cotswolds gibt es sehr viele enthusiastische Schneeglöckchenliebhaber, die uns bei unserer Ankunft großzügig mit seltenen Blumenzwiebeln beschenkten. Es war etwas riskant, diese in das steinige Beet zu setzen, weil sie eigentlich einen kühlen, tiefgründigen Boden bevorzugen. Um aber ganz aus der Nähe Freude an ihnen haben zu können, mußte ich sie hier einsetzen. Ich hatte mich zuvor vergewissert, daß sie an geeigneterer Stelle problemlos wachsen. Einige Sträucher des weißen Seidelbasts *Daphne mezereum*, die ich aus Samen gezogen hatte, wurden ebenfalls gepflanzt. Als ich dann aber in einem Nachbarsgarten einen mannshohen Busch dieser Sorte sah, bedauerte ich, nicht diese Quelle benutzt zu haben. Pflanzen mit sentimentalem Wert sind immer etwas Besonderes; an dieser Stelle, wo nur die besten und seltensten Sorten wachsen sollten, spielen Assoziationen aber eine geringere Rolle.

Primeln sammele ich auch. Auf dem Beet wuchsen Massen wilde Primeln, die nicht entfernt wurden. Zu diesen gesellten wir einige gefüllte Sorten wie die apricotfarbene 'Ken Dearman', einige blaunervige 'Barhaven', karmesinrote 'Wanda' sowie diverse goldblühende Primeln und die altbekannte 'Guinevere'. Alle Pflanzen in trüben, düsteren Tönen mußten rigoros weichen.

Im Sommer, wenn die Sonne für einige Stunden am Tag über das Dach des Hauses schielt, wird das große Beet etwas mehr beschienen, als ich erwartet hatte. In Trockenperioden ließen die Primeln vorn im Beet schnell die Köpfe hängen. Um dem entgegenzuwirken, wurden sie im Sommer weiter nach hinten in den Schatten der Christrosen ge-

setzt. Da sie sowieso nach der Blüte geteilt werden, war das kein großer, zusätzlicher Aufwand. Im Herbst dürfen sie wieder nach vorne kommen, an die Stellen, die im Sommer von Lückenbüßern wie der Dahlie 'Hugh Mather' oder der kriechenden Malve *Malvastrum lateritium* eingenommen waren. Durch dieses Auspflanzen kann ich die Wirkung des Beetes vollständig verändern. Im Winter bilden Christrosen, Lungenkraut und Schneeglöckchen den Mittelpunkt. Im Sommer verdienen die Kletterpflanzen an der Mauer und die Pflanzen im Vordergrund das Hauptinteresse.

Das Beet ist an der Mauer sonniger als vorn, weil es im Sommer für die meiste Zeit des Tages nicht vom Haus beschattet wird, aber der Nordwind, der durch die Trockenmauer bläst, verhindert das Anpflanzen empfindlicher Kletterer. Rosen haben hier weniger Probleme, obwohl ab und zu einmal ein Zweig so wächst, als ob er der Kälte entfliehen möchte. 'Albertine', die neue 'Summer Wine' und 'Alchymist' erblühen in den Kupfertönen, die auf diesem Beet im Sommer vorherrschen sollen. Dazwischen kämpft die Schönmalve *Abelia x grandiflora* 'Francis Mason' und der korallenfarbige Hammerstrauch *Cestrum* 'Newellii' ums Überleben; vorsichtshalber nehmen wir jedes Jahr ein paar Ableger für den Fall, daß sie dem Frost zum Opfer fallen. An dieser Mauer wächst außerdem ein Winterjasmin, der von April bis Oktober grün ist. In den kalten Monaten heitert er mit seinen kleinen gelben Blüten die Mauer auf. Vom Küchenfenster aus kann

Die dunklen Primeln sind neben den hellgelben erlaubt – Kreuzungen in undefinierbaren Zwischentönen werden jedoch sofort entfernt.

man auch zwei goldene Stechpalmen zu beiden Seiten des Weges erkennen. Falls die Kaninchen sie in Ruhe lassen, werden aus diesen beiden Sträuchern eines Tages große gelbe Kugeln. Der Goldton der Beete wird durch die schönste Wolfsmilch, *Euphorbia* 'Lambrook Gold' weiter betont. Goldenes Feuerkraut darf sich selbst aussäen und im Frühling erzeugen die leuchtend grünen Blätter der Taglilie ein weiteres Farbspiel. Gelb ist oft eine schwierige Farbe im Garten, wo aber soviel Grau durch die Steinmauern vorhanden ist, kann es besonders im Frühling sehr freundlich wirken. Vergißmeinnicht vermehren sich wie auch der panaschierte, weißblühende Silberling, so daß im Frühjahr, wenn noch das letzte Lungenkraut blüht, dieses Beet in sonnigem Gelb und Himmelblau erstrahlt.

Wenn die große rote Strauchpäonie ihre Blüten öffnet, ändert sich die Farbgebung des Beetes. Dieser Strauch, eine besonders schöne Form von *Paeonia delavayi*, den wir mit übernommen hatten, hat größere Blüten als üblich in Karmesinrot mit einem Hauch von Terracotta. Die rotweißen Tulpen 'Carnaval de Nice' und der weißblühende Silberling mit seinen zweifarbigen Blättern harmonieren sehr gut mit der Päonie und dem goldenen Laub. Die Vergißmeinnicht vor der Päonie entferne ich allerdings teilweise, sobald die ersten Blüten erscheinen. Langsam ändern sich die Farben auf dem Beet hin zu Kupfertönen, mit weniger hellem Frühlingsgelb und weniger Blau. Es werden nun zwei oder drei apricotfarbene Dahlien vorn im Beet gepflanzt. Die roten *Euphorbia x martinii* nehmen zu, während die Blüten der zuvor dominierenden *E. characias* ssp. *wulfenii* langsam abnehmen. Pflanzen kommen und gehen. Hier ist ein Platz zum Experimentieren mit neuen Sorten und immer wieder neuen Zusammenstellungen. Solange Pflanzen den Winter überstehen oder Blüten haben, die in die aktuelle Farbskala passen, dürfen sie bleiben. Vielleicht sieht dieses Beet einmal ganz anders aus. Da der Weg oft benutzt wird, sind die Ansprüche besonders hoch. Die Gartenarbeit ist hier recht umfangreich, denn die Pflanzen müssen ständig gedüngt, bewässert, gestützt oder umgesetzt werden.

In einem trockenen Sommer leiden die Christrosen, Lungenkraut und weißen Silberlinge auf der mageren und steinigen Erde besonders, so daß wir uns entschlossen haben, hier ein neues Bewässerungssystem, einen fest verlegten Schlauch mit vielen Löchern, auszuprobieren. Christrosen und Rosen erhalten im Winter große Mengen Stallmist, aber der Boden scheint das meiste davon bereits im Hochsommer verbraucht zu haben. Durch die untere Mauer und die Zusammensetzung der Erde handelt es sich hier beinahe um ein riesiges Hochbeet, mit ausgezeichneter Wasserdurchlässigkeit. Das bedeutet, daß Pflanzen, von denen ein Überleben eigentlich nicht erwartet werden kann (wie Kap-Fuchsie, Schönmalve und Abelia) meist gut durch den Winter kommen. Was allerdings für diese Pflanzen ideal ist, gilt nicht für alle. Christrosen benötigen eher eine schwerere Erde und einen feuchteren Standort, so daß extra Portionen Dünger und Wasser erforderlich sind. Würde ich den Arbeitsaufwand verringern wollen, würde ich wohl auf die Christrosen hier verzichten müssen – da ich aber soviel Freude an ihnen habe, nehme ich die Extraarbeit gern in Kauf.

OBEN: *Die orangeroten Tulpen sahen an derselben Stelle nicht so gelungen aus.*

GEGENÜBER: *Diese Kombination aus dunkelroter Strauchpäonie (eine P. delavayi-Art) und Tulpe 'Carnaval de Nice' war ein glücklicher Zufall.*

OBEN: *Der beeindruckende Farn* Polystichum setiferum *und* Euphorbia 'Lambrook Gold' *lassen Blüten fast trivial erscheinen.*

GEGENÜBER: *Im Sommer zeigt die kupferfarbene Dahlie* 'Hugh Mather' *auf dem breiteren Beet ihre volle Schönheit. Rechts im Bild ist die Chinabeere* Ribes laurifolium *zu sehen.*

Ziemlich bald erfüllten die Pflanzen meine Erwartungen, aber die Anlage an sich war immer noch etwas enttäuschend. Der Weg zwischen den Beeten war so steil, daß der Kies sich nicht lange halten konnte. Zwei Steinstufen am Ende und zwei in der Mitte unterbrachen zwar die Abschüssigkeit etwas, der Weg blieb aber sehr unbequem. Als wir in einem Betrieb, der sich auf den Handel mit alten Baumaterialien spezialisiert hat, einen großen Steinblock fanden, ließen wir diesen halbieren und machten daraus zwei weitere Stufen, die zwischen die bestehenden gesetzt wurden. Den Weg konnte man daraufhin wesentlich besser begehen, und er sah viel gefälliger aus. Der Übergang zwischen den Beeten und dem Weg war aber noch zu wenig definiert. In unserem vorherigen Garten hatten wir große Feuersteine (die im Süden Englands so beliebten „Flintstones") zur Begrenzung des Gemüsegartens genutzt. Ich mag diese großen Steine sehr, weil sie eine recht lockere Begrenzung bilden; in diese Gegend passen sie aber nicht. Wir mußten dann nur in die lokale Zeitung sehen, um das Richtige zu finden. Dort bot ein Bauer eine Fuhre Steine an. In einer Ecke in der Nähe des Steinbruchs fanden wir dann viele der in dieser Region so beliebten Daglingworth-Steine. Der Bauer hatte die Steine von seinem Feld entfernt und in einer Ecke aufgetürmt. Er war froh, sie los zu sein. Wir setzten die Steine entlang der Blumenbeete. Man hatte den Eindruck, sie hätten dort schon immer gelegen. Als dann die Kletterpflanzen anfingen, die Mauer zu bedecken, wirkte dieser Bereich endlich vollendet und harmonisch.

In diesem abgeschlossenen Teil des Gartens, wo wir nicht auf das Anpflanzen neuer Hecken als Hintergrund angewiesen waren, sah es in nur zwei Jahren wirklich wie von mir gewünscht aus. Stauden und Kletterpflanzen entwickeln sich in zwei Sommern enorm, vorausgesetzt, sie werden gut gepflegt. Als die Pflanzen begannen, sich selbst zu vermehren, war die Schwierigkeit nicht mehr, wie man die Lücken füllen, sondern eher, wo man Lücken finden konnte. Im dritten Jahr angelangt, überlege ich, ob einige der Christrosen nicht vielleicht an einen geeigneteren Standort versetzt werden sollten. Blumenbeete, die eine gut überlegte Abstimmung verlangen, müssen ständig verändert werden. Wenn man wie hier das Augenmerk auf ganz bestimmte Pflanzen lenken möchte, muß man anders als in großzügigen, ruhigen Bereichen des Gartens immer wieder umdenken. Der Unterschied zwischen einem Gartenteil mit sehr vielen Pflanzen und einem, bei dem der friedliche Gesamteindruck wirken soll, entspricht dem Unterschied zwischen Licht und Schatten in einem Gemälde. Wäre der ganze Garten mit derselben Intensität bepflanzt worden wie dieser Teil, wäre ein Betrachter schnell überfordert und erschöpft. Es kommt in jedem Garten auf die Ausgewogenheit und Balance an.

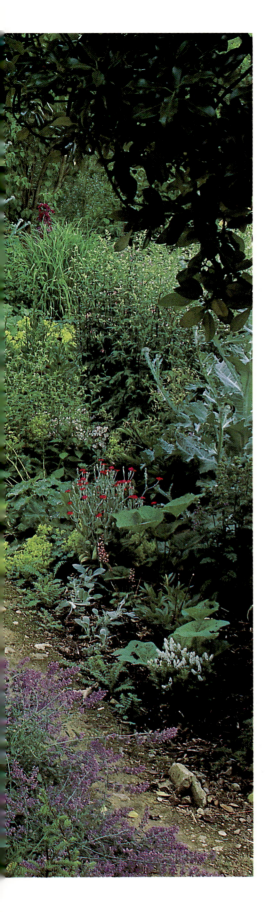

Der Sommer- und der Wintergarten

Ein einheitlicher Bepflanzungsstil • Beete für bestimmte Jahreszeiten • Der Natur nachempfunden • Die Grundform • Unterschiedliche Ebenen • Ausgewogenheit • Empfindliche Stauden • Hacke und Steine • Winterblumen

Moderne Gartendesigner haben meist das Ziel, einen Garten so anzulegen, daß er zu jeder Jahreszeit interessant wirkt und nur wenig Arbeit erfordert. Dieser Ansatz ist auch richtig, weil ohne große Kenntnisse und intensiven Arbeitseinsatz seitens des Besitzers ein Garten in wenigen Monaten seine Attraktivität einbüßen kann. Die meisten Kunden, die sich ihre Gärten von Experten anlegen lassen, wollen mit wenig Arbeit auskommen. Nur wenn sie einen guten Gärtner engagiert haben, kann ein pflegeintensiver Garten auch überleben. Jene, die mit dem geringsten Arbeitsaufwand auskommen wollen, können nur eine einfache Gestaltung mit Immergrünen, Sträuchern mit interessanten Blattfärbungen und einigen Raritäten inmitten der Stauden erwarten. Japanische Anemonen, Akanthus, Pfingstrosen, winterharte Geranien und einige Blumenzwiebeln gehören wohl

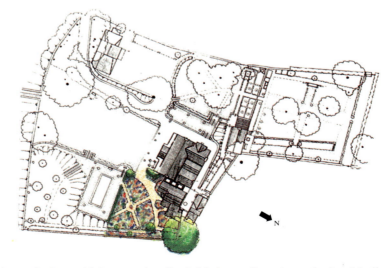

LINKS: *Kurz bevor die Rosen blühen, werden die pinkfarbenen Geranien und schwefelgelben Angelica und Frauenmantel durch viel Silber ergänzt.*

Dies war der Platz für den Sommergarten. Die Steine, die nicht für die Wege und Treppen benötigt wurden, mußten den Hang hinauf und dann wieder hinunter zum Müllplatz gekarrt werden. Die Erde war teilweise sehr verdichtet, aber acht Monate nach dieser Aufnahme wurde hier mit der Bepflanzung begonnen.

zu den Pflanzen, die vor einem grünen Blätterhintergrund etwas Farbe verleihen können. Dieser Ansatz unterscheidet sich ganz erheblich von dem viel bewunderten Pflanzstil künstlerischer Gartendesigner, die zu den Anhängern von Rosemary Verey oder Penelope Hobhouse gehören. In ihren Staudenbeeten erkennt man sofort, wieviel gärtnerisches Wissen und Pflege erforderlich sind. Nur so kann ein Blumenbeet in immer wieder anderen Farbzusammenstellungen erscheinen – oft das ganze Jahr über. Ohne große Kenntnisse und die intensive Beschäftigung mit einem solchen Beet ist es kaum möglich, eine derartige Pracht nachzuahmen. Ist man mit einem weniger anspruchsvollen Arrangement zufrieden, kann man wie Beth Chatto und die ökologischen Gärtner vorgehen, die Pflanzen nur dort verwenden, wo optimale Bedingungen gegeben sind. Übernimmt Mrs. Chatto aber nicht persönlich Planung und Pflege, kann es geschehen, daß trotz des Verzichts auf hübsche Effekte der Garten von noch kürzerer Lebensdauer ist als der künstlerisch angelegte im Hobhouse- oder Verey-Stil – er erfordert aber weniger Arbeit. Möchte man beispielsweise den silbrigen Beifuß *Artemisia* 'Powis Castle' neben einer Päonie oder Rose als Kontrast pflanzen, muß man wissen, daß sowohl die Päonie als auch die Rose einen nährstoffreichen Boden und viel Wasser in trockenen Sommern brauchen, der Beifuß hingegen trockenes, mediterranes Klima. Man macht sich das Leben einfacher, wenn man Pflanzen mit unterschiedlichen Bedürfnissen voneinander trennt, andernfalls ist sehr viel Zeit und Aufmerksamkeit für jede einzelne Pflanze erforderlich.

Die künstlerische Gartengestaltung im Stil von Hobhouse und Verey mit einer Vielzahl sorgfältig ausgewählter und gruppierter Blumen sagt mir persönlich am besten zu, nur halte ich den erforderlichen Arbeitsaufwand für zu groß, um diesen Stil überall durchzusetzen. In den Christrosen-Beeten vor dem Küchenfenster nehme ich die Arbeit gern in Kauf. In anderen Bereichen des Gartens, wie in den Beeten an der Mauer zur Kirche im Gemüsegarten und unterhalb des Hauses, die wir „Sub-Sissinghurst" nennen, ist es für mich einfacher und weniger arbeitsintensiv, mich auf eine kürzere Saison zu beschränken.

Sogenannte Saison-Beete für kleinere Gärten werden oft als zu langweilig empfunden. Sie haben aber im Gegensatz zu anderen Beeten einen absoluten Höhepunkt. Die einfach zu pflegenden Beete, die von den meisten professionellen Gärtnern angelegt werden, sehen fast das ganze Jahr über gleich aus. Ich hingegen bevorzuge ein Beet, das im Frühjahr vor einem Hintergrund aus Immergrünen langsam heranwächst und in den Sommermonaten in vielen Farben zu einem großen Höhepunkt führt. Die intensive Pflege in wenigen Monaten des Jahres steht auch viel eher im Einklang mit der Natur – und ist für den Gartenliebhaber wesentlich leichter zu bewerkstelligen.

Die langsame Entfaltung der Natur und der Wechsel der Jahreszeiten sind für unser hastiges Leben wie eine Erholung. Gärten, die überall und zu allen Zeiten in voller Blüte stehen, spiegeln nicht mehr die sich verändernden Jahreszeiten wider. Ich ziehe es vor, auf den Höhepunkt im Sommer hinzuarbeiten: Die Vorbereitung ist wichtiger Bestandteil dieses Ereignisses. Wenn man jeden Tag in den Garten geht, um eine bestimmte Pflanze zu beobachten, wenn man sieht, wie die Blätter wachsen und die Knospen sich entwickeln, ist der Tag, an dem sich die Blüte endlich entfaltet, etwas ganz Besonderes. Manchmal kann ein später Frost die Blüte für ein ganzes Jahr ruinieren – das war 1995 der Fall, als die Knospen der Glyzine, Magnolie und des Flieders kurz vor dem Aufbrechen erfroren. Die Enttäuschung ist dann groß, und einziger Trost ist das nächste Jahr. Nach so langem Warten weiß man die Blüten dann wirklich zu schätzen. Wie schön auch ein öffentlicher Garten aussehen kann, er kann nie mit den Pflanzen mithalten, die man im eigenen Garten gezogen, gepflanzt und gepflegt hat. Erst wenn ich den vollständigen Lebenszyklus einer Pflanze miterlebt habe, bin ich wirklich zufrieden.

Der Bereich, den wir für unseren Sommergarten auserkoren hatten, liegt im Osten des Grundstücks, etwas unterhalb des Hauses und hat eine Größe von etwa 16 Quadratmetern. Leider war diese Fläche nicht quadratisch, sondern eher keilförmig. Ich wollte unbedingt eine Anlage verwirklichen, die ich auf einem Briefumschlag bei einem Besuch der Gärten der Villa Giulia in Rom skizziert hatte – ein gelungenes Arrangement für einen quadratischen Garten. Dort war auf einem streng geometrisch angelegten Grundriß eine Fülle von Blumen anzutreffen. Ähnlich sind auch die Gärten in Hidcote, Sissinghurst und Cranborne Manor (Dorset) angelegt, wo man gemächlich zwischen Beeten mit einer wahren Blütenpracht wandeln kann. Ich wollte diese Gärten und auch

Der Garten im ersten Winter. Die Beete sind sehr unregelmäßig in Form und Größe, aber durch die stark betonte Mitte scheint die fehlende Symmetrie nicht mehr aufzufallen. Für die Säulen am Wegkreuz wurde Buxus sempervirens 'Greenpeace' gewählt.

DIE GESCHICHTE EINES GARTENS

die Beete in unserem vorherigen Garten nachempfinden. Hier wollte ich jedoch anstelle eines Weges zwischen zwei Beeten einen Garten aus vier Quadraten anlegen. Leider war das ganz unmöglich. Nur eine Seite war gerade und zwar die Begrenzung, die durch die neue Eibenhecke hinter dem Teich gebildet wurde. Alles andere war schief – der neue Weg führte von der Hintertür an den Schuppen vorbei und entlang der Mauer unterhalb des Teichs. Ich versuchte wochenlang, das keilförmige Gelände zu begradigen – umsonst. Während der kalten und nassen Januartage 1993 war ich mit Maßband und Stöcken im Garten, probierte alle Möglichkeiten aus, bis die Fläche nur noch aus einem winzigen Stückchen bestand, das für sehr kleine Beete Platz geboten hätte. Die Lösung, die ich so lange nicht zu finden schien, war ganz einfach: Ich konnte zwei Wege anlegen, die sich in der Mitte x-förmig kreuzten. Alle Beete erhielten unterschiedliche Formen und Größen, aber durch den imposanten Kupferbehälter, den wir aus unserem vorherigen Garten mitgebracht hatten und nun in die Mitte des Wegkreuzes stellten, nahm der Garten Form an. Der Kreuzungspunkt wurde außerdem noch durch vier Buchsbaumsäulen betont. Nachdem die Mitte gestaltet war, schien die fehlende Symmetrie gar nicht mehr aufzufallen. Diese Idee – wie die meisten guten – war gar nicht so einzigartig, wie ich dachte. Der Bauerngarten in Sissinghurst ist ähnlich angelegt, auch er täuscht eine quadratische Fläche vor. Dieser Teil des Gartens wurde damit zu „Sub-Sissinghurst". Ich kann diesen kleinen Trick nur jedem empfehlen, der eine unregelmäßig geformte Fläche in einen formalen Blumengarten verwandeln möchte.

OBEN: *Im ersten Sommer hatten wir Probleme mit Staunässe, aber großzügige Mengen von grobem Sand und Kompost schufen hier schnell Abhilfe. Die Erde wurde immer besser, und im dritten Frühling waren die Beete schon recht ansehnlich.*

GEGENÜBER: *Zu Beginn des dritten Sommers sahen die Beete fast zu voll aus.*

Mit vielen Helfern hätte ich vielleicht Graswege angelegt und die Beete mit Buchsbaum eingefaßt. Das schwierige Mähen entlang der Wege und das ständige Beschneiden des Buchsbaums schienen mir aber zu arbeitsintensiv zu sein. Sieht man im Winter aus der Hintertür, wäre etwas mehr Grün schon wünschenswert gewesen wie auch ein Spaziergang im Sommer mit nackten Füßen auf einem weichen Rasenweg. Derartige Wege erfordern jedoch sehr viel Pflege; wir mußten realistisch bleiben. Die Wege wurden mit „Hoggin" aufgefüllt und blieben an den Rändern ohne Einfassung. Ich wollte hier Pflanzen ansiedeln, die teilweise in den Weg hinein wachsen würden, um die Begrenzung freundlicher und weniger streng erscheinen zu lassen. Entlang der Wege durften sich immergrüne Polsterstauden wie Steinbrech, Schleifenblumen *(Iberis sempervirens)*, Nelken (wenn sie denn von den Kaninchen in Ruhe gelassen werden), Zistrose, Grasnelken und Iris vermehren. Ich habe auch einige Stauden Frauenmantel und winterharte Geranien gepflanzt, deren Blätter imposanter sind als die der überwiegend im Winter blühenden Sorten. Auf den Wegen breitete sich schnell Moos aus, das uns im Winter mit leuchtendem Grün erfreute. Im Sommer muß von Zeit zu Zeit das Unkraut bekämpft

OBEN: *Zu viele Nachtviolen erdrücken die dunkle Bartiris und den Lauch* Allium hollandicum *'Purple Sensation'*.

GEGENÜBER: *Gefüllter Mohn 'Pink Chiffon', Glockenblumen und Rosen in Pink- und Violett-Tönen dominieren die Beete im Hochsommer.*

DIE GESCHICHTE EINES GARTENS

werden; entweder von Hand oder sehr sorgfältig mit einem punktuellen Unkrautvernichter.

Der schönste Aspekt des Sommergartens ist, daß diese Fläche nicht eben ist. Von der Hintertür und von der alten Eibe aus kann man auf die Pflanzen und die Anlage der Beete herunterschauen. Ein ganz anderer Blick bietet sich vom Weg an der Grenzmauer von Osten aus. Von hier guckt man nach oben auf die Pflanzen, die 90 Zentimeter oberhalb des Weges stehen. Da die Blutbuche den Blick durch die Mitte versperrt, erscheint der Garten von jeder Diagonale aus anders, so daß sich acht verschiedene Ansichten der Doppelbeete ergeben. Diese Beete sind nur etwa sechs Meter lang, aber die Überraschungsmöglichkeiten sind viel größer als bei schmalen, geraden Beeten, auf die man nur von oben oder unten blicken kann.

Bei neuen Kunden ist es hilfreich, eine Liste mit Lieblingspflanzen aufzustellen, um eine Richtung für die Bepflanzung zu erhalten. Falls ein Kunde Flieder, Lavendel und Jelängerjelieber besonders mag, kann man schnell daraus schließen, daß großer Wert auf Duft im Garten gelegt wird. Sobald man eine solche Vorliebe herausgefunden hat, ist es einfach, die richtigen Pflanzen für das jeweilige Grundstück auszusuchen und die bevorzugten Farben zusammenzustellen. Als ich bei uns mit der Planung anfing, hatte ich nur eine vage Vorstellung davon, was mich am Ende erwarten würde. Ich begann also wie bei meinen Kunden, die beliebtesten Sommerblumen aufzulisten. Um einen überwältigenden Eindruck im Hochsommer zu erhalten, mußten unbedingt einige Strauchrosen dazugehören. Grüne Formen und vertikale Gestaltungselemente, die hohen Pflanzen, die einem Garten die erforderliche Dramatik verleihen, waren ebenso ein Muß – ich wollte den Beeten sofortige Höhe verleihen, um das Gefühl, von Blumen umgeben zu sein, zu verstärken. Als Farben sollten jene vorherrschen, die besonders gut zu einem Hintergrund aus unterschiedlichen Grün- und Silbertönen paßten. Pastelltöne waren nicht erwünscht, eher sattes Violett, Rot und Pink.

Wenn man Gärten für Auftraggeber anlegt, muß die Bepflanzung zügig vorangehen, so daß bereits im ersten Sommer die volle Pracht zu bestaunen ist. Manchmal muß man deshalb eher auf Pflanzen zugreifen, die nur eine kurze Lebensdauer haben, dafür aber „sofort" ihre ganze Schönheit zeigen. In meinem eigenen Garten kann ich mir den Luxus erlauben, langsam und durch ständige Verbesserungen das zu erreichen, was ich mir eigentlich vorgestellt habe. Man ist wohl nie ganz zufrieden mit dem Erreichten, aber das ist Teil der Freude am Garten. Manchmal scheint ein Blumenbeet absolut perfekt zu sein; man möchte das Arrangement für immer einfrieren – viel öfter geschieht es aber, daß ich mir Notizen mache, wie: „roter Schmidel sieht neben dem Salbei furchtbar aus" oder „mehr 'Powis Castle', weniger 'André Chaudron', raus mit *Lobelia* 'Vedrariensis'". Im Herbst werden diese Veränderungen vorgenommen, es sei denn, der Sommer ist feucht genug, dann fange ich mit dem Umsetzen und Neuzusammenstellen sofort an. Genau wie ich gerne die Entwicklung einer Pflanze verfolge, bevorzuge ich auch ein Pflanzschema, das sich langsam herauskristallisiert und mit der Zeit immer besser wird. Für mich ist ein Garten ein immer wieder neuer Prozeß und eben kein fertiges Produkt.

PINWAND

Inspirationen für den Sommer- und Wintergarten

1 Das Bild „July" aus *The Twelve Months of Flowers* von Pieter Casteels (1684–1749) für Robert Furber, veröffentlicht um 1732

2 „By the Cottage Door", ein Bild von Arthur Claude Strachan (1865– um 1935)

3 Das Gemälde „The Garden of Bey" von John Frederick Lewis (1805–1876)

4 Hochsommer im Bauerngarten, aus dem Gemälde „Summertime" von Arthur Claude Strachan (1865– um 1935)

5 Sommerrabatten in Snowshill Manor, Gloucestershire

6 Eine Illustration von Päonien aus *The Ladies' Companion to the Flower Garden* von Jane Loudon (1807–1858), veröffentlicht 1841

7 Die Lila- und Blautöne von Iris und Ochsenzunge

8 Eine Illustration von Akelei aus *Florilegium* von Johann Walther, veröffentlicht um 1654

TULPEN
Die Tulpen im Kupfergefäß – außer Reichweite der Mäuse – überlebten. Die im Beet wurden leider verspeist.

GERANIEN
Geranium psilostemon *blühen ein zweites Mal, wenn sie nach der ersten Blüte zurückgeschnitten werden.*

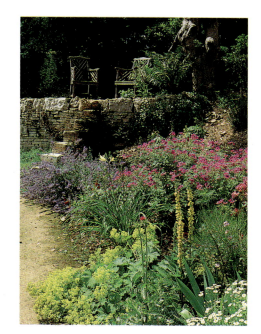

DISTEL
Die zweijährige Eselsdistel stirbt im Spätsommer. Die entstehende Lücke wird durch die Dahlien 'Arabian Night' und 'Bishop of Llandaff' gefüllt.

BLICK ZUR KIRCHE
Der Blick zu den Dächern und der Kirche, mit der Gelenkblume im Vordergrund.

Der Sommergarten sollte der Platz sein, an dem man sich von Juni bis Oktober wie in einem Blütenmeer fühlen würde. Letztendlich sollte es nicht möglich sein, über die Beete hinweg den nächsten Weg zu sehen. Zuerst wurden die Bäume gepflanzt: zwei im Winter blühende Zierkirschen, *Prunus x subhirtella* 'Autumnalis Rosea' und die länger blühende weiße Sorte, wurden jeweils in die Ecken neben den Weg zur Grundstücksgrenze gesetzt. (Diese Bäume blühen zwar im Winter und nicht im Sommer, aber einige Ausnahmen darf man bei selbst auferlegten Regeln wohl machen.) Im Winter kann man die Blüten dieser Zierkirschen vor dem Hintergrund aus Stechpalmen und Lorbeerkirschen bewundern. Im Sommer werden sie später einmal den Weg und einen Teil der Blumenbeete beschatten, so daß man an einem heißen Sommertag im Schatten verweilen und die Blumen in Ruhe betrachten kann. Zur heißen Jahreszeit ist etwas Schatten sehr willkommen. Ein großer Busch des fast immergrünen *Ligustrum quihoui*, einer chinesischen Ligusterart, die wir von unserem vorherigen Garten mitgebracht hatten, fand dort ebenfalls seinen Platz. Nach Norden hin wurde ein buschig wachsender Baum, *Ptelea trifoliata*, auch als Lederstrauch bekannt, gepflanzt. Dieser Baum hat im Sommer kleine, grüne Blüten, die hervorragend duften. Es gibt auch eine Sorte mit gelben Blättern, auf die ich aber verzichtete, weil hinter dem Haus bereits viele Gelbtöne vorhanden waren.

Die dunkelviolette, einjährige Malva sylvestris *var.* mauritiana *erscheint hinter den Blättern von* Iris sibirica. *Die Rose 'The Fairy' beginnt gerade unterhalb des sich selbstausgesäten Opiummohns zu blühen.*

Es wurden aber nicht alle Gelbtöne verbannt. Auf die schwefelgelben Blüten von *Weigela middendorffiana*, die sehr früh blüht, konnte ich nicht verzichten. Sie ist recht frostempfindlich und wird wohl nur alle drei Jahre ihre Blüten zeigen können. Neben der Weigelie wurde der Schmetterlingsstrauch *Buddleja* 'Dartmoor' gesetzt, dessen schwere, purpurrote Blütenrispen im Spätsommer erscheinen. Alle höheren Gehölze und Bäume stehen am hinteren Beetrand, so daß der Garten bald „eingeschlossen" wirken wird.

In der zweiten Saison pflanzte ich eine *Magnolia x soulangeana* neben den Weg, der von der Hintertür herab führt. Ich kann mir vorstellen, wie es sein wird, wenn man unter den überhängenden Zweigen hindurch die darunterliegende Blütenpracht entdeckt. Mit der Zeit wird sich das Klima in diesem Gartenteil etwas ändern, aber nicht zu sehr, da der Baum in der nördlichsten Ecke gepflanzt wurde.

In die Mitte der Beete setzte ich kleinere Sträucher: zwei Kreuzdorne mit silbrigen Blättern (*Rhamnus alaternus* 'Argenteovariegata') und eine Vielzahl von Rosen. Hohe oder breite Strauchrosen wie 'Constance Spry', 'Cerise Bouquet', 'William Lobb', *nutkana* 'Plena', *glauca* und 'Complicata' gehörten zur ersten Auswahl. Die Bäume, Sträucher und Rosen hatten somit ihren festen Platz. Alle Gehölze, die als kleine unscheinbare Pflanzen anfangen und sich dann zu imposanter Größe entwickeln, können eine Gartenanlage schnell aus dem Gleichgewicht bringen. Im ersten Sommer sind die Rosen, die eigentlich zwei Meter hoch sein sollen, nicht größer als ein kleiner Wassereimer; ihre Blüten scheinen für die kleinen Büsche viel zu schwer zu sein. Die grünen und silbrigen Sträucher, die einmal den Hintergrund für die immer wieder anderen Blüten bilden sollen, brauchen drei Jahre, um wirklich bemerkt zu werden. Selbst die immergrünen Säulen des Buchsbaums 'Greenpeace' in der Gartenmitte sahen nur wie Bleistifte um das große Kupfergefäß herum aus, obwohl sie in dieser Größe – fast schulterhoch – ein kleines Vermögen kosteten. Im ersten Sommer war ich ziemlich unzufrieden, vor allem dann, wenn ich mir andere Gärten mit etablierten, voll entwickelten Pflanzen ansah. Großzügige Geschenke winterharter Geranien und Frauenmantel, die in wenigen Monaten viele Bereiche der Beete einnahmen, gaben etwas Farbe und vermittelten den Eindruck eines vollen Blumenbeets, während einige besondere Pflanzen erst herangezogen oder angeschafft werden mußten. Schnellwachsende Stauden und hohe Einjährige helfen auch, um ein Beet nicht allzu leer erscheinen zu lassen. *Cephalaria gigantea,* der große hellgelbe Schuppenkopf, und *Crambe cordifolia,* eine Kohlart, gehörten zu den Pflanzen, die ich sowieso haben wollte. Die riesige Silberdistel *Onopordum acanthium* war schon immer eine meiner Lieblingspflanzen, und selbst wenn die Hintergrundbepflanzung voll zur Geltung kommt, werden immer einige riesige Disteln wie Markierungen aus dem Boden ragen. Engelwurz mit den grünen kugeligen Blütenständen wurde gewählt, weil sie die notwendige Höhe verleiht, ebenso wie die dunkellila, einjährige Malve *Malva sylvestris* var. *mauritiana.*

'Mme Isaac Pereire' gehört zu den besten, öfterblühenden Hybrid-Rosen. Hier wächst sie neben Nepeta sibirica *'Souvenir d'André Chaudron', der Katzenminze, die wie Salbei aussieht und den ganzen Sommer über blüht.*

Der Übergang von vorübergehenden „Lückenfüllern" zu ständigen Beetbewohnern ist schwierig. Während des Pflanzens wurde mir bewußt, daß viele Stauden dort wohl nicht lange bleiben würden. Wenn beispielsweise die riesige Distel einige Jahre neben dem silbrigen Kreuzdorn stehen würde, ergäbe das mehr Kontrast zu den benachbarten Pflanzen als der Kreuzdorn mit seinen cremefarbenen Blättern je bieten könnte. Wenn die Distelfamilie eines Tages aus dem Beet verschwinden wird, sind weitere, niedrige silbrige Pflanzen erforderlich, um die Rot- und Violett-Töne der Blumen hervorzuheben. Die Distel hat außerdem eine eckigere Form als der Kreuzdorn. Wenn ich die vielen *Iris sibirica* mit ihren langen, grasähnlichen Blättern setze, sollten sie nicht neben der Distel stehen, weil sie nebeneinander die Vertikale zu sehr betonen – ich möchte die Iris aber neben dem Kreuzdorn haben. Dort passen die Formen viel besser zusammen. Ich ignorierte einfach die Distel und setzte die Iris neben ihren endgültigen Nachbarn, den Kreuzdorn. Das ist keine ideale Lösung, gibt der Iris aber die Möglichkeit, sich an dieser Stelle zu etablieren.

Neben der problematischen Balance von unterschiedlichen Formen und Höhen (sowohl der nur vorübergehend dort wachsenden Blumen als auch der permanent bleibenden) versuche ich auch, bestimmte Farbzusammenstellungen auf dem Beet zu wiederholen. Viele Pflanzenenthusiasten meinen, das sei eine Verschwendung wertvollen Platzes; sie werden immer versuchen, so viele unterschiedliche Pflanzen wie möglich anzusiedeln. Ideal wäre es, wenn die Saison mit Tulpen in Pastelltönen zwischen den gerade anwachsenden Stauden anfinge. Anschließend würden Lauch und Akelei folgen, dann Wogen von *Nepeta sibirica* 'Souvenir d'André Chaudron' – die beste blaue Katzenminzensorte –, Glockenblumen und schließlich *Verbena bonariensis*. All diese Stauden würden in den vier Beeten wie die Grundfarbe eines Teppichs wiederkehren. Theoretisch ist das einfach zu realisieren, weil die meisten Pflanzen sich ausbreiten oder vermehren. Da aber die Mäuse die Tulpen fressen, Kaninchen sich auf die Glockenblumen stürzen, Nachtviolen sich dort aussäen, wo ich sie lieber nicht hätte, und die Verbenen oft den Winter nicht überstehen, ist eine solche Vorstellung nicht so leicht in die Tat umzusetzen.

Die überall anzutreffende 'André Chaudron' zusammen mit Penstemon *'Laura's Red'. Die kugeligen Samenstände des Zierschnittlauchs halten sich monatelang.*

Blumen, die sich selbst aussäen, wie die Lichtnelke *Lychnis coronaria* und ein tief dunkelrotes Löwenmäulchen, gehören ebenfalls zu den immer wiederkehrenden Themen. Je weiter der Sommer fortschreitet, desto intensiver werden die Farben. Wenn die rosa und weißen Nachtviolen erst zum Ende des Sommers erblühen würden, dürfte 'Bishop of Llandaff' mit seinen scharlachroten Blüten und dunkelviolettem Laub nicht im selben Beet wachsen. Mit den fast schwarzlila Blüten von *Verbena bonariensis* sehen 'Bishop' und andere Blumen in satten, dunklen Tönen wie Montbretie *Crocosmia* 'Lucifer', Schmidel *Penstemon* 'Blackbird', *P.* 'Garnet' und *Buddleja* 'Dartmoor' aber hervorragend aus. Dies ist auch der Platz für eine Vielzahl nicht ganz winterharter Pflanzen. Beifuß, Salbei, Schmidel, Verbenen, Lobelien, Dahlien und ein paar Pelargonien wie 'Brunswick' oder 'Lord Bute' tauchen in unterschiedlichen Variationen und Kombinationen immer wieder auf. Sie müssen geschützt überwintern, so daß wir im Spätherbst Stecklinge schneiden oder einige Pflanzen zur Vermehrung im Gewächshaus überwintern, um dann im Frühjahr Ableger nehmen zu können. Vielleicht stellt sich mit der Zeit heraus, daß dieser Arbeitsaufwand doch zu groß ist. Oder vielleicht habe ich irgendwann etwas gegen die intensiven Farben und exotischen Blüten und bevorzuge dann das traditionell Englische. Es wäre nicht unmöglich, das Farbenspiel durch wesentlich mehr Weiß und einige Rosa- und Blautöne aufzuhellen und damit zu verändern.

DER SOMMER- UND DER WINTERGARTEN

Weitere Päonien, Iris und Rosen zusammen mit winterharten Geranien, Frauenmantel und Katzenminze würden weitaus weniger Arbeit erfordern als das derzeitige Thema. Diese Pflanzen würden auch ohne weiteres mit den Bäumen, Sträuchern und anderen Blumen harmonieren. Zur Zeit macht es mir aber mehr Spaß, mit den satten Farbtönen und den selteneren Pflanzen zu experimentieren.

Nördlich von „Sub-Sissinghurst" schließt sich ein Stück Land neben dem Pumpenhäuschen an, auf dem eine alte Quelle entspringt, die bis vor etwa zwanzig Jahren das Haus mit Wasser versorgte. Die Pumpe funktioniert noch, neben ihr befindet sich jetzt aber auch die Filteranlage für den Teich in diesem Gebäude. Rechts daneben, in der nordöstlichen Ecke des Grundstücks, befindet sich eine rechteckige Fläche. Dieser Bereich war einige Jahre lang die Sammelstelle für alle Steine, die aus den Sommerbeeten ausgegraben wurden. Zwischen den Steinhaufen wuchsen Brennesseln, und wir luden hier immer wieder Gartenabfälle und Unrat ab, statt diese den Weg hinunter zum Ende

OBEN: *Die knallrote Rose 'L. D. Braithwaite' gehört zu den modernen Strauchrosen, gezüchtet von David Austin. Sie hellt die dunklen Blau- und Violett-Töne auf.*

NÄCHSTE SEITE: *Im Spätsommer blühen* Perovskia atriplicifolia, Lobelia tupa, Artemisia lactiflora 'Guishou', Origanum *und die Rose 'The Fairy'.*

DIE GESCHICHTE EINES GARTENS

Der Wintergarten wurde erst zwei Monate bevor dieses Foto gemacht wurde angelegt. Immergrüne und Christrosen gehören hier zu den wichtigsten Pflanzen.

des Tals zu karren, wo sich eine Stelle außer Sichtweite befindet, an der sich Unkräuter frei entfalten dürfen. Auf dieser Steinwüste sollte das letzte große Winterprojekt verwirklicht werden. Ich entschied mich, die Fläche vor der Mauer zur Kirche unterhalb der großen Linde durch einen Weg zu unterteilen, der hinunter zur winterblühenden Zierkirsche am Rand des Sommerbeets führen sollte. Im Januar 1995 fing eine unserer Töchter mit den Vorbereitungen an. Sie hatte bereits bei der Anlage des Küchengartens eine beeindruckende Technik entwickelt, für einen neuen Weg einen Graben zwei Spaten tief auszuheben, so daß Steine unter dem Weg begraben werden können. Nachdem der Steinhaufen von der Stelle, an der der Weg entstehen sollte, entfernt worden war, ging es schnell voran. Nur die Betonschicht, die die kleine Mauer oben abschloß, mußte den Hügel hinauf bis zum Hof gekarrt werden. Der Beton soll im nächsten Winter von dort abgefahren werden.

Als im Februar die schwere Arbeit vollbracht war, hatten wir zwei neue, große Beete zu bepflanzen, die im Sommer von der Linde halb beschattet werden würden. Einige der Steine, die im Graben keinen Platz fanden, wurden vor der Grenzmauer, am Ende des neuen Weges, aufgeschichtet und mit zwei großen flachen Steinen abgedeckt. Diese Konstruktion ergab einen schönen Sitzplatz. Im Winter scheint hier bei gutem Wetter fast immer die Sonne hin, und im Sommer sorgt die Linde für den ersehnten Schatten. Der Plan für die Bepflanzung der Beete wurde vielleicht von der Jahreszeit, in der die Beete angelegt wurden, beeinflußt. Wenn die Christrosen vor dem Küchenfenster blühen, habe ich immer das Gefühl, diese wunderschönen Blumen müßten an viel mehr Stellen in unserem Garten wachsen. Ich glaubte auch, daß sich die Christrosen auf diesem Stück letztendlich wohler fühlen würden als an ihrem jetzigen Standort. Ich kaufte also in einer Spezialgärtnerei einige besonders schöne *orientalis*-Hybriden. Die neuen Beete unterhalb der Linde sollten für Winterblüher reserviert werden. Im Sommer würde dieser Bereich einen schönen schattigen Platz abgeben. Wir hatten noch einige Buchsbäume und einen *Ligustrum lucidum* von den Beeten auf dem Plateau übrig, die zur selben Zeit, als der Wintergarten entstand, umgestaltet wurden. Diese Immergrünen wurden zuerst in die neuen Beete gepflanzt. Im Jahr zuvor hatte ich bereits ein Geißblatt *Lonicera x purpusii* 'Winter Beauty' neben die Schuppentür gesetzt; es wurde nun in eines der neuen Beete umgebettet. Nimmt man auf dem Steinsitz Platz, kann man den herrlichen Duft genießen. Auf der anderen Seite reservierte ich eine Stelle für ein Geschenk von einem jungen Gartenfreund – eine *Chimonanthus fragrans*, die mit ziemlicher Sicherheit aus dem Garten von Christopher Lloyd in Great Dexter, East Sussex, stammte. *Chimonanthus*, auch als „Winterblüte" bekannt, kann manchmal etwas blühfaul sein, so daß es wichtig ist, eine Pflanze guter Herkunft zu erhalten. Christrosen, eine neue pinkfarbene Pulmonarie mit Namen 'Dora Bielefeld', einige gefüllte gelbe Primeln und gute Sorten Schneeglöckchen wurden gepflanzt, so daß die Beete im März schon recht gefüllt aussahen, aber nicht so voll, daß nicht noch Platz für weitere besondere Pflanzen gewesen wäre. Im ersten Sommer wurden die noch vorhandenen Lücken mit dem weißblühenden Ziertabak *Nicotiana alata* gefüllt. Ich kann nur hoffen, daß immer genügend Platz für diese schönen Pflanzen sein wird. Vor die Mauer zur Kirche hin pflanzten wir die herrlich duftende und den ganzen Sommer über blühende *Lonicera periclymenum* 'Graham Thomas'. Für die Wintermonate wurde hier Japanische Zierquitte *Chaenomeles speciosa* 'Moerloosei' mit apfelähnlichen Blüten gepflanzt. In die Nähe des Weges und des Sommergartens setzten wir einige Sommerblumen. Dieses Stückchen Erde wird von der Sonne erreicht, so daß sich hier dicht neben dem Weg die Prachtkerze *Gaura lindheimeri* und die lange blühende rosa *Geranium sanguineum* var. *striatum* wohl fühlen. Um die Winter- mit den Sommerbeeten thematisch zu verbinden, setzten wir *Buddleja* 'Nanho Purple' vor die Fliederhecke an der östlichen Grenzmauer neben 'Nanho Blue', die bereits die Tür zum Pumpenhäuschen verzierte. Diese feinen Sträucher mit ihren überhängenden Zweigen wirken besonders schön, wenn der Sommer fast vorüber ist – durch sie wird der Eindruck erweckt, als ob Sommer- und Wintergarten ineinander übergehen.

Der bekannte Züchter und Gärtner Graham Stuart Thomas verriet mir einmal einen kleinen Trick, wie man eine „natürlichere Wirkung" im Garten erzielen kann: Pflanzen, die in festen Gruppen stehen, sollten durchaus die Möglichkeit haben, hier und da in einzelnen Exemplaren „abzuwandern", als ob sie sich selbst ausgesät hätten. Die Schmetterlingssträucher gehören zum Sommerthema, aber ein Abtrennen des schattigen, grünen Winterbereichs von den hellen Sommerbeeten hätte zu künstlich gewirkt. Wenn man den Weg hinuntergeht, soll der Übergang von den Sommer- zu den Winterbeeten nicht bemerkbar sein. Durch die Bepflanzung am Wegesrand und durch die Schmetterlingssträucher wird die Illusion von Grenzenlosigkeit erweckt.

Die zweijährige Salvia sclarea *var.* turkestanica, *eine meiner Lieblingspflanzen, darf sich vom Sommergarten in den Wintergarten hinein ausbreiten.*

AN MAUERN UND IN TÖPFEN

*Romantische Kletterer • Ein reich bewachsenes Haus •
Ein einheitlicher Stil auch hier • Die Spalierbirne an einem Bauernhaus •
Der Weg mit Jelängerjelieber • Südliche Mauern •
Töpfe in Gruppen • Üppige Topfbepflanzungen • Eine Pflanze pro Gefäß*

Rosen und Jelängerjelieber um die Haustür herum – das gehört zu den Vorstellungen jedes englischen Gartenliebhabers. Ein Haus, das scheinbar von selbst mit der Natur verbunden ist, wirkt immer freundlich. In der Romantik, in der die Beziehung zur Natur an Bedeutung gewann, erschienen immer mehr Pflanzen an Hauswänden, um Fensterrahmen herum und an Mauern. Dieses Erbe ist auch heute noch lebendig: wir sind eigentlich alle Romantiker. Klassische Regency-Häuser wurden schon immer mit Wisterien verziert, und zur viktorianischen Zeit schätzte man kleine, alte Häuser, die vollständig von Kletterpflanzen umrankt wurden. Auch heute nutzt man immer häufiger Wände als vertikale Blumenbeete – Gartenliebhaber versuchen, so viele Pflanzensorten wie nur möglich am Haus „anzubringen". Die Pflege von Kletterpflanzen ist allerdings

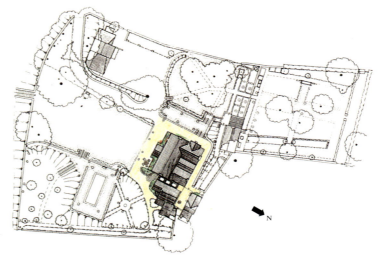

LINKS: *Vor der Haustür blüht den ganzen Sommer über* Pelargonium 'Paton's Unique'. *In den kleineren Töpfen davor stehen niedrigere Pelargonien und Sukkulenten.*

OBEN: *Der Ginster* Cytisus bandieri *kämpft sich durch die Äste der* Wisteria *nach oben.*

GEGENÜBER OBEN: *Die Kronwicke* Coronilla valentina ssp. glauca 'Citrina' *blüht den ganzen Winter lang.*

GEGENÜBER UNTEN: *Die goldfarbenen Blüten der Schönranke* Eccremocarpus *breiten sich auf der Wand aus, die eigentlich für die* Rosa banksiae *reserviert ist.*

zeitaufwendig. Sie müssen ständig beschnitten und in die gewünschte Wuchsrichtung gebracht werden, um auch wirklich gut auszusehen. Und da die Erde an Wänden oder Mauern meist schlecht ist und wenig Platz für tiefe Wurzeln läßt, müssen Kletterpflanzen in der Regel oft gedüngt und gewässert werden. Kletterpflanzen können ihre Wurzeln nur zu einer Seite ausbreiten, von der Mauer fort, so daß sie im Vergleich zu freistehenden Pflanzen wesentlich weniger Entwicklungsmöglichkeiten haben. Wenn man im Garten genügend Platz für Blumen hat und das Haus nicht gerade häßlich ist, gibt es genügend Gründe, auf zu viele Kletterpflanzen zu verzichten. Dazu gehören die viele Arbeit und der Einsatz von Leitern – es sei denn, Sie lieben das Herumturnen in luftiger Höhe.

Einen guten Grund liefert häufig das Haus selbst. Ein architektonisch ausgewogenes Haus sieht meist ohne Bewuchs am besten aus. Symmetrische Fassaden mit regelmäßig angeordneten Fenstern können durch schlecht gewählte oder schlecht plazierte Kletterpflanzen optisch aus dem Gleichgewicht geraten. Die Regency-Fassade mit einer Wisteria um die Haustür herum, einigen Stockrosen daneben und vielleicht einer Rose gab Gebäuden die Einheit, die wir heute kaum noch erreichen können. Wir haben vielfach nur von oben bis unten berankte Häuser. Ein langweiliges oder häßliches Gebäude kann durchaus von Kletterpflanzen verdeckt oder verschönt werden, vorausgesetzt, die Pflanzen werden sorgfältig ausgewählt und verteilt. Am schlechtesten wirken Kletterer, wenn sich eine einzelne Pflanze wie ein großer Fleck neben der Haustür breitmacht.

Weniger als Einladung denn als Bedrohung wirkt beispielsweise die Säckelblume, die sich unbeschnitten nach der Blüte als einzelne Pflanze an einer Hauswand ausbreitet. Auch eine einzelne Rose mit verholzten, stacheligen Zweigen und Mehltau an den Blättern ist es nicht wert, sie wegen der wenigen Blüten, die für drei Wochen neben dem Schlafzimmerfenster im ersten Stock erscheinen, stehen zu lassen.

An der Fassade unseres Hauses wuchs auf einer Seite eine alte Wisteria und auf der anderen ein Wilder Wein. Wäre ich wirklich konsequent gewesen, hätte ich nach dem Entfernen des Wilden Weins eine weitere Wisteria gepflanzt, vielleicht eine andere, später blühende Sorte, und nichts weiter. Statt dessen machte ich den gleichen Fehler wie bei unserem letzten Haus, dessen Fassade auch zur Hälfte von einer Wisteria bewachsen war. Die *Rosa banksiae* mit ihren winzigen gelblich-cremefarbenen Rosetten im Mai benötigt eine große südliche Mauer. Ich kann dieser Rose nicht widerstehen, obwohl ich weiß, daß sie einen kalten Winter eventuell nicht überleben wird und ihr Wachstum nach einigen

AN MAUERN UND IN TÖPFEN

Jahren kaum noch in den Griff zu bekommen ist. Die Wisteria sieht auch im Herbst ohne Blätter noch wunderschön aus, die *Rosa banksiae* hingegen ist das halbe Jahr über unansehnlich. Unterhalb der Wisteria, deren Blüten etwa in Höhe der ersten Etage erscheinen, pflanzte ich gleich nach unserer Ankunft einen Geißklee *Cytisus battandieri* mit silbrigen Blättern. Dieser Busch sieht vor roten Steinen nicht sehr attraktiv aus, weil seine leuchtenden, gelben Blüten einen zu starken Kontrast bilden. Vor einer grauen Steinwand hingegen wirkt er sehr hübsch. Vor dieselbe Wand pflanzte ich einen zarten Strauch, *Coronilla valentina* ssp. *glauca* 'Citrina', der den ganzen Winter über blaßgelbe Blütchen hervorbringt. Hier hindurch – und nun wird es langsam eng – versucht die Rose 'Leverkusen' ein paar Blüten zu strecken, und die blaue Clematis 'Perle d'Azur' kämpft vor allem gegen die Mäuse an. Mäuse scheinen die jungen Clematistriebe ganz besonders zu mögen. All diese Pflanzen teilen sich die schmalen Flächen zwischen den Fenstern an der Vorderseite des Hauses. Am Eingang wächst noch ein Sommerjasmin durch die verschlungenen Äste der Wisteria, und ganz außen an der Wand steht *Magnolia* 'Maryland' zusammen mit *Clematis armandii* 'Apple Blossom'. Die Magnolie wird einige Jahre benötigen, um die oberen Fenster zu erreichen, so daß die Clematis sich bis dahin beliebig ausbreiten darf. Es wird mir schwerfallen, die Clematis wieder zu entfernen, da ich befürchte, daß die Magnolie sowieso nicht genügend Platz haben wird.

Auf der Seite der Eingangstür, die dem Wind stärker ausgesetzt ist, ging die Bepflanzung langsamer voran. Ich hatte ein recht großes Exemplar der *Rosa banksiae* gekauft, weil ich hoffte, diese würde den ersten Winter eher überstehen – größere Pflanzen wachsen aber langsamer als kleinere. In der Ecke neben dem Eingang, nach Südwesten hin, versuchte ich einen Sternjasmin mit mehrfarbigen Blättern anzupflanzen. Die Blüten duften, und die Blätter erscheinen im Winter in Rosa und Weiß; diese Pflanze braucht aber Jahre, bevor sie das erste Mal ihre Blüten zeigen wird. Die Rose 'Guineé' mit den dunkelroten samtigen Blüten wächst ebenfalls sehr langsam. Um sich entwickeln zu können, braucht sie aber sehr viel Platz. Sobald sie anfängt zu wachsen, werde ich Gamander *Teucrium fruticans* 'Azureum' zu ihren Füßen setzen. Eine *Clematis florida* 'Sieboldii' klettert bereits etwas verloren die Wand hinauf. Die Rose 'Guineé' sollte eigentlich als Stütze dienen, aber 'Guineé' ist leider etwas zurückgeblieben. Die goldene Schönranke *Eccremocarpus*, die als empfindlich gilt, hat sich als wesentlich robuster als die Rosen und der Sternjasmin herausgestellt – diese Pflanze wandert auch über die halbe, leere Wand, während die anderen einfach nicht wachsen wollen. In die windanfällige Ecke dieses Beetes habe ich den Schneeball *Viburnum burkwoodii* 'Park Farm Hybrid' als Schutz vor dem schlimmsten Wetter gesetzt, aber bis dieser und die Bäume auf der Wiese dahinter groß genug sind, um wirksamen Schutz zu bieten, wird die Bepflanzung dieser Seite der Fassade schwierig bleiben.

Um die Ecke herum, an der westlichen, fensterlosen Wand mit dem großen Schornstein habe ich mich besser beherrschen können. Hier sind Pflanzenfreunde verblüfft, daß es keine interessanten Kletterpflanzen und nicht einmal ein Blumenbeet gibt. An dieser Stelle hätten Säckelblume, Nachtschatten, Rosen und alle möglichen empfindlichen Rari-

AN MAUERN UND IN TÖPFEN

täten gedeihen können, aber statt dessen habe ich mich entschlossen, nur eine einzelne Birne an einem Fächerspalier zu pflanzen, wie ich es wiederholt an den Bauernhäusern in der Umgebung gesehen habe. Ich finde diese Idee immer noch schön. Etwas weiter ums Haus herum, an dem Anbau im Arts-and-Crafts-Stil aus den 20er Jahren, reichen die Fenster drei Stockwerke hoch. Um diese Fenster herum wachsen die Rose 'Phyllis Bide' und das immer wieder verblüffende hellgelbe Jelängerjelieber *Lonicera etrusca* 'Superba'. Durch die 'Phyllis Bide' schlängelt sich eine kirschrote Schönranke. Ähnlich wie die an der Vorderseite scheint auch diese Sorte winterhart zu sein. Sie wurde aus Samen gezogen, die ich aus dem Garten des Malers John Nash erhielt, wodurch sich eine zusätzliche Verbindung zu einem meiner Lieblingsmaler ergibt.

Hinter dem Haus, an der Nordseite, wo der feste Weg entlangführt, habe ich mich auch eingeschränkt. Der Grund für sehr wenige Pflanzen an dieser Seite ist, daß es sich um den ältesten Teil des Hauses handelt, der vom Friedhof aus eingesehen werden kann. Ich wollte keine überwältigenden Blumenarrangements des 20. Jahrhunderts, die den Frieden und die Besinnlichkeit stören würden. Um den Schornstein herum rankt sich ein goldblättriger Efeu – allerdings nicht sehr erfolgreich, wahrscheinlich aus Mangel an Sonne. Vor der Küche wächst ein orangefarbenes (aber nicht duftendes) Geißblatt *Lonicera x tellmanniana*, das die Regenrinnen emporklettert und sich bis zu den kleinen Fenstern auf der Rückseite des Hauses erstreckt. Die duftende *Lonicera periclymenum* 'Belgica' (Early Dutch) wäre hier viel passender, aber die Lonicera, die ich unter diesem Namen kaufte, entpuppte sich als spätblühende 'Serotina', die ich dann weiter unten entlang des Weges setzte. Auch sie ist sehr schön, aber eben nicht das, was ich mir vorgestellt hatte. Die einzige Möglichkeit, auch wirklich die gewünschte Pflanze zu erstehen, ist, sie in Blüte zu sehen. Ein Nachbar besitzt eine besonders gute Sorte der frühblühenden Lonicera – ich werde ihn fragen, ob ich mir einen Ableger nehmen darf. Ich habe vor, hier auch *Lonicera x heckrottii* 'Gold Flame' zu pflanzen, mit den korallenroten, duftenden Blüten zum Sommeranfang und Sommerende. Die Nordseite des Hauses ist ideal für eine ganze Sammlung von Jelängerjelieber. Sie passen zum Stil des Hauses, und an kühlen, schattigen Standorten werden sie kaum von Krankheiten befallen. Möglicherweise blüht fast das ganze Jahr über eine Sorte. Ich möchte sie aber blühen sehen, bevor ich sie hier einpflanze, so daß die Verwirklichung dieser Idee etwas mehr Zeit benötigen wird. Für mich steigert sich dadurch die Freude noch, und die Finanzen werden nicht überstrapaziert.

GEGENÜBER: *An der Westwand wächst nur die Birne 'Doyenneé du Comice'.*

UNTEN: *Die Rose 'Phyllis Bide' und* Lonicera etrusca *'Superba' rahmen das Fenster ein. In den Töpfen wachsen* Agapanthus africanus, *ein Zitronenbäumchen und kugelig geschnittene Myrten.*

An den Mauern des Stachelbeergartens (wo das Thema Obst und traditionelle Blumen in den Farben Blau, Orange und Hellgelb lautet) standen bereits zwei Rosen, als wir das Grundstück übernahmen: 'Paul's Lemon Pillar', die auch bleiben darf, und 'Climbing Lady Waterlow', die weichen muß, sobald die dort gepflanzte Feige den Platz benötigt. Ein wenig erfolgreicher Pfirsichbaum, 'Peregrine', wird von den Mäusen, die in der Trockenmauer leben, regelmäßig „beschnitten" – d. h., die jungen Triebe werden abgenagt, sobald sie erscheinen. Die Mäuse kennen keine Hemmungen. Als ich an einem Sommerabend hier vorbeikam, hörte ich ein Geräusch und blickte nach oben. Auf halber Höhe der Mauer entdeckte ich die Maus, wie sie aus den Steinen herauslugte und dabei die Pfirsichblätter vertilgte. Entsetzt holte ich weitere Familienmitglieder aus der Küche, um den Schaden gemeinsam zu betrachten. Wir standen sehr still, und nur wenige Sekunden später war das gleiche Geräusch in den Blättern zu hören. Der Pfirsichbaum und die Clematis werden sich wohl kaum richtig wohl fühlen, bis wir nicht das Mäuseproblem in den Griff bekommen haben. Ernsthafte Gartenliebhaber fangen in dieser Gegend bis zu hundert Mäuse pro Winter – andere haben Katzen.

Obwohl die Mauern nach Süden liegen, hat bis jetzt noch kein Lorbeerbaum mehrere Winter – nicht einmal in Folie gehüllt – überstanden. Im Frühjahr treibt er zwar wieder von unten her aus, aber er wird für den nächsten Winter nicht kräftig genug. Das Geheimnis bei allen etwas frostempfindlichen Pflanzen liegt darin, sie so groß wie möglich (oder finanziell vertretbar) zu kaufen – wenn möglich bereits mit altem Holz. Wenn diese Pflanzen die ersten Jahre überstehen, verbessern sich die Überlebenschancen erheblich. Manchmal helfen einige milde

Die Säckelblume Ceanothus *'Edinburgh' an der Mauer hinter dem Stachelbeergarten ist im Vergleich zu den Rosen und Feigen zu üppig.*

Winter, und die Pflanze kann sich so stark entwickeln, um mit einem folgenden, harten Winter zurechtzukommen. Ein Strauch schmalblättrige Myrte *Myrtus communis* var. *tarentina* und der Zitronenstrauch *Aloysia triphylla* werden in jedem Herbst mit Folie geschützt, weil ich mir über die hier herrschenden Wetterverhältnisse immer noch nicht im klaren bin. Wir wohnen 200 Meter hoch, was an sich riskant ist, aber es scheint nur kurze Zeit zu frieren. In den meisten Wintern friert die Verbene bis zum Boden zurück, erholt sich dann aber schnell wieder. Diese nicht ganz winterfesten Sträucher erhalten jedes Jahr dicke Mulchschichten aus Rinde. Die Rose 'Alister Stella Gray' kommt ganz gut mit den winterlichen Temperaturen klar wie auch die Säckelblume *Ceanothus* 'Puget Blue', die jetzt die Nachbarn erheblich überragt aber nützlich ist, um eine frühe, weiße Alpina-Clematis von den Mäusen fernzuhalten. 'Albéric Barbier', die fast immergrüne Rose mit cremefarbenen Blüten, klettert einen Meter die Mauer entlang, bevor sie die

Im Gewächshaus überwintern Pelargonien und empfindliche Pflanzen. Vor der Wand wachsen Pelargonium *'Clorinda'* und Salvia elegans *'Scarlet Pineapple'.*

Pergola in der Ecke erreicht. Durch diese Rose wächst ein Wein, *Vitis vinifera* 'Fragola', dessen Trauben nach Erdbeeren schmecken. Die andere Seite der Pergola teilen sich die Rose 'Félicité Perpétue' und die spätblühende Viticella-Clematis 'Alba Luxurians', die beide weiter an der Mauer zum Obstgarten wachsen, bis sie von einem riesigen Strauch 'Betty Hussey', einer neuen Kiftsgate-ähnlichen Rose, gebremst werden.

An der Mauer zum Hof, wo die Autos parken und sich niemand lange aufhält, ist die Gesamtwirkung wichtiger als die Details. Ich mag die Rose 'Francis E. Lester' wegen ihrer apfelähnlichen Blüten und weil der inzwischen verstorbene Lanning Roper, der auch ein sehr behutsamer Gärtner war, sie mir einmal empfohlen hatte. Die Rosen erstrecken sich über die Mauer an der Straße bis zum Garten von Nell, unserer wöchentlichen, unverzichtbaren Hilfe, was ein weiterer guter Grund für die Wahl dieser Rose war. Andere alte Rambler-Rosen an der Hofmauer mit kleineren Blüten als 'Francis E. Lester' sind 'Adélaïde d'Orléans' und 'Sanders' White Rambler'. Vor die nördliche Mauer habe ich eine 'New Dawn' gesetzt, die zwar etwas steifer wächst als ich es eigentlich mag, aber so zuverlässig ihre hellrosa Blüten öffnet, daß sie sich ihren Platz hier verdient hat.

Unterhalb des Hauses bieten die nach Süden liegenden Schuppen links vom Weg am Sommergarten entlang ideale Bedingungen für Kletterpflanzen. Die Schuppen sind leider

PINWAND

Inspirationen für Kletter- und Topfpflanzen

1 Eine Illustration mit Narzissen aus *Florilegium* von Johann Walther (1600–1679)
2 Das Bild „The Potting House in St. James' Square, Bristol" von Pole, um 1806
3 Eine alte Spalierbirne
4 Das Gemälde „Geraniums and Carnations" von Eric Ravilious (1908–1942)
5 Aurikel in Terracotta-Töpfen, ein Gemälde des zeitgenössischen Malers John Morley
6 *Wisteria sinensis* an der Fassade eines alten Hauses
7 *Rosa banksiae* 'Lutea'
8 Eine junge Spalierbirne

Das Kupfergefäß im Sommergarten wird jedes Jahr anders bepflanzt. Heliotropus 'Chatsworth' *und* Pelargonium 'Barbe Bleu' *gehören zwar immer dazu,* Cosmos 'Versailles Red' *wird aber wegen des zu üppigen Wachstums nicht noch einmal verwendet.* Verbena bonariensis *sät sich überall im Garten selbst aus.*

ziemlich klein, so daß ich nicht sehr viele Pflanzen hier unterbringen kann. An der Hintertür wächst an einem Fächerspalier *Prunus mume* 'Beni-shidori'. Das ist die Japanische Aprikose, die den ganzen Februar hindurch mit leuchtend pinkfarbenen Blüten erfreut. In zwei Jahren ist sie drei Meter gewachsen. Daneben wächst ein weiterer Winterblüher, *Clematis cirrhosa* 'Freckles', der von den Mäusen ignoriert wird, weil die „Speisekammer" darüber viel interessanter ist. Eine der frühesten Rosen, 'Climbing Pompon de Paris' mit winzigen pinkfarbenen Blüten, ist ein weiterer Nachbar. Diese Rose ist sehr mehltauanfällig und muß deshalb ständig beobachtet werden. Durch großzügige Wassergaben auf den Wurzelbereich kann man etwas vorbeugen, obwohl das wahrscheinlich für das Fundament der „Speisekammer" weniger gut ist. Um die Ecke herum, am alten Brotbackofen, wächst die Rose 'Veilchenblau', deren Blüten aussehen, als seien sie mit Blaubeersaft gefärbt. Hier steht auch eine *Clematis montana*, die bereits vorhanden war, als wir das Haus übernahmen. Es handelt sich um ein ziemlich kümmerliches Gewächs, das irgendwann einmal entfernt werden muß; ein paar Jahre darf sie dort aber noch stehen bleiben. Eine Gartenfreundin überredete mich zur *Rosa laevigata* 'Cooperi', sie müsse einfach in meinem Garten vertreten sein. Ich wünschte, ich hätte nicht auf ihren Rat gehört – erstens blüht die Rose weiß, was vor einer grauen Steinwand nicht gut aussieht. Außerdem ist sie sehr stachelig und wächst an dieser Stelle viel zu üppig. Ich werde sie wohl wieder entfernen und jemandem schenken, der über mehr Platz und auch den richtigen Hintergrund verfügt. Dann kann hier die frühblühende *Buddleja agathosma* gesetzt werden, die bereits in einem Topf vor der Hintertür wartet.

Eine Bestandsliste aller Kletterpflanzen am Haus und an den Mauern wäre sehr lang und langweilig. Es gibt einige, die ich nicht beschrieben habe, und es werden noch viele hinzukommen, bevor dieses Buch gedruckt erscheint. Es wäre schön, wenn ich etwas mehr Disziplin bei Kletterpflanzen zeigen könnte, aber wie alle Gartenliebhaber verfalle ich immer wieder der Versuchung, noch eine weitere Pflanze zu erstehen. Vorausgesetzt, die Kletterer werden gut genährt und ausgeschnitten, kann man durchaus eine große Anzahl auf einer relativ kleinen Fläche anpflanzen. Man erhält dann eine immer wieder andere Blütenpracht; manchmal schaue ich mir dann aber die einsame Birne am Westgiebel an und überlege, ob ich an anderer Stelle nicht doch zu weit gegangen bin.

In bezug auf die Kletterer habe ich also meine eigenen Prinzipien nicht beachtet. Dem Vorsatz, keine Blumenbeete an der West- und Nordwand des Hauses anzulegen, bin ich

Im Frühling wird das Kupfergefäß mit Goldlack 'Primrose Bedder' und Tulpen in Rosa- und Rot-Tönen bepflanzt. Die Tulpen 'Angélique' und 'China Pink' wären ebenfalls zu sehen, hätten die Mäuse sie nicht gefressen.

aber treu geblieben. Ein Grund dafür war an der Westseite die Tatsache, daß diese Wand von innen immer etwas feucht war. Das Wasser vom Hügel (den wir terrassierten) sammelte sich unten am Haus, und die alte Drainage, die einmal gut funktioniert haben mußte, war von den Wurzeln des Wilden Weins zerstört worden. Die Drainage wurde inzwischen repariert und die Birne gepflanzt. Im Sommer stehen Töpfe mit unterschiedlichsten Blumen vor dieser Wand. Im Winter bleibt ein großer Terracotta-Topf unbepflanzt in der Ecke stehen – selbst dann habe ich nicht das Gefühl, daß dieser Bereich ohne Blumenbeete zu langweilig ist.

Ich habe zu Töpfen und Trögen im Garten eine ähnliche Einstellung wie zu Kletterpflanzen. Der heutzutage weitverbreitete Stil, großartige Arrangements in Töpfe zu setzen, so daß sorgfältig aufeinander abgestimmte Pflanzen ihre Pracht entfalten können, mag an der richtigen Stelle vielleicht passend sein. Aber ähnlich wie bombastische Blumengestecke in Vasen gehören sie eher in formale Umgebungen. In „normalen" Gärten benutze ich Töpfe überwiegend, um bestimmte Pflanzenarten einzeln zu präsentieren. Ich gruppiere gern zueinander passende Blumen, jeweils eine ganze Menge in einem einzigen Topf. Diese Art von Zusammenstellungen findet man auch oft vor Häusern am Mittel-

meer. Dort sieht man Geranien, Basilikum und eine vereinzelte Prunkwinde – alle in unterschiedlichen Gefäßen, in einem Topf oder auch in einer alten Blechdose. Diese Art von Zusammenstellung erscheint mir freundlicher und einladender als ein künstlerisch anspruchsvolles Arrangement unterschiedlichster Pflanzen in einem Gefäß – meist mit einer besonders kostspieligen Rarität in der Mitte und einer Vielzahl von exotischen Neuzüchtungen außen.

Nur das große Kupfergefäß in der Mitte des Sommergartens wird jedes Jahr in diesem eher künstlichen Stil bepflanzt. Um aber die Strenge des Gesamteindrucks zu mildern, lasse ich meist eine Wasserkanne oder ein paar Töpfe mit Geranien davor stehen. Für die Mitte des Kupfergefäßes wähle ich meist eine Francoa, etwa einen übergroßen Steinbrech und keine Pflanze mit dramatisch spitzen Blättern wie eine Agavenart. Um die Francoa herum setze ich die pinkfarbenen Strauchmargeriten *Argyranthemum* 'Vancouver', die *Heliotrop* 'Chatsworth' und 'Princess Marina' sowie die Geranien 'Barbe Bleu', 'Yale' (aber nicht zuviel von diesem klaren Rot) oder vielleicht 'Brunswick'. Manchmal wird noch ein Schmuckkörbchen 'Versailles Red' hinzugefügt oder was immer ich in Augenhöhe und ganz aus der Nähe betrachten möchte. Die Farben sind so kräftig wie im Sommergarten, und der Duft von Heliotrop ist sehr intensiv. Die Frühlingsbepflanzung mit Tulpen und Goldlack mitten in den gerade erwachenden Sommerbeeten hat die gleiche Wirkung wie ein Blumenarrangement vor einer Party; der Garten sieht dann so aus, als stünden die Festivitäten unmittelbar bevor.

Vor der Haustür stehen zwei große Terracotta-Töpfe, in denen im Frühling ebenfalls Goldlack und Tulpen blühen; im Sommer werden diese Gefäße aber mit *Pelargonium* 'Paton's Unique' – und nichts anderem – bepflanzt. Davor steht dann eine Sammlung meiner Lieblingsgeranien und *Sempervivum*, vielleicht eine Agave – alle in eigenen Töpfen. Der Nachteil dieses einfachen Arrangements in separaten Töpfen ist, daß viele Töpfe recht klein sind und deshalb an heißen Sommertagen zwei- oder dreimal täglich gegossen werden müssen. Außerdem müssen die Töpfe regelmäßig gedreht werden, um von allen Seiten gleichmäßig Sonne zu erhalten. Verwelkte Blätter sind regelmäßig zu entfernen, das ist aber an einem warmen Sommerabend eher ein Vergnügen als harte Arbeit.

Den ganzen Sommer lang werden Töpfe um das Haus herum gruppiert. Um zu den Christrosen-Beeten zu gelangen, geht man eigentlich fast immer am Gebäude entlang – es sei denn, man nimmt den Weg durch das Haus. Der befestigte Weg, den wir um die nördliche und westliche Seite angelegt haben, läuft unterhalb der Mauer des neuen Plateaus entlang. Hinter dem Haus führt er unterhalb des schmaleren Christrosen-Beetes weiter. An der Spalierbirne ist der Weg fast drei Meter breit. Hier stehen

GEGENÜBER: *Im Frühling werden die großen Töpfe vor der Haustür mit Goldlack 'Primrose Bedder' und der Tulpe 'West Point' bepflanzt.*

UNTEN: *In den kleineren Töpfen wachsen* Pelargonium *'Duke of Edinburgh' und 'Mystery' zusammen mit Schopflilie* Eucomis *und Glockenblume* Campanula vidalii.

DIE GESCHICHTE EINES GARTENS

Um die Wassertonne herum sind einige Geranien gruppiert, die dort ihren Platz haben, sobald die Nachtfröste vorbei sind. Später im Sommer füllen sie die Lücke aus, die durch die jetzt blühenden Silberlinge mit den zweifarbigen Blättern entsteht.

große Gefäße mit dem frostempfindlichen *Agapanthus africanus* sowie dem Zitronenbaum 'Meyer' und einer kugeligen Myrte. Diese Pflanzen überwintern unter Glas. Um die Wassertonne herum stehen einige Töpfe mit der intensiv roten, ungefüllten, dunkelblättrigen Pelargonie 'Friesdorf' oder manchmal 'Crystal Palace Gem', denn hier mag ich gerne Korallenrot oder klares Rot ohne Blaustich. Unter dem einzigen Fenster auf dieser Seite steht ein niedriger Steintrog mit einer immer wieder anderen Sammlung von Kuriositäten. Die Inkalilie *Alstroemeria psittacina,* Hauswurz *Sempervivum* 'Othello' und *Lotus berthelotii* gehören zu den Pflanzen, die Freunde und Besucher überrascht fragen lassen, um was für Blumen es sich denn hier handele. Nach der klassischen, einzelnen Birne bilden diese Pflanzen und die scharlachroten Geranien einen starken Kontrast, sie wirken mit ihren leuchtenden Farben und seltsamen Zusammenstellungen fast absurd. Der ganz andere Maßstab ist ebenfalls überraschend.

Zu beiden Seiten der Stufen stehen zwei Tröge mit hellorangefarbenem Sonnenröschen und unterschiedlichen Begleitern über das Jahr. Im Frühling hätte ich gern hier und im größeren Trog weiter unten Krokusse und dann *Tulipa batalinii* 'Bright Gem', aber trotz aller Schutzmaßnahmen haben die Mäuse, die diese Blumenzwiebeln wohl noch lieber mögen als ich, sie bis jetzt jedes Jahr aufgefressen. Der Sommer ist einfacher. Manchmal füge ich die hängende Malve *Malvastrum lateritium* mit ihren blaßroten Blüten oder *Salvia microphylla* var. *neurepia* und ein paar *Nasturtium* 'Empress of India' hinzu. Das hängt immer davon ab, was wir gerade herangezogen haben, aber klare Rot- und Pinktöne müssen immer dazu gehören.

An der Rückseite des Hauses stehen einige Töpfe mit Aurikeln auf einem geschmiedeten Gestell. Hier haben alle Sorten Platz, so daß die weniger aufregenden oder jene, die bereits mehrfach vorhanden sind, auf dem Boden stehen müssen. Die oberste Etage ist für die grünlichen Sorten wie 'Prague' reserviert. Es war schwer, sie ohne Frühbeet durch die ersten beiden Winter zu bekommen; sie können zwar Kälte, nicht aber nasse Wurzeln ertragen. Ein neues Frühbeet wird dieses Problem lösen und es mir ermöglichen, eine ganze Kollektion dieser von mir besonders geliebten Blumen anzulegen. Das ganze Jahr hindurch steht draußen ein Winterjasmin neben einem Baumwollstrauch wie auch ein duftender *Maddenii*-Rhododendron in einem Kupferbehälter, der zusätzlich mit Frauenhaarfarn bepflanzt ist. Wenn Frost erwartet wird, bedecke ich den Rhododendron allerdings mit einer dicken Folie und beschwere diese mit Steinen. In einem Steintrog wachsen winzige Primeln und die fast winterharte *Begonia sutherlandii*. Diese schattige Wand ist der ideale Standort für Zimmerpflanzen während ihrer Ruhezeit. Der duftende *Jasminum polyanthum*, Veilchen, die vorgetrieben sind, Töpfe mit Drehfrucht, bevor sie ins Haus kommen, die Schönmalve und ein Cymbidium aus der Gattung der Orchideen verbringen den Sommer vor der Nordwand des Hauses. Manchmal stehen hier auch Calla oder die kleeblättrige Erbse *Parochetus africanus*. Einige Pflanzen sind sehr klein, wie eine besondere Balsamine oder ein ausgefallenes Veilchen. In solchen Gruppen mag ich unterschiedliche Größen. Nur wenige der Pflanzen hier blühen im Sommer, aber sie unterbrechen den Bereich, wo die Mauer auf den festen Weg trifft, mit unterschiedlichem Grün. Die darüber liegenden Beete bieten genügend Blumen. An der Hausecke, zum Hof hin, kehren die Farben wieder zurück. Ein Trog mit 'Sweet Mimosa', der pinkfarbenen Pelargonie, stehen unter einer Azara und einem Cotoneaster. An der Rückseite steht ein weiterer Steintrog mit *Fuchsia magellanica* var. *gracilis* 'Tricolor' mit rosa, grauen und weißen Blättern und einigen Geranien. Die Fuchsien wirken eher zurückhaltend vor dem Hintergrund mit der grünen Tür und der grauen Steinwand. Zu beiden Seiten der Stufen, wo die Beete des Gemüsegartens anfangen, stehen zwei weitere, kleine Steintröge jeweils mit einer *Euphorbia* 'Lambrook Gold'. Nichts weiter. Die Wogen der grüngoldenen Blätter halten fast sechs Monate lang; die Blüten selbst werden entfernt, sobald sie erscheinen. Die graugrünen Blätter reichen, um die Tröge in den Monaten, wenn die kräftigen Sommerfarben zu sehen sind, auszufüllen.

Einige Jahre lang habe ich Gruppen von Geranien vor dem Gewächshaus gesammelt – jedes Jahr ist aber anders, und die Töpfe werden immer wieder an andere Stellen gesetzt. Im Verlauf des Sommers verändert sich die Bepflanzung, abhängig davon, wieviel Zeit ich zum Arrangieren und Umpflanzen habe. Während ich schreibe, versuche ich die Arbeit etwas zu reduzieren. Es ist einfacher, kleinere Topfgruppen zusammenzustellen. In anderen Jahren habe ich manchmal ganze Kolonien von Pelargonien und Fuchsien im Hinterhof aufgebaut, aber obwohl die Zusammenstellung der Töpfe immer wieder anders ist, halte ich mich an die Regel „ein Topf pro Pflanze". Diese Regel werde ich auch weiterhin befolgen, ganz im Gegensatz zum aktuellen Trend.

Zeitig im Frühling wird man von Aurikeln an der Nordseite des Hauses überrascht. Sie überwintern im Frühbeet.

DEN GARTEN GENIESSEN

*Schönheit contra Leimringe • Sitzplätze und Atmosphäre •
Die richtigen Wege durch den Garten • Verändertes Tempo •
Licht und Wetter • Pflege des Gartens*

Wenn sich Gartenliebhaber treffen, reden sie meist über sehr praktische Dinge wie Leimringe an Obstbäumen oder Bekämpfung von Quecke. Die Schönheit eines Gartens wird in diesen Gesprächen kaum erwähnt. Spricht man über Gärten als Kunstwerke, gerät man schnell in den Verdacht, als eine Mrs. Gurney eingestuft zu werden, die in ihren Versen davon sprach „in einem Garten dem Herzen Gottes am nächsten zu sein". Im Jahre 1910 waren derlei Gedanken akzeptabel; heute ist das nicht der Fall, aber es ist schwer zu verstehen, daß für viele von uns die Attraktivität eines Gartens in Leimbändern, Unkrautvernichtern und Rasenmähern liegen soll. Einige Gartenliebhaber sind ständig auf der Suche nach neuen Pflanzen; sie wollen vor allem die Vor- und Nachteile unterschiedlichster Pflanzen erörtern. Für sie zählt nur das Sammeln schwieriger und rarer Exem-

LINKS: *Von dieser Bank aus hat man einen Blick quer über den Sommergarten, in dem im Frühling viele Nachtviolen blühen.*

Wenn man das Tal verläßt, hat man vom Weg, der rechts mit Lorbeerkirsche, Flieder und Jasmin gesäumt ist, einen wunderschönen Blick auf die Kirche.

plare. Ähnlich wie Mrs. Gurney würde ich mich lieber darüber unterhalten, was ich in diesem Garten fühle, sehe und rieche als darüber, was ich tue und angepflanzt habe. Ich liebe es, im Sommer bei Sonnenaufgang oder in der Dämmerung einen Spaziergang durch den Garten zu machen; das Zählen von Blütenblättern in der heißen Mittagssonne gemeinsam mit ernsthaften Botanikern ist nichts für mich.

In Grays Court, einem Garten des National Trust in Oxfordshire, ist die Bepflanzung nach heutigem Standard eher spärlich. Es ist ein Ort, an dem die Tradition starker, einfacher Eindrücke gepflegt wird. Es gibt einen von Mauern umgebenen Garten, in dem sich die Kronen der blühenden Kirschbäume treffen, ein großes Blumenbeet, auf dem nur Pfingstrosen blühen, und eine Mauer, die vollständig von Trichterwinden bedeckt ist. Ein Garten, in dem viele Sitzplätze in ruhigen, schattigen Ecken zum Verweilen einladen. Einige Besucher kehren jeden Tag nach der Arbeit hierher zurück, um abzuschalten und zu entspannen. Die Möglichkeit, in einem Garten Ruhe und Erholung zu finden, ist für mich entscheidend. Besucher unseres Gartens, die sagen, der Garten sei friedlich oder erinnere sie an ihre Kindheit, haben meine Intention erkannt.

DEN GARTEN GENIESSEN

Wenn Besucher durch unseren Garten gehen, möchte ich, daß sie nicht einzelne Pflanzen, sondern die schönsten Blickwinkel und die Atmosphäre als Ganzes bewundern. Ich möchte, daß sie den Weg an der Ostgrenze einschlagen, um den Anblick auf die Kirche genießen zu können. Oft entgeht ihnen der Blick auf den Sommergarten, der sich uns jedesmal bietet, wenn wir vom Schuppen zum Haus zurückkehren. In der kleinen Höhle aus Eiben und Stechpalmen, dort, wo man sitzend auf die Blumen hinabschauen kann, ist eine weitere, sehr schöne Aussicht. Wenn Besucher nicht um das ganze Haus herum gehen, am Birnbaum entlang und an den Topfpflanzen vorbei, verpassen sie den Blick in den kleinen Hof hinter dem Haus. Sieht man vom Hof aus zurück, ist der Weg nicht sehr vielversprechend. Die Mauer an der Ecke ist hoch und stützt eine Böschung, die so steil und windig ist, daß sie von Schwarzwurz vollkommen eingenommen ist. Um die Ecke herum ist es zu eng für ein Blumenbeet – man sieht also nur die graue Mauer. Eines Tages werde ich wohl auch für diesen Bereich eine Lösung finden müssen. Eine Inschrift in der Mauer würde schon helfen. Auch eine immergrüne Pflanze, die vollkommenen Schatten und ständige Nässe verträgt, könnte an der Stelle gepflanzt werden, wo der Weg etwas breiter wird, und von dort aus in die unschöne Ecke ranken. Selbst eine Zwergmispel mit mehrfarbigen Blättern oder ein Feuerdorn wären schöner anzusehen als die feuchten Steine. Geht man von der Vorderseite auf diesen Bereich zu, wirkt die nordwestliche Ecke nicht ganz so trist, weil schnell der Blick auf den Hof frei wird. Eine „Einbahnstraße" wäre zwar eine etwas faule Lösung, aber der Blick auf den Hof ist so überwältigend und überraschend, daß ich sichergehen möchte, daß er von keinem Besucher verpaßt wird.

Ein anderer wichtiger „Halteplatz" ist der Torbogen zum Gemüsegarten. Hinter der Mauer des Stachelbeergartens bleibt das Gemüse verborgen, bis die Öffnung erreicht ist und der Blick über das Gemüse streifen kann – außerdem sieht man hier zum ersten Mal die Kirche aus der Nähe. Besucher schlagen im Gemüsegarten meist den Weg links herum ein und landen dann direkt vor dem Komposthaufen. Ich befürchte – ohne beweisen zu können –, daß Menschen fast immer im Uhrzeigersinn spazierengehen. Sie gehen also auf den Komposthaufen zu, statt den Weg rechts herum nach unten zu nehmen, der auf einer Seite von roten Johannisbeerstämmchen und Frühbeeten auf der anderen Seite eingerahmt wird. Ich mag am liebsten den Weg, der zur gepflasterten Fläche unter dem Apfelbaum führt, wo auch der Sitzplatz ist. Geht man diesen Weg, kann man den Blick entlang der Kirche mit den einfachen Blumen genießen. Wenn ich irgendwo im Garten sitze, dann ist es überwiegend hier.

Es ist wirklich schwer, Besucher die richtigen Wege entlangzuleiten, so daß sie die Dinge sehen, die man zeigen möchte, und dort Platz nehmen, wo es am schönsten ist. Das Geheimnis, was vielleicht um die Ecke herum zu sehen ist oder am Ende eines Weges, das macht einen Garten zu etwas Besonderem. Ist man dann um eine Ecke gebogen, muß man auch belohnt werden. Eine neue Stimmung kann das Versprechen schon einlösen; um wirklich dramatisch zu sein, kommt es aber auf die Präsentation an. Der Teichgarten bietet dem Besucher eine grüne (und blaue) Erholungspause nach der üppigen Blumenpracht der Sommerbeete. Unser vorheriger Garten verfügte über einen ähnlichen Effekt, dort, wo

Dieses Eichentor gibt den Blick auf den Gemüsegarten frei. Zuvor befand sich hier ein modernes, eisernes Tor, das nicht mit dem dahinterliegenden Garten harmonierte.

DIE GESCHICHTE EINES GARTENS

OBEN: *Der Teichraum bietet nach den vielen Blumen im Sommergarten eine wohltuende Abwechslung. Wenn die Eiben höher sind, wird der „Eingang" fast nicht mehr zu erkennen sein.*

GEGENÜBER: *Auf dem Weg an der Nordseite des Hauses stehen im Sommer viele Töpfe mit Zimmerpflanzen.*

ein Korridor aus grünen Buchen einen kühlen, ruhigen Platz bot, nachdem man die leuchtenden Rabatten im Gemüsegarten verlassen hatte. Von diesem grünen Weg aus hatte man einen weiten Blick auf ein Feld in der Ferne, ein erholsamer Gegensatz zu den vielen bunten Blumen. Der grüne Teichbereich in diesem Garten ist bei weitem nicht so erfolgreich. Hätte ich den Eingang zum Teichraum in der Mitte der kürzeren Teichseite anlegen können, so daß die Wasserfläche länger gewirkt und die formale, symmetrische Anlage deutlicher betont hätte, dann wäre dieser Bereich besser zur Wirkung gekommen. Bedingt durch die Höhenunterschiede war es jedoch nicht möglich, die dafür erforderliche große Ebene zu schaffen. Der Bereich nimmt das Tempo zurück – er ist besinnlich und einfach. Die Dramatik, die hier hätte vorherrschen können, ist aber nicht verwirklicht worden.

DEN GARTEN GENIESSEN

Mit dem Gemüsegarten hatten wir mehr Glück: Wäre die Öffnung in der Mauer in der Ecke gewesen, hätte das einen vollkommen anderen Blick ergeben. Von der Ecke aus, wenn man über die Reihen mit Gemüse schaut, sieht der Gartenteil sehr unruhig aus – in der Mitte jedoch strahlt er Stille und Gelassenheit aus. Nach dem Stachelbeergarten ist diese Stimmung genau richtig.

Es ist immer vorteilhaft, wenn man den Blick an langen Blumenbeeten entlangwandern lassen kann; nur ist es schwierig, lange Beete auf kleinen Flächen anzulegen. Manchmal kann man sich helfen, indem man den Blick auf weiter entfernte Felder oder Wiesen mit einbezieht. Unsere Rasenfläche ist mit etwa dreißig Metern nicht besonders lang, verglichen mit der Fläche bei ähnlich großen Häusern. Da wir aber den Blick am Ende des Rasens freigegeben haben, erscheint die Fläche wesentlich größer. Wir haben dadurch allerdings auch einen Teil unserer Abgeschiedenheit geopfert: Würden unsere Nachbarn dort eine Satellitenschüssel errichten, wäre eine Hecke unumgänglich, wir könnten aber wahrscheinlich trotzdem darüber noch die Felder erkennen.

Einige Aussichten lassen sich nicht permanent „freilegen" – in regelmäßigen Abständen müssen Zweige entfernt werden, um besonders schöne Blickwinkel zu erhalten. Das Beschneiden von Bäumen und Sträuchern, um bestimmte Ausblicke zu ermöglichen, ist eine Kunst. Russell Page beschrieb einmal das Beschneiden eines Baumes als „die Arbeit mit Raum, das Aufteilen der leeren Luft in Abschnitte, die in den verzweigten Astgabeln gefangen sind und vom Laub gehalten werden". Entlang des östlichen Grenzweges zur Kirche hin wird der Blick manchmal von der im Winter blühenden Zierkirsche versperrt. Im Obstgarten müssen die Bäume ebenfalls regelmäßig ausgedünnt werden, um mehr Licht durchzulassen. Außerdem ist die Form der Bäume für diesen Gartenteil sehr wichtig. Gut beschnittene Apfelbäume sind selbst im Winter wunderschön. An anderen Stellen im Garten ist nicht das Beschneiden von Bäumen und Sträuchern, sondern das Verdecken unschöner Anblicke vorrangig. So werden Schubkarrenladungen von Stallmist auf den Rhabarber gegeben, um dessen Wachstum zu fördern und den dahinterliegenden Komposthaufen zu verbergen.

Bei der Arbeit im Garten werden wir viel öfter als unsere Besucher überrascht. Jeder, der seinen Garten bearbeitet, weiß selbst, daß sich immer wieder andere Blick-

NÄCHSTE SEITE: *Leider war es nicht möglich, den Weg zum Teich an die Schmalseite zu legen, um etwa diesen Eindruck zu gewinnen. Der Eingang an der langen Seite gibt zwar auch die veränderte Stimmung wieder, aber weniger dramatisch.*

Wege durch den Garten

Die Wege durch den Garten sind so angelegt, daß sie dem Betrachter immer wieder schöne, überraschende Ausblicke bieten. Die Routen sind nicht immer gleich, aber es ist wichtig, lange Aussichten und schöne Blickwinkel zu betonen.

1 Wenn man das Tal über die Steintreppen am Teichgarten betritt, wird der Rückweg durch einen wunderschönen Ausblick auf die Kirche belohnt. Geht man denselben Weg andersherum, mit der Kirche im Rücken, erscheint das Tal zwar aufregender, man verpaßt aber die Kirche.

2 Der überraschende Blick von der kahlen Nordwestecke des Hauses zurück zum freundlich wirkenden Hof mit den vielen Töpfen und dem Tisch wird verpaßt, wenn man den Weg um die Westseite des Hauses zum Obstgarten einschlägt.

3 Das Plateau mit den in Form geschnittenen Eiben wirkt am besten von oben oder von unten. Die Christrosen-Beete werden oft übersehen, wenn man nicht den nordwestlichen Weg benutzt.

4 Wendet man sich im Gemüsegarten kurz hinter dem Tor nach rechts, erhält man den besten Blick über die Blumenbeete an der Mauer zur Kirche.

Im Vergleich zu vielen Häusern gleicher Größe ist unsere Rasenfläche eher klein, aber durch die längslaufenden Mähspuren und den weiten Blick auf die Landschaft wird der Eindruck eines sehr großen Grundstücks erzeugt.

winkel ergeben, von jedem Quadratmeter Land aus. Wenn man auf dem Boden kniet oder sich umdreht, um etwas in die Schubkarre zu werfen, erscheinen jedesmal neue Perspektiven: Täglich entdeckt man etwas Neues. Die Lichtverhältnisse und das Wetter tun ihr übriges, so daß ganz gewöhnliche Pflanzen in den frühen Morgenstunden oder kurz vor Sonnenuntergang wie magisch angestrahlt wirken. Nach einem Regenschauer sieht der ganze Garten wie geduscht aus und die Erde riecht intensiv; an heißen Tagen erscheinen die Pflanzen schwer und träge; im Winter ist alles konturenscharf. Die Unvorhersehbarkeit besonderer Wirkungen durch den Lichteinfall und das Wetter, oder die Umstände, weshalb eine Pflanze nicht zum erwarteten Zeitpunkt blüht, können dazu führen, daß ein detaillierter Plan für einen Garten schnell zunichte gemacht oder nicht ganz eingehalten werden kann. Es ist viel einfacher, nur besondere Stimmungen oder Gefühle erzeugen zu wollen als Pflanzen in genauer Zusammensetzung zu arrangieren. Legt man einen Garten nach Kategorien an und verfolgt bestimmte Konzepte, ist außerdem der Arbeitsaufwand geringer als bei einer bis ins letzte Detail gehenden Planung.

Unser Garten wird nicht so gepflegt, wie es nach hohen gärtnerischen Ansprüchen erforderlich wäre. Wir haben weder die Zeit noch das Wissen, um perfekte Rasenflächen anzulegen und zu erhalten, noch um allen Pflanzen optimale Wachstumsbedingungen zu ermöglichen. Wir erledigen die Gartenarbeit neben vielen anderen Aufgaben – meist an Wochenenden und in den wenigen freien Stunden am Abend. An zwei Vormittagen in der Woche werden wir von einem erfahrenen Gärtner unterstützt, und zu besonders arbeitsamen Zeiten haben wir dann noch einen halben Tag pro Woche eine weitere, nicht sehr erfahrene, aber willige Arbeitskraft. Sieht man sich den Garten kritisch an, kann man diverse Ecken erkennen, die größere Aufmerksamkeit verdient hätten. Außerdem sieht man bei uns weniger exotische und ungewöhnliche Pflanzen als in vielen anderen Gärten. Es gehört aber zu meiner Philosophie, daß ein Garten nicht kompliziert oder arbeitsintensiv sein muß, um unseren Ansprüchen zu genügen. Ein Garten sollte vor allem zur Entspannung dienen und Vergnügen bereiten – und genau das bietet uns unser Garten.

Der Tisch im Hinterhof wird sowohl zum Umtopfen als auch für Mahlzeiten benutzt. Von hier aus blickt man nach oben auf die Christrosen-Beete und die kleine Schule. Im Topf auf dem Tisch wächst Begonia fuchsioides.

Tips und Tricks

DIE PLANUNG

Jeder kann Bäume, Sträucher und Blumen anpflanzen. Gartenarbeit ist eigentlich einfacher als Babysitten oder Kochen. Schwierig ist nur die Planung, das Konzept für einen Garten. Ziel sollte immer sein, eine einfache Anlage zu gestalten. Als generelle Regel könnte gelten, daß man sich für etwa jeweils 7 Quadratmeter auf ein bestimmtes Thema beschränken sollte. Alle Pflanzen auf einer solchen Fläche sollten diese Idee unterstreichen, und je klarer das Konzept ist, desto schöner wird auch der Garten werden. Die Persönlichkeit des Besitzers, das Haus und bereits vorhandene Fixpunkte (wie große Bäume oder Mauern) müssen berücksichtigt werden. Man sollte einen Garten einfach und vom Arbeitsaufwand her überschaubar halten. Um die Pflanzen sollte man sich erst dann kümmern, wenn die Planungsphase abgeschlossen ist und das Konzept steht. Falls man dann einmal feststellt, daß sich einige Ideen im eigenen Garten nicht verwirklichen lassen, gibt es immer noch fremde Gärten, in denen man vielleicht gerade diese Aspekte genießen kann.

EINE SCHWERE ENTSCHEIDUNG: WAS MÖCHTE ICH EIGENTLICH

Das Betrachten fremder Gärten und nicht einzelner Pflanzen hilft am ehesten, wenn man einen Garten plant. Man muß sich dabei aber immer wieder fragen, ob einem eine bestimmte Anlage oder Details einer Anlage zusagen und ob diese Ideen im eigenen Garten zu verwirklichen sind. Wenn

Sie durch einen großen Garten gehen, sollten Sie sich vorstellen, wie es wäre, dort auch zu wohnen. Gibt es dort Sitzplätze, sollten Sie Platz nehmen und in Ruhe über die Stimmung des Gartens nachdenken. Wenn Sie sich wohl fühlen, müssen Sie genau überlegen, wodurch dieses Gefühl hervorgerufen wird. Nach mehreren Besuchen in unterschiedlichen Gärten finden Sie vielleicht heraus, daß es immer die gleichen Aspekte sind, die Sie besonders faszinieren. Wenn Sie sich in jedem Garten von Rosenbüschen oder schattigen Lauben magisch angezogen fühlen, wenn Sie Bauerngärten attraktiver finden als Sammlungen seltener Pflanzen oder Gärten mit strengen Wegen und aufwendigen architektonischen Elementen, wenn Sie sich in einem Garten heimisch fühlen, der nicht perfekt gepflegt ist, dann haben Sie einen Prozeß durchgemacht, der für die Anlage des eigenen Gartens sehr wichtig ist. Weiß man genau, was man möchte und worauf verzichtet werden sollte oder könnte, ist der erste Schritt zur Anlage des eigenen Gartens bereits getan. Aber wie ein Garten aussehen und welche Stimmung vorherrschen sollte, ist nur ein Aspekt einer gelungenen Gartenanlage. Der vorhandene Garten und die Umgebung müssen bei der Planung berücksichtigt werden. Wenn es zu viele Diskrepanzen zwischen Ihren Vorstellungen und dem bereits Vorhandenen gibt, dann sollten Sie Ihre Pläne noch einmal überdenken.

Fangen Sie im Haus an. Schauen Sie aus den Fenstern im Wohnzimmer, in der Küche und analysieren genau den Blick in den Garten, der Sie morgens als erstes erwartet. Schreiben Sie auf, was Ihnen daran gefällt und was nicht. Können Sie Straßenverkehr, einen schönen Baum oder die Wäscheleine Ihres Nachbarn erkennen? Ist das Grundstück unansehnlich, weil es mit Unkraut überwuchert ist, oder ist es einfach nur langweilig? Versuchen Sie sich dann vorzustellen, einige der in fremden Gärten bewunderten Aspekte hier zu verwirklichen. Falls möglich, malen Sie Ihre Vorstellungen mit einem Filzstift auf die Fensterscheiben. Vielleicht malen Sie die Umrisse von Büschen und Sträuchern als Begrenzung an die Scheibe, um die Sicht auf das Nachbargrundstück oder auf den Straßenverkehr einzuschränken, oder aber ein Blumenbeet am Ende des Gartens, auf das man dann vom Haus aus blicken kann. Sie sollten Ihren Traumgarten dabei immer im Kopf behalten und Bäume oder Pflanzengruppen planen, die mit Ihren Wünschen und Vorstellungen übereinstimmen.

Einige Gärten sind nur dazu da, angesehen zu werden. Die schönsten Gärten aber sind zum Wohnen, zum Sichwohlfühlen. Gehen Sie nun nach draußen und denken Sie darüber nach, welches Gefühl der Garten vermitteln sollte. Soll er wie ein geheimnisvoller, friedlicher Ort der Ruhe wirken oder durch ein Meer von Blumen faszinieren, wollen Sie das Gefühl von Weite und Unnahbarkeit vermitteln oder eher einen gemütlichen Platz für Freunde und Bekannte

GEGENÜBER: *Schattige Plätze erscheinen immer verlockend – wählt man allerdings diese weit ausladenden Kirschbäume, kann man darunter kaum Blumen anpflanzen.*

OBEN: *In diesem kleinen Stadtgarten wird man durch den Torbogen neugierig, was wohl dahinter liegen mag. Der Sitzplatz lädt zum Verweilen ein.*

schaffen? Soll der Garten formal sein, mit geraden Beeten und Wegen, oder würden verschlungene Wege und kleine Gartenräume eher zu Ihnen und dem Haus passen? Das durch den Fensterrahmen begrenzte Bild des Gartens, das Sie vielleicht am Schlafzimmerfenster skizziert haben, läßt sich eventuell nicht mit den Vorstellungen in Einklang bringen, die Sie beim Spaziergang durch den Garten gewonnen haben. Gärten sind wie bewegte Bilder, die sich mit jedem Schritt, jedem Hinsetzen verändern. Pflanzen, auf die man zuvor von oben geblickt hat, sieht man im Sitzen aus einer ganz anderen Perspektive. Nehmen Sie einen Stuhl mit hinaus und setzen Sie sich an unterschiedliche Stellen im Garten. Wenn der Blick von der einzigen vom Wind geschützten Ecke direkt auf eine düstere Mauer, einen Leitungsmast oder einen häßlichen Zaun des Nachbarn fällt, muß man sich Ge-

danken machen, wie diese Aussicht zu verbessern ist – oder man versetzt einfach den Stuhl. Die Vorstellungen, die Sie im Garten verwirklichen möchten – sowohl vom Haus aus als auch von außen betrachtet –, müssen die vorhandene Stimmung, die Lage des Grundstücks und andere Gegebenheiten berücksichtigen. Handelt es sich beim Haus um ein altes oder ein modernes und wie sehen die Hausmauern aus? Paßt Ihr Wunschgarten zum Stil des Hauses und zur Landschaft?

DIE LAGE DES GRUNDSTÜCKS

Die natürlichen Gegebenheiten müssen bei der Gartenanlage beachtet werden. Will man nicht ständig gegen ein Grundstück ankämpfen, muß man die vorherrschenden Bedingungen akzeptieren oder sie vorsichtig verbessern. Unter dunklen Bäumen wird es einem nie gelingen, einen hellen Bauerngarten anzulegen, und auf einem Grundstück, das den ganzen Tag über der Sonne ausgesetzt ist, wird es einige Zeit dauern, bis man einen schattigen Sitzplatz erhalten hat. Auf Ihren Gartenbesuchen haben Sie wahrscheinlich gesehen, daß Rosen am besten in der Sonne wachsen (obwohl es durchaus Ausnahmen gibt) und Farne bevorzugt im Schatten gedeihen. Die richtigen Standorte für die unterschiedlichsten Pflanzen lassen sich schnell in den entsprechenden Büchern nachlesen. Je passender man den Standort für eine Pflanze wählt, desto weniger Arbeit hat man bei der Pflege. Beth Chatto, die wohl zu den erfahrensten Pflanzenkennern gehört, weiß genau, welche Pflanze an welchem Platz am besten gedeiht. Wenn man ihre Ratschläge befolgt, wachsen die Pflanzen fast in ihrer natürlichen Umgebung. Das Gärtnern ist dann viel weniger aufwendig als wenn versucht wird, die Blumenbeete eines spätviktorianischen Gartens zu kopieren, die sehr viel Aufmerksamkeit und Zeit, Dünger, Wasser und Schutz benötigen.

Im Frühstadium der Planung braucht man noch keine genaue Vorstellung der Blumen zu haben, die später einmal auf den Beeten erscheinen sollen; man muß nur eine oder zwei Hauptpflanzen auswählen und prüfen, ob ihnen die Bedingungen, die man ihnen bieten kann, zusagen. Auf Reisen (oder in einem Buch) haben Sie vielleicht eine Magnolie, eine besonders schöne Rose oder einen Jasmin (*philadelphus*) gesehen, den sie unbedingt haben möchten. Prüfen Sie genau, ob diese Pflanze für den Garten richtig ist. Wie lange blüht sie? Erscheint die Blüte immer gerade zu der Zeit, in der Sie sowieso im Urlaub sind? Ist sie auch außerhalb der Blütezeit attraktiv? Welche Erde wird benötigt, ist sie winterhart? Wie hoch wächst sie? Reicht die Sonne aus? Fragen dieser Art sollte man sich vor dem Kauf stellen. Es ist wichtig, derlei Hausaufgaben zu machen, denn was immer man auch auswählt, es soll der Mittelpunkt der Bepflanzung werden. Die Planung für die anderen Pflanzen erfolgt erst später.

PRAKTISCHE ÜBERLEGUNGEN

Praktische Gesichtspunkte müssen ebenfalls berücksichtigt werden. Wenn Sie es absolut nicht leiden können, bei jedem Gang zur Mülltonne nasse Füße zu bekommen, dann ist ein fester Weg erforderlich. Falls Platz für einen Komposthaufen ist, sollte dieser für Unkraut und Rasenabschnitte benutzt werden. Dadurch spart man sich den teuren Kauf von unhandlichen Ballen Dünger und erhält die Pflanzen gesund. Wenn Sie schon immer einen Teich oder Swimmingpool haben wollten, sollten Sie auch die Risiken in bezug auf kleine Kinder bedenken. Kochen Sie gerne, darf im Garten eine Ecke mit Kräutern nicht fehlen.

Man kann versuchen, alle wichtigen Aspekte auf einer Zeichnung festzuhalten, um zu sehen, wie die einzelnen Elemente in den Garten passen. Für die Erstellung einer detaillierten Zeichnung ist aber ein genauer Lageplan bzw. eine Vermessung erforderlich. Eine Vermessung ist kostspielig, kann aber für die Planung des Gartens sehr hilfreich sein. Sie können natürlich selbst eine Zeichnung des Grundstücks machen, was wiederum viel Zeit beansprucht, aber nicht allzu schwierig ist. Alle Vermessungen basieren auf einer Reihe von Dreiecken, die zwischen Fixpunkten (beispielsweise die Ecken des Hauses oder Bäume) und dem geplanten, neuen Element gemessen werden. Die Linien werden auf Millimeterpapier übertragen, bis man die Beziehungen zwischen allen bestehenden Punkten des Grundstücks hergestellt hat – zusammen mit den Entfernungen – sowie die Positionen aller geplanten Elemente. Eine gute Vermessung zeigt außerdem auch unterschiedliche Gefälle auf. Wesentlich billiger und einfacher und meist völlig ausreichend ist es, wenn man die Auszüge der Flurkarte verwendet, auf denen das Grundstück sowie das Haus eingezeichnet sind. Beim Ver-

DIE PLANUNG

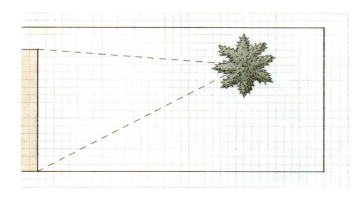

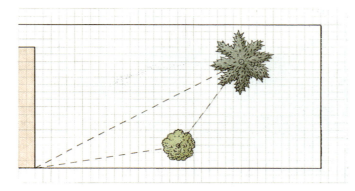

größern dieser Pläne werden die Proportionen meist geringfügig verschoben, so daß man sich nicht hundertprozentig nach ihnen richten kann. Diese Pläne ermöglichen es aber, über die Form des Gartens und das Verhältnis von Weite und Nähe nachzudenken. Außerdem kann man die genauen Bemessungen einzeichnen und auf immer wieder neuen Kopien die eigenen Vorstellungen skizzieren.

Für unseren Garten hatten wir keine richtigen Vermessungsunterlagen, sondern nur eine vergrößerte Zeichnung vom Katasteramt. Ich finde diese Karte als Ausgangspunkt für die Gartenplanung durchaus ausreichend. Zusammen mit häufigem Abschreiten des Gartens gibt die Karte genügend Aufschlüsse für einen groben Gartenplan. Zum Ausmessen mit einem Meßband sind eigentlich zwei Personen erforderlich, mißt man den Garten aber in großen Schritten ab, kann man Entfernungen einfach in Schritten festhalten. Das ist nützlich, um beispielsweise ziemlich genau ein Blumenbeet zu skizzieren. Das viele Begehen des Gartens ist außerdem wichtig, da man jedesmal ein größeres Verständnis für den Garten erlangt und langsam anfangen kann, verschiedene Bereiche oder Mittelpunkte festzulegen. Nach dieser Phase geht es an die Detailarbeit. Möchte man einen formalen Garten anlegen, sind eine farbige Schnur, viele Stäbe und ein großes Holzdreieck hilfreich. Um einen eher

OBEN: *Theorie der Vermessung: Man benutzt die Entfernungen von zwei Fixpunkten, um einen dritten Punkt festzulegen. Mit dieser Methode kann man bestehende Elemente in einem Garten genau auf Papier übertragen und neue Elemente planen.*

RECHTS: *Bei der Planung formaler Anlagen müssen alle Strukturen mit berücksichtigt und die Mitte zuerst gestaltet werden. Für die Beete werden dann zuerst die Diagonalen durch die Mitte vermessen.*

GEGENÜBER: *Die sich selbst vermehrenden Silberlinge unter Apfelbäumen in Beth Chattos Garten.*

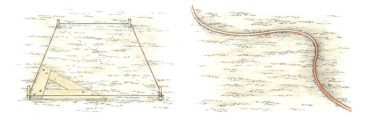

zufälligen, natürlicheren Eindruck zu vermitteln, arbeitet man am besten mit einem Stück Gartenschlauch zum Festlegen der Kurven. Weist der Garten ein Gefälle auf, ist es besser, auf formale Anlagen zu verzichten, es sei denn, der Garten soll terrassiert werden. Ein formal angelegter Garten muß genauestens vermessen werden und rechte Winkel aufweisen. Ich habe herausgefunden, daß es nützlich ist, wenn man die Schnur oder den Gartenschlauch einige Tage liegen läßt, um die Planung in Ruhe zu überdenken.

Die Herausforderung jedes Gartens liegt darin, etwas außergewöhnlich Schönes trotz einer großen Anzahl von Schwierigkeiten zu kreieren. Die einzige Möglichkeit, das zu schaffen, was man sich immer gewünscht hat und später einmal genießen wird, liegt darin, die eigenen Wunschvorstellungen nicht aus den Augen zu verlieren und das Gartenlayout immer wieder in Frage zu stellen und zu verbessern, bis man ganz zufrieden ist. In diesem Stadium sind Augen und Füße die wichtigsten Hilfsmittel.

WEITE UND MASSSTAB

Das Schrittmaß ist eine praktische Hilfe bei der Anlage von Wegen. Ein Weg, der einen Schritt breit ist (etwa 90 Zentimeter), läßt sich gut allein, aber nicht zu zweit begehen. Wenn man wie ich das Gefühl liebt, von Pflanzen vollständig umgeben zu sein, ist diese Breite richtig. Ein zwei Schritt breiter Weg ist besucherfreundlicher. Noch bequemer ist ein Weg, wenn man weitere 30 Zentimeter hinzufügt. Wege mit einer Breite von zwei Metern sind ideal, um nebeneinander zu gehen, und das nicht nur Arm in Arm. Ein drei Schritt breiter Weg ist sehr großzügig, man muß dann aber die Vertikale stark betonen oder riesige Blumenbeete anlegen können. Ein drei Meter breiter Weg zwischen einer Baumallee oder zwischen Beeten, die sehr hoch, breit und gut gefüllt sind, sieht besser aus als ein Weg gleicher Breite zwischen kleinen Beeten mit Steingartenpflanzen. In dem Teil unseres Gemüsegartens, in dem die einfachen, jedem bekannten Blumen wachsen, habe ich einen breiten Grasweg neben einem Beet gleicher Größe hinter einer Buchsbaumhecke angelegt; ich wollte dort keine prächtigen, bunten Doppelbeete wegen der Nähe zur Kirche. Auf dem schmalen Beet an der Mauer stehen eine alte Damaszenerpflaume in der Mitte, einige pyramidenförmig geschnittene Pflaumenbäume, Himbeeren und Schwarze Johannisbeeren mit wenigen Blumen davor. Diese unterschiedlich großen Beete waren beabsichtigt, weil der Weg trotz der Blumen zu einer Seite ruhig und friedlich wirken sollte. Zwei Beete gleicher Größe hätten die Blumen stärker betont als die Weite und Ruhe, die ich an dieser Stelle so mag.

Wie man große Flächen und Weite richtig einsetzt, ist genauso wichtig wie die Zusammenstellung der Pflanzen. Man sollte sich immer wieder fragen, ob genügend freie Flächen als Ausgleich zur Fülle der Blumenbeete vorhanden sind. Der Kontrast zwischen Licht und Schatten, Weite und Fülle macht den Charakter eines Gartens aus. Was einem aber selbst am besten gefällt, ist auch die richtige Lösung.

Im dritten Sommer kritisierten zwei Besucher, daß einige Blumen im Sommergarten die Proportionen stören würden. Die Silberdisteln und Angelica erschienen ihnen viel zu riesig für die Beete und die Breite der Wege – ich aber liebe das Gefühl, von Pflanzen umhüllt zu sein. Ich glaube, kleine Kinder haben den schönsten Eindruck vom Garten, und die Hochwüchsigen wie Fingerhut, Malven, Verbenen und

OBEN: *Ein einfaches Holzdreieck kann verwendet werden, um die rechten Winkel zu markieren, die für formale Beete so wichtig sind. Ein Stück Schlauch oder ein Tau ist beim Markieren von abgerundeten Beeten und Wegen nützlich.*

LINKS: *Wenn Sie nicht gern allein oder hintereinander durch einen Garten gehen, müssen die Wege breit genug sein, besonders dann, wenn sich von den Beeten her einige Pflanzen auf den Wegen ausbreiten.*

LINKS: *Diese spätsommerliche Blumenansammlung wird von der langblühenden* Salvia sclarea *var.* turkestanica *dominiert.*

UNTEN: *Diese Zeichnungen – vorher und nachher – verdeutlichen, welchen Einfluß Vertikalen (in diesem Fall Bäume) auf einen Garten haben können.*

Stockrosen geben Erwachsenen die Möglichkeit, sich wieder wie Kinder zu fühlen.

KONTRASTE

Nicht jeder teilt meine Einstellung, einen Garten am liebsten aus der Zwergenperspektive bewundern zu wollen. Jene, die es vorziehen, auf Blumen in Kniehöhe herabzuschauen, würden sich zwischen den Riesen in unserem Garten nicht wohl fühlen. Wichtig ist nur, daß man das eigene Ziel genau kennt und einen Kontrast zu den voll bepflanzten Bereichen im Garten schafft. Wenn Sie leuchtende Blumenbeete in der Sonne lieben, sollten Sie auch einen Baum pflanzen, unter dem gar nichts wachsen soll, der aber Schatten spendet, um sich etwas auszuruhen. Durch einen solchen Kontrast wird außerdem die Wirkung der Sommerblumen noch verstärkt.

Hat man schließlich das Layout für den Garten vollendet, muß noch die dritte Dimension beachtet werden. Jeder Garten braucht Vertikalen, um interessanter zu wirken. Man kann liebe Freunde als Hecken- oder Baummodelle einsetzen, um die Planung unterschiedlicher Höhen zu veranschaulichen. Fordern Sie Ihre Freunde ruhig auf, als wandernde Hecken durch den Garten zu ziehen und die endgültige Größe noch durch hochgehaltene Stöcke zu kennzeichnen. Lassen Sie diese lieben Helfer als Bäume wandeln und dabei lange Bambusstäbe schwenken, um sich die Ausbreitung der Äste zu verdeutlichen. Die meisten kleinen Gärten vertragen kaum mehr als einen einzelnen Baum; bei der Planung darf auch nicht vergessen werden, wo dieser Baum seinen Schatten wirft und wo nicht. Wenn Sie eine Hecke anpflanzen wollen, kann man den Verlauf und die Höhe mit Stöcken und gespannter Schnur vorempfinden. Die Vertikalen verändern einen Garten ganz erheblich. Zu diesem Zeitpunkt kann man leicht verzweifeln, lassen Sie sich aber von Ihrem Ziel nicht abbringen. Falls Sie unsicher sind, sollten Sie den Plan einige Tage beiseite legen. Diese Schritte zur Gartenplanung sind vergleichbar mit der Auswahl eines Menüs – hat man erst einmal die Zutaten zusammengestellt, ist die Arbeit fast getan.

HARTE ARBEIT

Einen Garten anzulegen, ist harte Arbeit, und irgendwann kommt jeder an einen Punkt, an dem einfach Hilfe erforderlich ist. Dabei ist es wichtig, nicht zu warten, bis die eigenen Reserven aufgebraucht sind und man dann die erstbeste Person beauftragt, die Arbeit zu Ende zu führen. Für einen Garten in der Größe wie unserer würde ich es immer für angebracht halten, eine kleine Gartenbaufirma aus der Umgebung in Anspruch zu nehmen; eine Firma, die die Gegend kennt und jahrelange Erfahrung mit dem Boden und den örtlichen Materialien hat. Eine große Firma bietet eigentlich keine Vorteile; Sie müssen lediglich mehr für die Verwaltung bezahlen, und die Qualität hängt letztendlich von demjenigen ab, der die Arbeit tatsächlich ausführt. Versuchen Sie sich einige Arbeiten anzusehen, die in der letzten Zeit von dem kleinen Unternehmen durchgeführt wurden. Falls verlegte Steine hochkommen, der Abschluß einer Mauer zu perfekt oder zu laienhaft wirkt, der Rasen uneben oder ungleichmäßig ist, dann sollten Sie Ihre Suche fortsetzen. Gute örtliche Firmen sind meist über längere Zeit ausgebucht – es wäre nicht verwunderlich, wenn Sie einige Monate warten müßten. Jene, die nach dem ersten Telefonat sofort anfangen möchten, sind nicht unbedingt die beste Wahl.

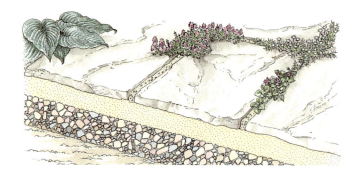
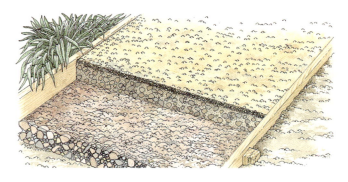

FREMDE HILFE

Zu den Arbeiten, die von einer Firma ausgeführt werden könnten, gehören das Verlegen von Steinen für die Wege, das Anlegen von Mauern und Stufen, Erdbewegungen, Fällen und Versetzen von Bäumen, Legen von Drainagen und eventuell das Verlegen von Fertigrasen. Grundsätzlich ist es ratsam, mindestens zwei Angebote für die erforderlichen Arbeiten einzuholen, selbst dann, wenn Sie sich bereits für eine bestimmte Firma entschieden haben. Sie lernen dadurch vielleicht ganz andere Vorgehensweisen kennen und erfahren einfach mehr über Ihr eigenes Projekt. Widerstehen Sie allen Angeboten wie „Lassen Sie mich nur machen!" oder „Ich weiß genau, was Sie sich vorgestellt haben!".

Lassen Sie sich auf jeden Fall Materialmuster zeigen (oder kaufen Sie diese selbst). Versuchen Sie sich auch ein Bild von möglichen, eventuell erst während der Arbeit auftretenden, Schwierigkeiten zu machen.

BELÄGE FÜR WEGE UND TERRASSEN

Die Pflasterungen in einem Garten für Wege und Sitzplätze können sehr kostspielig sein, besonders dann, wenn Sie natürliche Materialien verwenden möchten. Natursteinplatten können wesentlich teurer als der beste Teppichboden sein.

Kunstplatten und Kunstpflaster gibt es in unterschiedlichsten Qualitäten – nach einigen Jahren nehmen auch sie eine gewisse Patina an. Wenn sie gut verlegt sind und in unterschiedlichen Größen benutzt werden, vielleicht um einen großen Stein gruppiert, sehen sie nach einer gewissen Zeit fast echt aus. Falls die Steine gleich groß sein müssen, sollten Sie darauf achten, daß sie nicht mit Kreuzfugen, sondern versetzt verlegt werden.

Eine Kombination aus neuen Pflastersteinen und alten Ziegelsteinen kann eine ansonsten steril wirkende Pflasterung auflockern. Pflasterung aus Steinen, deren Ränder ungleichmäßig sind, wird oft verschmäht, hat aber durchaus

GEGENÜBERLIEGENDE SEITE UND UNTEN: *Wege aus Ziegel- und Natursteinen sind hübsch anzusehen und praktisch. Derartige Wege müssen aber gut verlegt sein.*

OBEN: *Die linke Zeichnung zeigt Natursteinplatten mit unregelmäßigen Kanten auf einem Bett aus etwa 15 Zentimetern Schotter und 7 Zentimetern Sand. Rechts daneben wird ein Kiesweg gezeigt: Der Untergrund kann hier etwas dünner sein, weil als obere Schicht eine Mischung aus Lehm und Steinen verwendet wird.*

seinen Reiz, vor allem dann, wenn es sich um größere Bruchsteinplatten handelt. Auf dem Land hat diese Art von Pflasterung eine lange Tradition und kann durchaus heute zum Belegen größerer Flächen verwendet werden. Zementkeile machen diese Pflasterungen allerdings unansehnlich. Dieser Belag ist besser für Wege als für Sitzplätze geeignet, weil die Steine für Tisch und Stühle oft zu ungleichmäßig sind.

Pflasterungen sollten auf einer mindestens 15 Zentimeter dicken Tragschicht aus Schotter oder Kies und einem etwa 7 Zentimeter dicken Sandbett als Ausgleichsschicht verlegt werden. Man kann auch etwas Zement unter jeden Stein geben, aber wenn der Boden gut vorbereitet und eben ist, läßt sich darauf verzichten. Ich finde es am schönsten, wenn die Fugen zwischen den Steinen nicht mit Zement ausgefüllt werden – das wirkt wesentlich freundlicher. Die Fugen, die bis zu zwei Zentimeter breit sein können, werden dann mit einer Mischung aus Sand und Erde aufgefüllt. Sie bieten einen idealen Untergrund für niedrige Pflanzen wie etwa Thymian. Wenn das Entfernen von Unkraut zwischen den Steinen zuviel Arbeit macht, kann man die Steine enger zusammensetzen.

Spielen die Kosten eine wichtige Rolle, sollte man statt Steinplatten oder Steinen lieber Kies verwenden. Kleine, gewaschene Kieselsteine wirken immer frisch und ansehnlich. Werden sie leicht übergeharkt (in großen Gärten in Frankreich geschieht das täglich), gibt es kaum einen schöneren Anblick.

Die Farben von Kieselsteinen reichen von Gelbbraun, Creme bis Weiß. In Gegenden, in denen Feuersteine vorkommen, gibt es auch schwarze Steinchen. Es ist immer billiger, örtliche Quellen zu benutzen, weil der Transport einen großen Teil der Kosten ausmacht.

Bevor Sie einen Auftrag vergeben, sollten Sie aber eine Handvoll der Steine auf Ihrem Weg ausprobieren, um sicher zu gehen, daß die Steine auch wirklich zu ihrer neuen Umgebung passen. Prüfen Sie, ob die Farbe mit vorhandenen Steinen – denen des Hauses oder denen einer Mauer – oder mit einem Holzzaun harmoniert. Ansonsten müssen Sie weiter suchen, bis Sie genau das Richtige gefunden haben.

Die kleinen Steinchen kann man sich leicht in grobe Schuhsohlen eintreten, so daß sie ungewollt auf dem Rasen oder in einem Blumenbeet landen. Da die Steinchen aber so winzig sind, macht das nicht viel aus. Im Haus sind sie schon unangenehmer, besonders wenn einige Bewohner nur ungern ihre Schuhe wechseln. Die Schönheit kleiner Kieselsteine ist aber kaum zu übertreffen.

Auch Kies benötigt einen gut vorbereiteten Untergrund. Eine 10 Zentimeter dicke Tragschicht aus Schotter oder größeren Steinen und darauf 7 Zentimeter Sand oder Lehm gemischt mit kleinen Steinen bilden eine gute Grundlage für einen Kiesweg. Um Wege unkrautfrei zu halten, kann man eine Lage Plastikfolie unter den Weg verlegen. Sie können dazu eine sehr teure Spezialfolie kaufen oder einfach normale, etwas dickere Folie verwenden. Diese Folie wird zwischen zwei Sandschichten eingearbeitet; Sie benötigen dann weniger Steine für die Tragschicht. So angelegte Wege kann man mit einer Holzverschalung einfassen, um den Kies von Blumenbeeten fernzuhalten; ich selbst bevorzuge jedoch eine Abgrenzung aus großen Steinen – das sieht schöner aus und ist im Gegensatz zu Holz unvergänglich. Falls Sie sich doch für eine Holzverschalung entscheiden, sollten Sie auf jeden Fall kesseldruckimprägniertes Holz benutzen. Die Verschalung muß den gesamten Weg entlang ganz eben verlegt werden.

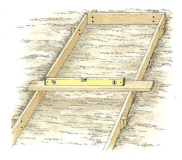

LINKS: *Zur Begrenzung von Kieswegen kann man eine Holzkonstruktion aus 10 x 2,5 Zentimeter hohen Latten bauen, die alle 1,5 Meter an Pflöcke genagelt und mit einer Wasserwaage kontrolliert werden.*

MAUERN UND STUFEN

Die Materialwahl für Mauern und Stufen sollte von den Materialien des Hauses abhängig gemacht werden. Entscheiden Sie sich für ein Material, das bereits auf dem Grundstück verwendet wurde, ist der Erfolg fast sicher. Mauern benötigen oben irgendeinen Abschluß. Das können Ziegelsteine sein oder, für Mauern aus Naturstein, eine Reihe mit aufrecht gesetzten Natursteinen. Die Schlußsteine, die auch aus anderem Material als die Mauer bestehen können, müssen so gesetzt werden, daß Regenwasser ablaufen kann.

Stützmauern (mit einem Erdwall zu einer Seite) sollten einige „Löcher" aufweisen, so daß sich das Regenwasser nicht dahinter sammeln und schließlich die Mauer zerstören kann. Gutes Verfugen ist für eine Mauer wichtig, aber die heutigen Techniken, die nur ganz glatte Fugen zulassen, wirken oft zu perfekt und passen nicht zu alten Gebäuden. Wenn Sie den Maurer dazu bringen können, etwas rauheren Kalkmörtel statt des üblichen Fugenzements zu verwenden und die Fugen nur auszubürsten und nicht wie üblich glattzustreifen, wirkt eine Mauer wesentlich gefälliger. Wie man den Kalkmörtel am besten verarbeitet, kann Ihnen jeder sagen, der mit der Restaurierung alter Gebäude zu tun hat. Eine Mischung, die auch ein zementgewohnter Maurer ohne Probleme verarbeiten kann, besteht aus 2 Teilen Kies, 2 Teilen Sand, 1 Teil Kalk und 1 Teil Zement.

In bezug auf Stufen gilt: je weiter und flacher, desto bequemer sind sie. Die Trittfläche sollte mindestens 33 Zentimeter betragen (das entspricht einem sehr großen Fuß) und die Stufenhöhe kann zwischen 7,5 und 20 Zentimetern liegen. Eine Treppe im Haus hat meist eine Stufenhöhe von

LINKS: *Für Mauern, Wege und andere Konstruktionen sollten Materialien gewählt werden, die zur Umgebung passen, wie diese Trockenmauer mit traditionellem Abschluß.*

GEGENÜBERLIEGENDE SEITE OBEN: *Wenn der Weg auch einen recht zufälligen, wenig professionellen Eindruck vermittelt, so muß er doch ganz eben sein.*

OBEN: *Diese großen Steinstufen wirken durch die unterschiedlichen Breiten und Höhen weniger pompös.*

UNTEN: *Stufen aus Bahnschwellen führen zu einer Steinmauer hinauf. Diese Kombination würde in einem eher formalen Garten nicht so gut aussehen.*

etwa 20 Zentimetern. Eine Treppe im Garten mit einer Stufenhöhe von über 20 Zentimetern, die zudem noch schmal ist, kann aber andererseits sehr dramatisch wirken. Wenn Sie nicht gerade eine grandiose italienische Gartenlandschaft nachempfinden wollen, sollten Sie lange, gerade Treppen ohne Absätze vermeiden. Auf alten Bauernhöfen, wo nicht viel Platz zur Verfügung steht, sieht man noch heute oft Treppen, die parallel zu einer Mauer verlaufen. Das kann für einen kleinen Garten genau die richtige Lösung sein. Wenn Sie sich nicht vorstellen können, was Sie eigentlich in Auftrag geben wollen, sollten Sie sich ein paar Stufen aus dem endgültigen Material aufschichten und verschiedene Proportionen und Formen ausprobieren.

ERDBEWEGUNGEN

Der Gedanke an verschiedene Ebenen in einem Garten löst bei vielen Gartenbesitzern Panik aus. Wenn Sie über eine detaillierte Zeichnung Ihres Gartens verfügen, können Sie erkennen, welche Höhenunterschiede auf Ihrem Grundstück vorhanden sind. Beträgt der Geländeunterschied weniger als etwa 70 Zentimeter – vorausgesetzt, Sie haben genügend Platz –, können Sie mit einer Böschung auskommen, die vielleicht von einer Hecke verdeckt wird. Als Alternative würde sich anbieten, eine Grasböschung anzulegen oder den Hang mit vielen Büschen zu bepflanzen. Bei größeren Höhenunterschieden müssen Sie wahrscheinlich eine Stützmauer ziehen, es sei denn, Sie haben genügend Platz für eine sehr hohe (und breite) Böschung. Bei noch größeren Höhensprüngen kann man eine zweite Terrasse

OBEN: *Die Proportionen von Treppen können unterschiedlich sein. Die unten gezeigten, breiten und flachen Stufen ermöglichen ein sehr gemächliches Gehen. Die mittleren Stufen haben eine Trittbreite, die in etwa der Länge eines Fußes entspricht, die Tritthöhe ist noch recht komfortabel. Steile und enge Stufen (oben) haben etwas Dramatisches; sie lassen einen Garten zu einem Abenteuer werden.*

RECHTS: *Diese Stützmauer scheint nahtlos in den Weg überzugehen und erscheint durch die Steingartenpflanzen noch weicher.*

GEGENÜBERLIEGENDE SEITE OBEN: *Böschungen, die durch eine Stützmauer gehalten werden, beanspruchen weniger Platz.*

GEGENÜBERLIEGENDE SEITE UNTEN: *Stützmauern können auch stufenförmig angelegt sein.*

anlegen oder eine Stützmauer mit einer Böschung kombinieren.

Ohne genaue Unterlagen über das vorhandene Niveau läßt sich schnell und einfach ein Überblick verschaffen, indem man den höchsten Punkt des Grundstücks ausfindig macht. Diesen markiert man mit einem Bambusstab. Unten, wo der Stab die Erde berührt, bindet man ein Seil fest.

Für diese Aufgabe sind zwei Leute erforderlich: Einer muß sicherstellen, daß das Seil gerade läuft (am besten mit einer Wasserwaage), und der andere muß das Seil mit Bambusstäben verbinden, die in die niedrigeren Bereiche des Grundstücks gesteckt sind. Messen Sie dann die Entfernung zwischen dem hohen und den niedrigeren Bambusstäben. Sie erhalten dadurch genug Aufschluß über das vorhandene Gefälle, um das Problem mit einer beauftragten Firma besprechen zu können.

Planiermaschinen oder kleine Bagger können enorme Mengen von Erde bewegen. Sie müssen damit rechnen, etwa das Vierfache für den Einsatz von Maschinen im Vergleich zu rein manueller Arbeit zahlen zu müssen. Dabei sollte Ihnen aber keine Mark leid tun; das gleiche Ergebnis hätten Sie auch mit zehn Männern in einer Woche nicht erreicht. Wenn Sie eine vollkommen ebene Fläche erhalten möchten, müssen Sie darauf achten, daß Holzpflöcke in den Boden gehämmert werden, an denen dann die gewünschte Höhe gekennzeichnet wird. Kleine Bagger und Kipper können eingesetzt werden, um die Pfade für neue Wege vorzubereiten, alte Hecken oder Baumstümpfe zu entfernen, um Mist zu verteilen oder um große Steinhaufen zu versetzen.

Wichtig ist, die Maschinen erst dann auf das Grundstück zu lassen, wenn der Boden trocken ist, andernfalls wird die Erde so stark verdichtet, daß ein Bearbeiten später fast unmöglich wird. Raupenfahrzeuge richten weniger Schäden an als Fahrzeuge mit Reifen, aber lassen Sie sich auf keinen Fall von einer Firma, die schnell fertig werden möchte, dazu überreden, auf nassem Untergrund zu arbeiten.

BÄUME FÄLLEN UND AUSLICHTEN

Dieser Teil der anstehenden Arbeiten sollte am besten von einem Spezialisten ausgeführt werden. Nachdem Bäume gefällt worden sind, müssen die Stümpfe und der Wurzelstock entfernt werden, denn im Boden verbleibende Baumteile werden leicht von Pilzen und Schwämmen befallen, die auf schwache oder anfällige Pflanzen übergreifen. Gegen diese Art von Pilzbefall gibt es noch immer kein Mittel.

Sehr große Bäume hinterlassen einen Krater, wenn der Wurzelstock entfernt wurde. Mit modernen Maschinen lassen sich die Stümpfe jedoch direkt vor Ort zerkleinern, so daß man zumindest eine Menge Häckselgut erhält, das gleich um neu gepflanzte Bäume und Sträucher verteilt werden kann.

Die Zufahrt für große Maschinen wie diese ist manchmal ein Problem. Die Maschine ist sehr schwer und zerstört feuchten Boden, so daß der Einsatz zuvor genau mit dem Baumspezialisten besprochen werden muß. Statt ganze Bäume zu fällen, können Sie bei großen, breit wachsenden Exemplaren auch nur die Kronen ausdünnen lassen. Selbst eine Platane, die so beschnitten wird, kann sehr schön aussehen, und es ist dann möglich, schattenverträgliche Pflanzen um den Baum herum anzusiedeln.

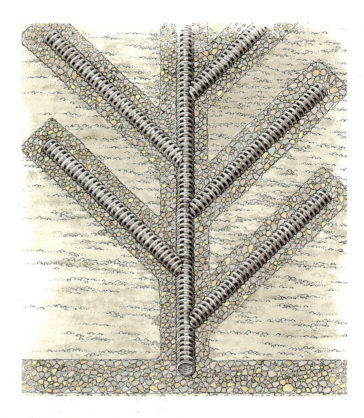

DRAINAGE

Wenn sich der Boden stark verdichtet hat, was besonders bei Neubauten häufig der Fall ist, muß eventuell für eine Drainage gesorgt werden. Steht auf einem stark lehmhaltigen Boden das Wasser, ist ein Bepflanzen nicht mehr möglich. Wenn sich das Wasser ständig an derselben Stelle sammelt, kann ein Abflußrohr verlegt werden. Dazu wird ein Graben ausgehoben, mit Steinen befestigt, das Rohr hinein gelegt und mit einer weiteren Steinschicht unter der Erde oder einem Weg verdeckt. In Blumenbeeten sollten Sie immer warten, bis die Erde abgetrocknet ist und dann Sand und Kompost einarbeiten, um den Boden zu lockern. Wiederholte Zugaben von Mulch in Form von Mist, Blättern oder Kompost ziehen Würmer magisch an, die den Boden ebenfalls auflockern.

Es dauert etwa drei Jahre, bis die Erde auch für empfindliche Pflanzen geeignet ist. Wenn man diese Zeit nicht hat oder nicht warten möchte, kann man ein Drainage-System unter die Beete verlegen, womit das Problem schnell in den Griff zu bekommen ist – allerdings mit erheblichen Kosten.

FERTIGRASEN

Rollrasen ist nicht unbedingt ein guter Ersatz für gesäten Rasen, weil man nie genau weiß, welche Grassorten verwendet wurden. Für wirklich schöne Rasenflächen sollte die Mischung kein Weidelgras enthalten, und das ist bei Fertigrasen oft der Fall. Sät man Rasen zur richtigen Zeit, im späten Frühling, und wässert ihn regelmäßig, kann der Rasen bereits in wenigen Wochen grün sein. Wenn Sie die Fläche aber sofort begehen möchten, ist Fertigrasen die einzige Lösung. Dieser Rasen ist nie billig. Die Flächen zum Säen oder Auslegen von Rasen müssen vollständig eben sein, eine Arbeit, die etwas Erfahrung erfordert. Wenn Sie zu jenen Heimwerkern gehören, die einen Teppichboden oder Fliesen selbst verlegen und ein zufriedenstellendes Ergebnis erreichen, dann können Sie wahrscheinlich auch einen Rasen anlegen. Es ist aber eine Arbeit, die vielfach lieber Experten überlassen wird. Nachdem ein Fertigrasen ausgelegt ist, sollte er gewalzt, und falls es nicht regnet, gewässert werden. Wenn die Rasenbahnen an den Seiten hochkommen, muß mehr gewässert und gewalzt werden. Hat man keine Walze zur Verfügung, kann man versuchen, die Übergänge vorsichtig festzutreten – ist der Boden allerdings zu feucht, entstehen dabei leicht Unebenheiten. Ein Walzen ist eigentlich unumgänglich.

GEGENÜBER: *Eine Drainage kann man wie hier gezeigt in einem Kiesbett verlegen. Das ablaufende Wasser wird in einem Graben aufgefangen, der ebenfalls mit Kies gefüllt ist.*

OBEN UND UNTEN: *Der Rasen oben erfordert eine bessere Saatqualität als die unten gezeigte Wiese, auf der das Gras unterschiedlich lang geschnitten wird, um Platz für Blumenzwiebeln und Wildblumen zu lassen.*

BODEN-VORBEREITUNG

Es ist Zeit- und Geldverschwendung, wenn Pflanzen in unvorbereitete Erde gesetzt werden. Ist es nicht möglich, eine große Forke in den Boden zu bekommen oder die Erde ohne Probleme umzugraben, dann sind die Bedingungen nicht optimal. Wenn eine dichte Unkrautfläche den Boden bedeckt, muß diese erst entfernt werden. Die beste Zeit dafür ist der Winter, wo der Boden leicht umgegraben werden sollte. Alle sichtbaren weißen Wurzeln müssen immer wieder aufgelesen werden. Quecke mit ihren langen Wurzeln, Giersch mit kleinen Wurzelknötchen und Ackerwinde kehren immer wieder und können jeden Neuankömmling im Blumenbeet einfach erdrücken, wenn sie nicht vor dem Pflanzen erfolgreich bekämpft werden. Das ist ein guter, aber schwer zu befolgender Rat. Selbst auf intensiv bearbeiteten Beeten tauchen nach dem Winter wieder Unkräuter auf. Benutzt man dann etwas Unkrautvernichter, sobald das Unkraut im Frühjahr erscheint und bevor mit dem Pflanzen begonnen wird, bekommt man dieses Problem in den Griff. Umfräsen der Flächen ist nicht geeignet, weil die mehrjährigen Unkräuter nur in kleine Stücke zerhackt werden und die Wurzeln im Boden bleiben.

Will man keine chemischen Vernichtungsmittel einsetzen, kann man auf diverse andere Möglichkeiten zur Unkrautbekämpfung nach dem Umgraben im Winter zurückgreifen. Früher benutzte man im Spätsommer eine einjährige Saat, um sicher zu gehen, daß im nächsten Frühjahr kein Unkraut mehr vorhanden sein könnte. Kartoffeln wurden oft verwendet, um einen Boden zu kultivieren, der jahrelang brachlag. Jede einjährige Pflanze, ob Gemüse oder Blume, gibt Ihnen die Möglichkeit zu sehen, was in der ersten Saison im Boden wächst, bevor in den Wintermonaten ein zweites Mal umgegraben wird. Wenn Stauden oder Büsche dort gepflanzt werden, wo immer noch winzige Teilchen von Giersch oder Ackerwinde anzutreffen sind, werden ihre Wurzeln mit der Zeit leiden. Das Unkraut kann sich ungehindert ausbreiten, und das unter dem Schutz der neuen Pflanzen.

Eine andere Möglichkeit der Unkrautbekämpfung ohne Chemie besteht darin, die Fläche nach dem Wintergraben eine Saison lang unbearbeitet zu belassen, so daß die Unkräuter sofort nach Erscheinen entfernt werden können – das ist aber eine sehr langweilige und wenig befriedigende Arbeit. Eine dicke Mulchschicht, die den Boden vollständig bedeckt, ist genauso effektiv und weniger anstrengend. Dazu kann alles verwendet werden, was kein Licht hindurchläßt – Zeitungen, Plastikfolie oder alte Teppiche –, ich selbst versuche es meist mit einer 10 Zentimeter dicken Schicht aus Kompost oder Borke. Wenn dann einige Unkräuter doch hervorkommen, lassen sie sich leicht entfernen.

Wenn Sie nicht bis zum Winter warten können und einen Garten in den Frühjahrs- oder Sommermonaten anlegen möchten, ist auch das möglich. Das Verwenden von Unkrautvernichtern in der Wachstumssaison ist der schnellste Weg, ein Beet von hartnäckigen Unkräutern wie Giersch oder Ackerwinde zu befreien. Benutzen Sie dann aber nur Mittel, die lediglich diese Pflanzen vernichten und keine Rückstände in der Erde lassen. Es dauert etwa drei Wochen, bis die Vernichter ihre Wirkung gezeigt haben. Für einige besonders hartnäckige „Vertreter", wie etwa Ampfer, müssen Sie den Vorgang vielleicht wiederholen. Aber kein Unkrautvernichter ist in der Lage, lockere, krümelige Erde zu erzeugen, auf die sofort gepflanzt werden könnte. Und da ein Umgraben in den heißen Sommermonaten, wenn die Erde hart wie Stein ist, unmöglich erscheint, müssen Sie etwas schummeln, wenn Sie schnelle Ergebnisse erzielen möchten. Glücklicherweise bringen Pflanzen, die in Containern gekauft werden, ihre eigene Umgebung gleich mit, mit der sie die ersten Monate gut überstehen. Wenn die Wurzeln dieser Pflanzen dann in die umliegende Erde vorstoßen, sollte auch diese soweit bearbeitet sein, daß sie einen guten Lebensraum bildet. Das können Sie erreichen, indem Sie eine dicke Mulchschicht auf den Boden und zwischen die neuen Pflanzen verteilen. Diese Schicht kann aus Grasschnitt bestehen (vielleicht von einem Nachbarn, falls der eigene Rasen noch nicht gemäht werden kann). Zerkleinerte Borke aus dem Gartencenter ist eine teurere Lösung, sie hält dafür länger vor. Falls Sie keine ökologischen Bedenken haben, können Sie auch Torf verwenden. Eine etwa 8 Zentimeter dicke Schicht aus einem dieser Materialien lockert jede Erde auf und hält Unkraut in Schach; die Erde wird dadurch aber noch nicht verbessert. Der Erde wird durch die allmähliche Zersetzung der Mulchschicht Stickstoff entzogen, so daß neue Pflanzen, wenn sie nicht gleich verhungern sollen, mit Dünger versorgt werden müssen. Verrotteter Mist, der in Säcken gekauft oder oft als Wagenladung von einem Bauern abgeholt werden kann, ist sehr nützlich auf neuen Beeten, weil Mist den Boden erheblich verbessert und gleichzeitig auflockert. Pilzkompost, leichter und sauberer als Mist, verbessert ebenfalls den Boden. Der Kalkgehalt ist aber meist sehr hoch, so daß ein jahrelanges Aufbringen zu neuen Problemen führen kann. Ich schätze diesen Kompost sehr, und wenn man jede dritte Saison statt Pilzkompost zerkleinerte Borke verwendet, läßt sich die Bodenzusammensetzung wieder ausgleichen. Am besten benutzt man dazu saures Fichtenholz. Eigener Kompost oder Blättermulch sind die besten und billigsten Materialien, um einen Boden langfristig zu verbessern.

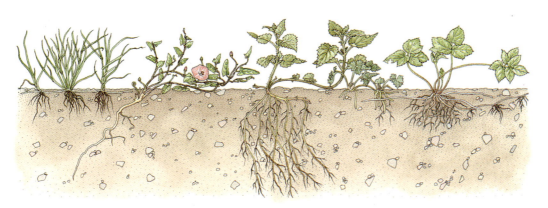

GEGENÜBER: *Blumenbeete wie diese kann man durch gründliche Bodenvorbereitung erhalten – dazu gehört das Entfernen aller mehrjährigen Unkräuter vor dem Pflanzen.*

LINKS: *Zu den hartnäckigsten, mehrjährigen Unkräutern gehören (von links nach rechts): Quecke, Ackerwinde, Brennnessel, Hahnenfuß und Giersch.*

MULCHEN UND KOMPOST

Um jungen Pflanzen einen guten Start zu ermöglichen, kann die Bedeutung gut vorbereiteter, nährstoffreicher Erde nicht oft genug betont werden. Ziel ist es, eine unkrautfreie, krümelige, dunkle Erde zu erhalten, die einfach zu bearbeiten ist. Um das zu erreichen, müssen die Beete jedes Jahr mit organischen Materialien angereichert werden. Selbst ein schwerer Tonboden, der den Rücken und so manches Gartenwerkzeug ruiniert, kann durch viele Schubkarrenladungen mit Mist oder Kompost verbessert werden. Leichte Sandböden, die keine Feuchtigkeit halten, profitieren ebenfalls von diesen Zugaben, denn nach einigen Jahren sind sie weniger durchlässig. Nachdem tiefwurzelnde, mehrjährige Unkräuter entfernt sind, sollte man diese Böden mit Blättermulch, Mist oder Kompost anreichern. In Beeten mit vielen Stauden oder Sträuchern muß nur sehr wenig gegraben werden. Die Würmer lockern den Boden ohne menschliche Hilfe auf, vorausgesetzt, sie erhalten genügend organische Stoffe, die jedes Jahr in den Boden eingearbeitet werden. Jede Erde – lehmig oder sandig – kann in wenigen Jahren durch große Mengen organischer Materialien verbessert werden.

Es ist sinnvoll, zur Verbesserung des Bodens den eigenen Komposthaufen zu verwenden. Schichten Sie dazu in einer Ecke des Gartens einen Haufen aus organischen Abfällen auf und lassen sie diese Mischung verrotten, bis nur eine schwarze Masse übrig ist. Zu den Abfällen können einjährige Unkräuter, Rasenabschnitt, Blätter, Stroh, Holzasche und Pflanzenabschnitte sowie Küchenabfälle zählen. Viele Bücher sind über die richtige Anlage von Komposthaufen geschrieben worden, aber man kann seinen Kompost auch ganz einfach in einer Tonne reifen lassen. Ist genügend Platz vorhanden, kann man natürlich etwas großzügiger verfahren. Ideal ist es, drei Kammern nebeneinander anzulegen; wir selbst haben zwei Kammern, die durch Holzbretter voneinander getrennt sind. Die beiden Haufen werden nicht umgeschichtet. Wenn die eine Kammer voll ist, wird sie abgedeckt und ab und zu befeuchtet, bis die Würmer ihre Arbeit vollendet haben und die Abfälle zu wertvollem Humus geworden sind. Man kann den Prozeß beschleunigen, indem die Haufen gewendet und genauestens aufgeschichtet werden, aber unser System scheint auch gut zu funktionieren und erfordert weit weniger Überlegung und Arbeit.

OBEN: *Dieser Komposthaufen besteht aus zwei Kammern. Die Seite mit dem Stroh braucht längere Zeit zum Verrotten, die andere Seite aber ist ideal für Zucchini und kann nach der Ernte auf allen Beeten im Garten verteilt werden.*

LINKS: *Hecken bilden das Rückgrat für jeden Garten. Hier sind sie als Ornament anstelle von Blumen eingesetzt.*

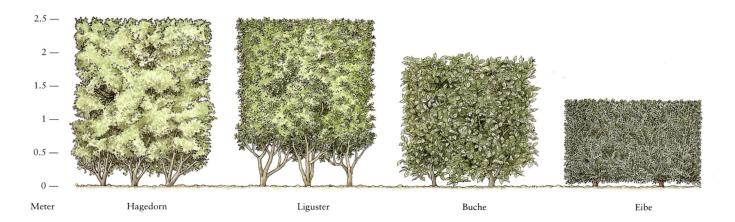

Meter | Hagedorn | Liguster | Buche | Eibe

ANPFLANZEN VON BÄUMEN, STRÄUCHERN UND HECKEN

Ist der Boden endlich fertig vorbereitet, kann mit dem Pflanzen begonnen werden. Für Bäume und Sträucher sollte man sich nicht scheuen, ein recht tiefes Loch auszuheben (bei Hecken einen richtigen Graben) – mindestens 90 Zentimeter breit und so tief wie Sie können: etwa 30 Zentimeter tiefer als die eigentliche Pflanztiefe wäre ideal. Fügen Sie Mist oder Kompost hinzu und wenn beides nicht vorhanden ist, ein Mittel zur Bodenverbesserung und etwas Dünger. Mischen Sie diese Zugaben in die Erde im Pflanzloch und fügen noch etwas Knochenmehl hinzu. Nachdem die neuen Pflanzen im Boden sind, muß die Erde weiterhin von Unkraut freigehalten und mit Dünger versorgt werden. Je mehr Aufmerksamkeit neue Hecken, Bäume und Sträucher in den ersten Jahren erhalten, desto besser gedeihen sie. Sehr teure, immergrüne Hecken sind generell als langsamwachsend bekannt, aber Eibe und Buchsbaum können bei guter Behandlung bis zu 30 Zentimeter pro Jahr zulegen. Wenn sie in einen gut vorbereiteten Graben gepflanzt, in Trockenperioden ausreichend gewässert und zusätzlich im Frühjahr und Hochsommer gedüngt werden, kann man ihr Wachstum erheblich beschleunigen. Gibt man ihnen zusätzlich noch alle drei Wochen hohe Dosen Stickstoff, ist das Ergebnis verblüffend. Wenn Sie diese Behandlung drei Sommer lang durchhalten, haben Sie für die Hecken, die ja das Gerüst des Gartens bilden, die allerbesten Voraussetzungen geschaffen. Sie werden das Erstaunen der Nachbarn erleben, die schnellwachsende Hecken oder Lonicera angepflanzt haben; nach fünf Jahren müssen nämlich diese schnellwachsenden Hecken drei- oder viermal im Jahr geschnitten werden. Buchsbaum und Eibe brauchen aber nur einen Schnitt pro Jahr. Man kann also viele Stunden im Sommer einsparen und die Zeit, die man den jungen Pflanzen gewidmet hat, schnell wieder einholen.

OBEN: *Diese Zeichnung verdeutlicht das unterschiedliche Wachstumsverhalten von Heckenpflanzen nach etwa vier Jahren – sie wurden alle in gleicher Höhe (etwa 30 Zentimeter) gepflanzt.*

UNTEN: *Mit Hecken und Bäumen kann man einen Garten vollkommen verändern. Dieser Bogen in der Buchenhecke läßt sich mit viel Pflege in etwa sieben Jahren erreichen.*

Die meisten Hecken, die im Winter ihre Blätter abwerfen, wachsen schneller heran als die noblen Immergrünen, aber auch sie reagieren auf liebevolle Pflege in den ersten Jahren. Generell gilt: je schneller eine Hecke unter normalen Umständen wächst, desto mehr muß sie später auch ge-

schnitten werden. Buche wächst langsamer als Liguster oder Weißdorn, erreicht aber in vier oder fünf Jahren eine Höhe von fast zwei Metern, wenn sie sorgfältig gepflegt wird. Buche muß nur zweimal im Jahr geschnitten werden, im Gegensatz zu Liguster, der durchaus drei bis vier Schnitte verträgt. Ein wichtiger Faktor ist auch die Beschaffenheit der Pflanzen beim Kauf. Wählen Sie eher buschige als hohe Pflanzen; es kommt gar nicht so sehr auf die Größe an. Je kleiner die Pflanze, desto schneller wächst sie und desto einfacher ist die Pflege. Eiben mit einer Höhe von etwa 40 Zentimetern bei der Pflanzung holen oft Pflanzen ein, die bereits über einen Meter hoch sind. Große Pflanzen von Immergrünen sind sehr teuer und wachsen im ersten Jahr oft überhaupt nicht, kleinere Versionen hingegen nehmen eine Verpflanzung weniger übel und fühlen sich sofort am neuen Platz wohl.

VERSETZEN VON PFLANZEN

Einige Pflanzen lassen sich besser als andere verpflanzen. Wenn man von einem Haus in ein anderes zieht, möchte man häufig ganz bestimmte Pflanzen mitnehmen. Nach englischen Gesetzen ist das zwar nicht zulässig, man kann aber mit dem nächsten Besitzer entsprechende Abmachungen treffen. Große Bäume wie die Maulbeere, die wir in unserem vorherigen Garten ausgegraben hatten, müssen bereits ein Jahr vor dem Umzug vorbereitet werden. Dazu hebt man einen Graben unterhalb der äußersten Äste um den ganzen Baum herum aus. Dieser Graben wird dann mit Kompost oder Dung gefüllt, um das Wachstum der Wurzeln anzuregen. Ein Baum in einer Höhe von drei bis vier Metern ist wahrscheinlich das äußerste, was man manuell ausgraben, in Plastikfolie wickeln und auf eine Schubkarre oder einen LKW wuchten kann. Höhere Bäume sollte man lieber von Firmen versetzen lassen, die über die erforderlichen Maschinen verfügen. Meist ist in einem kleineren Garten keine Zufahrtmöglichkeit und kein Platz für große Hebebühnen. Wenn also auch bei Ihnen der Platz beschränkt ist, sollten Sie keine Bäume verpflanzen, die viel größer als unser Maulbeerbaum sind.

Einige Pflanzen lassen sich besonders ungern versetzen. All die schnellwachsenden Sträucher wie Schmetterlingsstrauch, Säckelblume, Geißklee, Zistrose, Lavendel, Rosmarin und Salbei (diese Liste könnte endlos fortgeführt werden) nehmen ein Umpflanzen übel. Auch Rosen mögen es nicht gern, aber all diese Pflanzen wachsen sehr schnell und sollten deshalb nicht zum Umzug gezwungen werden. In jedem Garten gibt es den ständigen Prozeß der Umgestaltung. Ein Baum, der im letzten Jahr noch genau die richtige Stelle einzunehmen schien, ist dort plötzlich vollkommen fehl am Platz. Wenn Sie Sträucher und Bäume versetzen möchten, sollte das nur während der Ruheperiode geschehen. Gehen Sie beim Umpflanzen genau wie bei Neupflanzungen vor – bereiten Sie das Pflanzloch mit viel verrottetem Kompost oder altem (niemals frischem) Mist vor, wässern und düngen Sie im ersten Jahr regelmäßig. Wenn keine Blätter in der neuen Saison erscheinen wollen, machen Sie es wie wir mit dem Maulbeerbaum: Besprühen Sie die Blätter dreimal täglich.

Kleinere Sträucher und Stauden lassen sich auch am besten versetzen, wenn kein Wachstum mehr stattfindet. Einige Stauden stellen jedoch ganz genaue Ansprüche an den Umzugstermin – einige mögen nur im Frühjahr und andere nur im Herbst ausgegraben werden. Pfingstrosen z. B. nehmen ein Versetzen im Frühjahr sehr übel, wohingegen die meisten Margeriten nicht im Herbst, sondern nur im Frühjahr bewegt werden wollen.

Zahlreiche Bücher geben Auskunft, wann für jede Pflanze der richtige Zeitpunkt des Versetzens ist. Das Nachschlagen in Büchern ist absolut kein Eingeständnis von Unwissen – es gibt wohl kaum jemanden, der auswendig weiß, welche Pflanze genau welche Vorlieben hat.

Vielen Pflanzen macht es nichts aus, wenn sie versetzt werden – vorausgesetzt, der Zeitpunkt ist richtig. Rosen (gegenüberliegende Seite) sollten eher im Winter, in der Ruheperiode, umgepflanzt werden. Päonien (rechts) ziehen einen Umzug im Herbst, Astern im Frühling vor. Die meisten Kräuter wie Salbei (unten) vertragen ein Umpflanzen kaum.

PFLANZENKAUF

Pflanzen müssen auf dem Weg von der Gärtnerei oder vom Gartencenter bis zu ihrem neuen Heim vorsichtig behandelt werden. Im Sommer sollte man eher Containerpflanzen als Pflanzen mit nackten Wurzeln kaufen, die eigentlich auch nur in der Ruheperiode angeboten werden und wesentlich günstiger sind. Ich kaufe Bäume und Sträucher deshalb lieber mit nackten Wurzeln direkt von einer Baumschule. Obwohl Containerpflanzen das ganze Jahr über ausgepflanzt werden können, erreichen sie nur selten die Robustheit von Pflanzen, die im Herbst die Möglichkeit hatten, sich langsam an ihre neue Umgebung zu gewöhnen. Im Winter dürfen die Wurzeln nicht dem Frost ausgesetzt werden, ob nun in Töpfen oder mit nackten Wurzeln, sie sollten in Zeitungspapier und Folie gewickelt und in einen Schuppen gestellt werden, wenn sie nicht sofort gepflanzt werden können. Ist der Boden hart gefroren, müssen die Pflanzen einige Zeit warten; sie können gut geschützt aber einen längeren Zeitraum überstehen. Wenn Sie im Winter nicht genügend Zeit zum Pflanzen haben oder der Boden nicht frostfrei ist, können Sie neue Pflanzen am besten in einem flachen Graben lagern, indem Sie die Pflanzen etwas schräg legen und die Wurzeln mit einer guten Schicht Erde bedecken. Im Sommer benötigen neue Pflanzen in Töpfen unbedingt etwas Schatten und sehr viel Wasser. Zu den traurigsten Anblicken für einen Gartenliebhaber gehört eine Reihe Neuanschaffungen, die unglücklich in der Sonne vor sich hin welken und sehnsüchtig darauf warten, endlich gepflanzt zu werden.

Blumenrabatten

Der ideale Platz für Blumen ist sonnig und windgeschützt, am besten vor einer Mauer oder einer Hecke. Hobbygärtner, die geschwungene Beete lieben, bevorzugen Blumeninseln im Rasen. Sie sind jedoch wesentlich schwieriger zu arrangieren als Beete, die nur von vorn und einer Seite betrachtet werden können. Eine gute Breite für ein Blumenbeet ist etwa 1,5 Meter – je breiter aber das Beet ist, desto einfacher wird es, Blumen so zusammenzustellen, daß immer wieder andere Blüten zu sehen sind.

Schmale Beete – unter einem Meter – eignen sich weniger gut für ein Arrangement unterschiedlicher Pflanzen; sie sind aber ideal für die Pflanzung einer einzelnen Sorte. Wenn Sie z. B. ein schmales, sonniges Beet anlegen möchten, so können Sie es mit vielen Nelken füllen, die im Winter durch ihre silbrigen Blätter bestechen und mit ihren kleinen, duftenden Blüten im Juni und Juli erfreuen. Auf ein solches Beet könnten Sie auch Tulpen setzen. Diese würden im Frühling blühen und dann vielleicht von hellblauem Flachs *(Linum perenne)* abgelöst werden, der in großen, zarten Büscheln fast den ganzen Sommer über blüht. Liegt das Beet vor einer Mauer oder einem Zaun, könnten beide als Stütze für eine Kletterrose und vielleicht noch eine Clematis dienen. Man

BLUMENRABATTEN

erhält zwar keine überschwengliche Farbenpracht, aber eine sorgfältig aufeinander abgestimmte Blütenfolge kann auch sehr schön wirken und ist auf Dauer um einiges billiger als Blumen, die für nur eine Saison gekauft und dann vernichtet werden.

BEPFLANZUNGSSTIL

Wenn es darum geht, ein breites Blumenbeet anzulegen, gibt es unterschiedliche Vorgehensweisen. Zuerst sollte man seine Blumenwünsche einschränken, indem man genau überlegt, welche Wirkung man beabsichtigt. Vielleicht haben Sie nach dem Besuch anderer Gärten und Anlagen oder anhand von Gartenbüchern eine Vorstellung davon, welche Blumen das Beet dominieren könnten. Oder Sie möchten einige Bereiche für bestimmte Jahreszeiten, bestimmte Farbzusammenstellungen oder bestimmte Pflanzensammlungen reservieren.

Bereits in einem frühen Planungsstadium ist es wichtig, sich für einen Stil der Bepflanzung zu entscheiden. Formale Beete können mit nur einer Pflanzensorte gefüllt werden. Sich wiederholende Arrangements sind eine andere Möglichkeit, eine formale Gestaltung durchzuführen und eignen sich gut, um ein Farbthema zu verwirklichen. Für romantische Bauerngärten kann eine Vielzahl unterschiedlichster Blumen „wild" ineinander wachsen. Ein wichtiger Aspekt bei der Entscheidung für einen Stil ist auch der erforderliche

GEGENÜBER: *Blumenzwiebeln sorgen auf diesen formalen Beeten im Frühjahr für viel Farbe.*

OBEN: *In diesen Kräuterbeeten wird die formale Struktur über den niedrigen Pflanzen durch die Türme aus Hopfen erreicht. Man hat das Gefühl, durch eine Allee zu gehen.*

RECHTS: *Blumenbeete gibt es in unterschiedlichsten Stilen, an unterschiedlichsten Plätzen. Die traditionellen Rosen und Sommerblumen sind hier an einem sehr steilen Hang gepflanzt.*

LINKS: *Durch die immer wieder erscheinenden roten Dahlien wird in diesem Beet der einheitliche Eindruck bewirkt.*

UNTEN UND GEGENÜBERLIEGENDE SEITE UNTEN: *In schmalen Blumenbeeten ist ein einheitlicher Gesamteindruck noch wichtiger. Diese Skizzen zeigen eine Rose an einer Mauer, durch die ein Nachtschattengewächs wächst. Im Frühling sind hinter den noch schlafenden Nelken die roten Tulpen 'Couleur Cardinal' zu sehen. Etwas später folgen die grünweißen Tulpen 'Spring Green' zusammen mit den Nelken und dem Nachtschatten. Noch später überschwemmt ein Meer von blauem Flachs Linum narbonense das Beet zusammen mit der Rose 'New Dawn'. Die Saison wird mit der roten Clematis 'Gravetye Beauty' beendet. Das ganze Jahr über zieren die grauen Blätter der Nelken das Beet. Leider müssen die Nelken (wegen der Kaninchen) ständig erneuert werden.*

Arbeitsaufwand. Viele mehrjährige Stauden müssen aus dem Beet herausgenommen und geteilt werden, und einige erfordern Stützen, um nicht umzufallen. Können Sie den Pflanzen nicht diese Pflege bieten, sollten Sie eher auf sie verzichten. Gärten, in denen die schönsten Raritäten kurz vor dem Hungertod stehen, wirken nur traurig und bedrückend.

ZUSAMMENSTELLUNGEN DER PFLANZEN

Unabhängig davon, für welchen Stil Sie sich entscheiden, ist das Pflanzen selbst immer gleich. Wählen Sie erst die wichtigsten Pflanzen aus, jene, die als absoluter Blickfang dienen sollen. Ein Beet sollte beispielsweise den ganzen Sommer über blühen und leicht zu bearbeiten sein. Als Blickfang soll vielleicht die blaßrosa Malve (*Lavatera* 'Barnsley') dienen, die etwa 1,5 Meter hoch und fast genauso breit wächst. Aus Büchern oder anderen Quellen können Sie entnehmen, daß diese Pflanze ununterbrochen von Juli bis zum Frost blüht. Für den Frühling und Frühsommer, wenn die *Lavatera* noch nicht blüht, sind also andere Pflanzen erforderlich. Außerdem müssen Sie sich überlegen, welche Farben gut zu dem blassen Rosa der Malve passen, für die Blumen, die zur gleichen Zeit blühen werden. Es ist sinnvoll, eine Liste möglicher Kandidaten aufzustellen – mit Angaben über die Blütezeit. Gruppieren Sie diese dann nach Blühmonaten, so daß Sie erkennen können, wann es Zeiten geben wird, in denen keine oder nur wenige Blüten erscheinen. Wenn Sie jedes Jahr zur gleichen Zeit in Urlaub gehen, können Sie diese Wochen unberücksichtigt lassen. Das Aufschreiben dieser Fakten hilft, ein Beet so zu arrangieren, daß es den ganzen Sommer über interessant aussieht.

Frühling

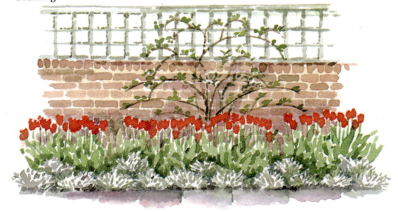

Frühsommer

BLUMENRABATTEN

Nachdem Sie die Pflanzenfolge festgelegt haben, sollten Sie das Beet auf Papier zeichnen und einteilen. Übertragen Sie es maßstabsgetreu auf Papier, so daß Sie sehen können, wieviel Platz für jede Pflanze zur Verfügung steht. Zeichnen Sie den Umfang jeder Pflanze ein, den sie einmal einnehmen wird. Vielleicht bemerken Sie dann, daß Ihre Pflanzliste für Einjährige viel zu lang ist; sie müßte entsprechend gekürzt werden. Die schönsten Blumenbeete bestehen aus einer Mischung aus Stauden, Sträuchern, Blumenzwiebeln und einigen frostempfindlichen Pflanzen oder Einjährigen. Da es aber so viele mögliche Kandidaten für ein Beet gibt, sollte man sich einige Regeln auferlegen. Verzichten Sie anfangs auf schwierige Pflanzen, es sei denn, Sie können genau die richtigen Voraussetzungen bieten oder haben einfach zuviel Geld. Überlassen Sie es anderen, alpine Pflanzen anzusiedeln, die eine perfekte Drainage erfordern, oder Kamelien, die absolut keinen Kalk vertragen, oder den Seidelbast, der

Pflanzplan für ein schmales Beet
1 *Dianthus* 'Gran's Favourite'
2 *Dianthus* 'Haytor White'
3 *Dianthus* 'Laced Monarch'
4 *Dianthus* 'Becky Robinson'
5 *Linum narbonense*
6 *Clematis* 'Gravetye Beauty'
7 *Rosa* 'New Dawn'
8 *Solanum crispum* 'Glasnevin'

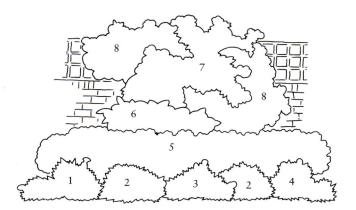

Spätsommer

leicht von Viruskrankheiten befallen wird. Prüfen Sie genau, ob die Farben um den Blickfang herum so wirken, wie Sie sich das vorgestellt haben. Streichen Sie alle Pflanzen, die nicht in das gewünschte Farbschema passen. Füllen Sie dann die Bereiche zwischen diesen Pflanzen mit großen Büscheln altbekannter Stauden aus. Es gibt zwei gute Gründe, mit anspruchslosen, bekannten Stauden eher als mit ausgefallenen Pflanzen zu beginnen. Pflegeleichte Pflanzen heben die eigene Stimmung, weil sie schnell wachsen und meist nicht teuer sind – manchmal sogar gar nichts kosten. Alte Gärten verfügen meist über zu viele Stauden, so daß ein Nachfragen bei Nachbarn im Herbst oder Frühling, wenn die Pflanzen geteilt werden, oft zu guten Resultaten führt. Die meisten Gartenliebhaber sind großzügig sowohl mit Ratschlägen als auch mit Pflanzengeschenken, denn kaum einer wirft gern eine Pflanze fort. Als neuer Hobbygärtner erhält man große Mengen von winterharten Geranien, Frauenmantel und Katzenminze sowie hilfreiche Tips. Diese Pflanzen sind gerade zu Anfang unschätzbar, weil sie sich schnell ausbreiten und vermehren und, wenn der erste Sommer vorüber ist, wieder herausgenommen werden können, um Platz für interessantere Pflanzen zu machen. Oder sie werden geteilt, um andere Lücken zu füllen. Blumenzwiebeln sind immer ein sicherer Erfolg. Heitern Sie den ersten Frühling mit Tulpen oder Narzissen auf, vielleicht gefolgt von Iris, falls das Beet genügend Sonne erhält. Fügen Sie winterharte Geranien und Katzenminze hinzu, bis die Rosen und vielleicht der grünblühende Frauenmantel *(Alchemilla mollis)* in Blüte stehen. Zum Ende der Saison kann dann die Malve 'Barnsley' ihre Schönheit zeigen. Mit zunehmendem Selbstvertrauen können Sie sich dann an ausgefallenere und schwierigere Pflanzen wagen.

Wenn Sie sich nicht so sehr für Blumen interessieren, sondern eher für Blätter und Strukturen, gibt es andere Möglichkeiten, ein Beet anzulegen. Wählen Sie als Blickfang im Winter eine immergrüne Pflanze und gruppieren Sie andere Pflanzen darum, solche mit spitzen, runden, filigranen Blättern und mit Blättern, die wie geschnitzt aussehen. Auch hier sollte auf eine ausgewogene Mischung aus Farben und Formen geachtet werden. Die richtige Zusammenstellung ist sowohl bei Blumen- als auch bei Grünbeeten schwierig, weil Sie mit unterschiedlichen Höhen und Breiten arbeiten und außerdem den Zeitfaktor beachten müssen, um die gewünschte Wirkung zu erreichen. Sie werden schnell herausfinden, wenn Sie den endgültigen Plan verwirklichen, daß viele Blumenzwiebeln nur im ersten Jahr prachtvoll blühen und sich einige Mehrjährige viel schneller als andere entwickeln. Fast alle Stauden verdoppeln ihre Größe, bevor die Sträucher richtig zu wachsen anfangen. Anders als Stauden sind Sträucher schwieriger umzusetzen, wenn sie zu eng stehen. Sträucher und Bäume müssen so gepflanzt werden,

Frühsommer:
Ceanothus 'Edinburgh', *Erysimum* 'Bowles' Mauve', violette Tulpen 'China Pink' (vielleicht zu hell, zusammen mit 'Bowles' Mauve' – wäre 'Queen of Night' [ganz dunkles Lila] besser?). *Allium* 'Purple Sensation' sollte überall hinzukommen. Iris?

Hochsommer:
Rosa 'Zéphirine Drouhin' (leuchtendes Pink – wäre die Rose 'Climbing Iceberg' besser?), Delphinium, Cistus, *Paeonia*, *Nepeta*, *Alchemilla*.

Spätsommer:
Lavatera 'Barnsley', Anemonen (beide sind hell), Perovskia (blau – gute Form), *Clematis* 'Jackmanii', Delphinium. Die beiden letztgenannten sind dunkellila und blau – sollten die Farben alle dunkel sein oder hell und dunkel gemischt? Ist die pinkfarbene 'Zéphirine' im Spätsommer zu leuchtend? Wäre mehr Farbe von z. B. *Origanum* 'Herrenhausen' besser als die Blätter der Iris und die frühen Blüten?

Frühsommer

Hochsommer

BLUMENRABATTEN

Einen Pflanzplan zeichnet man am besten auf Millimeterpapier. Wenn Sie nicht über eine außergewöhnliche Vorstellungskraft verfügen – zeitlich und räumlich –, brauchen Sie um den Plan herum Platz für Bemerkungen zu den einzelnen Blütezeiten. Für diesen einfachen Plan könnten die Notizen so aussehen wie auf der gegenüberliegenden Seite. Die Anmerkungen können ständig erweitert und geändert werden.

Pflanzplan

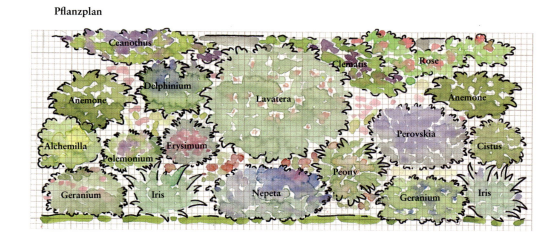

Spätsommer

TIPS UND TRICKS

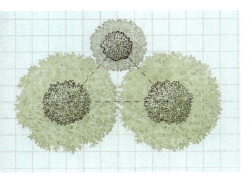

Diese Zeichnung verdeutlicht, wie Pflanzabstände bestimmt werden. Setzen Sie die Pflanzen so weit auseinander, daß sie auch nach einigen Jahren noch Platz haben. Generell gilt: Der Abstand sollte der halben Breite beider Pflanzen zusammen entsprechen.

daß sie auch nach Jahren noch genügend Platz haben. Eine einfache Regel besagt, daß jede Pflanze so weit vom Nachbarn entfernt sein sollte, wie die halbe Breite beider Pflanzen zusammen. Stehen zwei gleiche Pflanzen nebeneinander, ist das einfach. Stellen Sie sich eine Gruppe von Sträuchern vor, die alle eine Breite von etwa 1,8 Metern erreichen werden: Diese müßten dann 1,8 Meter auseinander gepflanzt werden. Falls aber neben dem Strauch mit einer Breite von 1,8 Metern ein Strauch gesetzt werden soll, der nur 0,8 Meter breit wird, sollte die Entfernung zwischen den beiden 1,3 Meter betragen.

Nun folgt das Problem, was mit dem Platz zwischen den Sträuchern geschehen soll. Die billigen und einfachen Stauden werden bestimmt bald den Boden bedecken, sie können aber auch das Wachstum der Sträucher beeinträchtigen. Zum Füllen von Lücken sind Einjährige deshalb manchmal besser geeignet. Im ersten Sommer können diese eine wahre Blütenpracht hervorbringen. Ihre Wurzeln breiten sich nicht stark aus und können kaum andere Stauden und Sträucher beeinflussen – sie erfordern aber mehr Arbeit (wenn sie aus Samen gezogen werden) oder größere Kosten (wenn sie als kleine Pflanzen gekauft werden). Werden Einjährige überlegt eingesetzt, können Sie die Höhe und Farbe liefern, die der eigentliche Blickfang und die Stauden erst nach mehreren Jahren bieten. Egal, wie Sie das Beet zwischen den eigentlichen Höhepunkten anlegen, auf jeden Fall muß jede Pflanze genügend Platz haben, um sich vollständig entwickeln zu können.

PROBLEMZONEN

Schwierige Bereiche müssen mit noch mehr Überlegung angegangen werden. Sie können wahre Kunstwerke sowohl an schattigen als auch an sehr trockenen Plätzen zaubern; selbst schwere Lehm- und Kalkböden haben ihre Vorteile, aber verdichteter Ton schränkt die Möglichkeiten doch erheblich ein. Sie müssen die vorherrschenden Bedingungen respektieren. In lockerem, magerem und sandigem Boden haben es Rosen und Päonien schwer – mediterrane Sträucher und Stauden aber und viele Sorten der winterharten Geranien, Skabiosen, Prachtkerzen, Edeldistel und Iris lieben diesen Boden. An feuchten Standorten wachsen Hortensien, Primeln, Eisenhut, Glockenblumen und Narzissen am allerbesten. Der schlechteste Platz für ein Beet liegt im trockenen Schatten unter einem Baum. Sie können ein bißchen schummeln, indem Sie die Baumkrone auslichten oder den Bereich unter dem Baum mit Erde auffüllen. Dann sind Alpenveilchen, Schneeglöckchen, Winterlinge und Primeln im Frühling, gefolgt von Farnen und Fingerhüten und im Herbst wieder Veilchen möglich. Die Suche nach Pflanzen, die sich trotz aller Widrigkeiten üppig entfalten, kann eine lohnende Aufgabe sein. Akanthus, *Iris foetidissima* 'Citrina', *Smyrnium perfoliatum*, *Anemone blanda* und *A. nemorosa* gehören auch zu den Pflanzen, die man in diesem

LINKS: *Einige Standorte bestimmen die Pflanzenauswahl. An feuchten Stellen fühlen sich Pflanzen wie Gunnera und Kandelaber-Primeln wohl.*

GEGENÜBER OBEN: *Exotische, tropische Pflanzen wachsen hier in einem Garten an der Südküste Englands, die besonders für empfindliche, sonnenliebende Pflanzen geeignet ist.*

schwierigen Bereich ausprobieren sollte. Der Anblick eines ganzen Meers von weißen, rosa und pinkfarbenen Alpenveilchen unter einem kahlen Baum ist wesentlich beeindruckender als ein Durcheinander unterschiedlichster Pflanzen, die vor sich hinkümmern.

Böschungen, die zu steil sind, um Unkraut zu entfernen oder um Feuchtigkeit zu halten, sind eine weitere Herausforderung. Meist wird ein solches Problem durch einen Bodendecker gelöst, der die Erde schnell überzieht. Nehmen Sie dazu kleine Pflanzen, und wählen Sie überlegt aus, so daß sie mit den Bodenverhältnissen auch wirklich zurechtkommen. Für schattige Bereiche sollte man nicht auf Efeu und Immergrün, besonders die kleinblättrigen Sorten, verzichten. An sonnigen Hängen können Sie auf das umfangreiche Angebot der mediterranen Sträucher zurückgreifen. In den Problembereichen eines Gartens, die entweder schwer zugänglich sind oder von der Bodenqualität zu wünschen übrig lassen, kann man nicht allzu viel realisieren. Der Versuch, Pflanzen an ungeeigneten Orten anzusiedeln, ist ein Kampf, den Sie nie gewinnen werden. Rüsten Sie sich mit den besten Büchern über die spezielle Problemzone in Ihrem Garten aus, so daß Sie bald zu einem Experten über Kalk, Wind oder sauren Boden werden. Versuchen Sie, dieses Wissen umzusetzen, damit Sie mit und nicht gegen den Garten arbeiten können.

UNTEN LINKS: *Diese Skizze zeigt, wie der schwierige Bereich unter einem Baum mit Blumen, die eigentlich aus dem Wald stammen, bepflanzt werden kann.*

Bepflanzung unter einem Baum
1 *Alchemilla mollis*
2 *Digitalis purpurea albiflora*
3 *Mahonia aquifolium*
4 *Polypodium vulgare*
5 *Vinca minor* 'Argenteovariegata'
6 *Daphne laureola*
7 *Polystichum setiferum divisilobum*
8 *Iris foetidissima* 'Citrina'
9 *Daphne pontica*
10 *Asplenium scolopendrium*
11 *Vinca minor* 'La Grave'

Ein Zeitplan für einen neuen Garten

Einen neuen Garten anzulegen ist ein langwieriger, arbeitsintensiver Prozeß, zumindest dann, wenn Sie die Arbeit allein ausführen. Wenn das Gärtnern ein Vergnügen bleiben und nicht zur Plackerei werden soll, müssen Sie in bezug auf das, was zu verwirklichen ist, realistisch bleiben. Dazu gehört auch, grundlegende Arbeiten von denen, die jedes Jahr wieder anfallen, zu trennen. Die Wintermonate sind ideal, um große Änderungen auszuführen und Bäume und Sträucher zu beschneiden. Den Sommer sollte man sich für Rasenmähen, Unkrautjäten, Bewässern und Pflege reservieren – andernfalls sind Sie zum Ende des Jahres vollkommen erschöpft. Die „Bauarbeiten" im Garten wie Anlegen von Wegen und Terrassen, Aufrichten von Stützen für Blumen und Sträucher oder Spannen von Drähten an Mauern und Wänden für die Kletterpflanzen sowie das Pflanzen von Hecken, Sträuchern und Bäumen, die Bodenvorbereitung und Verteilung von Kompost und Mist – all diese Arbeiten sollten bis Ende Februar erledigt sein, wenn möglich auch schon früher. Viele alte Hecken oder Bäume lassen sich durch einen radikalen Schnitt in den Wintermonaten verjüngen (bei Immergrünen sollten Sie damit aber bis zum Frühjahr warten). Was nicht im Winter geschafft werden kann, muß dann eben bis zum nächsten Herbst warten.

EIN ZEITPLAN FÜR EINEN NEUEN GARTEN

DIE GRUNDLAGEN

Hat man beschlossen, die Arbeit auf ein paar Jahre zu verteilen, kann man im ersten Winter zuerst das Grundgerüst des Gartens anlegen und die eigentliche detaillierte Gartenanlage auf den zweiten Winter verlegen. Bäume und Hecken, die den Blumen Halt geben sollen, müssen so früh wie möglich in die Erde gebracht werden. Ein Komposthaufen gehört auch zu den ersten Prioritäten, da mit ihm viel Geld für Produkte zur Bodenverbesserung eingespart werden kann. Wenn Sie es über sich bringen, die Arbeit am neuen Garten mit dem Entfernen von Giersch, Quecke, Brennesseln und Ackerwinde zu beginnen, dann sollten Sie so früh wie möglich damit anfangen.

Im ersten Sommer brauchen die frisch gepflanzten Hecken, Bäume und Sträucher Ihre ganze Aufmerksamkeit. Sie müssen sie von Unkraut frei halten, wässern und beobachten – am besten jede Woche. Das Mulchen ist die einfachste Möglichkeit, Unkraut zu bekämpfen und mit minimalem Bewässern auszukommen; die Mulchschicht muß aber auf feuchte Erde aufgetragen werden, am besten dann, wenn sich der Boden im Frühjahr erwärmt. Sind die neuen Pflanzen mit einem organischen Langzeitdünger ernährt worden und werden dann mit einer Decke aus Mulch, Rinde oder Kompost umhüllt, sollten sie zwei oder drei Monate problemlos und ohne weitere Pflege auskommen. Ist es sehr trocken, benötigen sie allerdings Wasser – aber in einem durchschnittlich feuchten Sommer hält eine 7 Zentimeter dicke Mulchschicht die Feuchtigkeit recht gut. Als Mulchmaterial kann man auch Sägespäne oder Rasenschnitt verwenden. Wesentlich teurer sind die sogenannten Mulchmatten, die oft von Gartenarchitekten verwendet werden; sie bestehen teilweise aus Papier, Wolle oder künstlich hergestellten Fasern. Ich habe etwas gegen diese Matten, die zwar das Unkraut unterdrücken, den Boden aber in keiner Weise verbessern. Dann gibt es Menschen, die Recycling auf jedem Gebiet propagieren, und deshalb alte Teppiche vom Sperrmüll sammeln und als Mulchmatten verwenden – ich glaube jedoch, daß Teppiche eher in die Wohnung gehören.

PRAKTISCHE WEGE

Wenn weder die finanziellen Mittel noch die Arbeitskräfte unbegrenzt sind, kann man mit dem Anlegen von festen Wegen bis zum zweiten Winter warten – dann weiß man auch genau, wo diese Wege wirklich benötigt werden. Die Wege zum Wagen, zum Mülleimer und zum Komposthaufen erkennt man schnell, aber der beste Weg zu den Winterblumen oder der kürzeste Weg zu einem besonders schönen Platz im Garten wird einem erst mit der Zeit bewußt. Dort, wo der Rasen im Winter stark beansprucht wird, muß eine Lösung gefunden werden, wenn man nicht jedes Jahr wertvolle Zeit mit Ausbesserungsarbeiten verbringen möchte. (Besteht man

GEGENÜBER: *Es dauert ein paar Jahre, bis ein Garten auch im Winter interessant wirkt. Steht wenig Zeit zur Verfügung, sollte man im ersten Jahr auf Blumen verzichten und sich mehr mit Unkrautjäten, Bodenverbesserung und Bewässerung der Pflanzen beschäftigen, die einmal das Gerüst des Gartens bilden werden. Dieses Gerüst ist vor allem in den Wintermonaten wichtig – wichtiger als die Blüten im Sommer.*

RECHTS: *In jedem neuen Garten sollten Einjährige nicht fehlen; wie hier im ersten Sommer die Mohnblumen.*

Man kann leicht verzweifeln, wenn man versucht, schwierige Pflanzen künstlerisch zu kombinieren. Einfache Effekte wie diese Margeriten und Löwenzahn im langen Gras (links) oder eine Vielzahl von pflegeleichtem, üppigem Frauenmantel (gegenüber), die den Weg fast verdecken, sind oft genauso befriedigend.

an einer Stelle, die sehr viel benutzt wird, unbedingt auf Rasen, muß man die Mehrarbeit mit einplanen.) Oft benutzte Flächen wie der Eingang zu unserem Gemüsegarten, dort, wo der Hauptweg aus Rasen besteht, sind im Winter immer problematisch. Wenn Sie – ähnlich wie ich – auf Rasenwegen bestehen, dürfen Sie die Augen vor den ständig wiederkehrenden Schwierigkeiten nicht verschließen. In nachfolgenden Wintern müssen Sie eventuell bei sehr nasser Wetterlage den gesamten Weg mit Brettern abdecken. Manchmal reicht es auch, im Frühling mit einer Forke Löcher in den Boden zu stechen, um die verdichtete Erde zu belüften; während der Zeit, in der sich der Rasen erholt, müssen Sie aber auf jeden Fall einen anderen Weg benutzen. Wenn der Rasen trotzdem nicht wieder wächst, können Sie auf Fertigrasen zurückgreifen – die Kosten für eine relativ kleine Fläche entsprechen aber in etwa der Anschaffung von vier schönen Rosen. Außerdem müssen Sie einen ganzen Vormittag für die Flickarbeiten einrechnen, und das zu einer Zeit, in der so viele andere Arbeiten im Garten anfallen. In großen, öffentlichen Gärten und Parks wird oft ein kleiner Trick angewandt: Man benutzt dort Fertigrasen mit einer Textilunterseite – diese Variante scheint strapazierfähiger als normaler Fertigrasen zu sein. Will man den Arbeitsaufwand aber wirklich gering halten, bleibt einem nichts anderes übrig, als oft benutzte Wege zu pflastern.

RASEN

Die Anlage der festen Wege läßt sich auf das nächste Jahr hinausschieben, wahrscheinlich möchten Sie aber auch im ersten Jahr nicht auf eine Rasenfläche verzichten. Jeder, der die finanziellen Möglichkeiten hat, Fertigrasen zu verwenden, kann wahrscheinlich auch die Kosten für das Rasenmähen aufbringen. Die große Mehrheit von Gartenbesitzern wird jedoch versuchen, die Rasenpflege auf ein Minimum zu beschränken. Rasenmischungen, die besonders für stark strapazierte Flächen (Flächen, auf denen täglich Fußball gespielt wird) angeboten werden, enthalten Weidelgras. Dieses Gras neigt dazu, starke Halme zu bilden, die meist am Boden liegen. Wenn sich Ihr Leben nicht überwiegend um Fußball dreht, sollten Sie deshalb eher eine feinere Rasenmischung wählen. Schneiden Sie den Rasen nie kürzer als zwei Zentimeter (eher 2,5 Zentimeter) und überzeugen Sie sich selbst von Anfang an, daß Butterblumen, Klee und Moos im Rasen willkommen sind – andernfalls müssen Sie viel zu viel Zeit für das Entfernen dieser kleinen Pflanzen und für Düngegaben aufbringen. Rasenpflege ist immer zeitintensiv. Ein dunkelgrüner, unkrautfreier Rasen wäre wunderschön, gehört aber nicht zu meinen Prioritäten.

Da neue Gärten sehr viel Arbeit erfordern, sollte man anfangs nur die Rasenflächen in Angriff nehmen, die man auch tatsächlich pflegen kann. Rasen muß einmal pro Woche geschnitten werden – und das von Ende März bis Oktober, also etwa dreißigmal im Jahr. Zum Rasen gehören dann noch die Kanten; erst durch gepflegte Kanten sieht ein Rasen auch schön aus. Rechnen Sie mit etwa 15 Minuten alle zehn Tage für etwa neun Meter Rasenkante. Wenn Sie unebene Kanten jedes Jahr mit dem Spaten abstechen, haben Sie nach einigen Jahren wesentlich weniger Rasenfläche, dafür aber größere Beete. Besser ist es, den Rasen mit Holzbrettern, Ziegelsteinen oder einer anderen Befestigung einzugrenzen. Theoretisch läuft der Rasenmäher dann problemlos über die Steine und mäht die Kanten gleich mit.

Dort, wo Blumenzwiebeln in den Rasen gesetzt wurden, sollte der Rasen länger bleiben (etwa 7 bis 10 Zentimeter). Diese Flächen müssen etwa sechsmal pro Jahr gemäht werden. Der erste Schnitt ist der schlimmste, weil Sie erst nach sechs Wochen, nachdem die Blumenzwiebeln ausgeblüht haben, mähen dürfen. Wenn nach den Blumenzwiebeln noch Wiesenblumen erscheinen sollen, so wie in unserem Obstgarten, ist ein dreimaliger Schnitt pro Jahr erforderlich. Das erste Mal darf erst gemäht werden, wenn die Wiesenblumen sich ausgesät haben – das ist vielleicht nicht vor Juli. Der gesamte Grasschnitt muß dann zusammengeharkt und abgetragen werden. Bleibt der Grasschnitt liegen, gelangen zu viele Nährstoffe in die Wiese, die für die Wildblumen nicht geeignet sind. Wild- und Wiesenblumen gedeihen am besten auf magerem Grasland. Für Schlüsselblumen und frühblühende Blumenzwiebeln sollte die Wiese zu Beginn des Winters noch einmal kurz gemäht werden. Schlüsselblumen brauchen viel Licht im Winter, und Krokusse und Scilla sind in hohem Gras nicht zu erkennen.

BLUMEN

Wenn die finanziellen Mittel knapp sind – und das ist im ersten Sommer meist der Fall –, können Sie einjährige Blumen zusammen mit Kräutern und Gemüse um die Solitärpflanzen, die bereits in der Erde sind, säen. Versuchen Sie es mit blauen Kornblumen, Petersilie, Salatsorten in unterschiedlichen Farben, Artischocken, Borretsch und Reseda, zusammen mit der stark duftenden, alten Wickensorte *Lathyrus odoratus*. Sie könnten einige Petunien ihrer satten Farben und ihres Duftes wegen dazu pflanzen. Und selbst wenn das Beet nicht ganz unkrautfrei sein sollte, können Sie den Sommer genießen, Gemüse und Kräuter ernten und die Blumenpracht bewundern – bevor Sie dann im nächsten Winter das Unkraut weiter bekämpfen. Einfache Schemata mit Einjährigen wie diesen heben das Selbstwertgefühl des frustrierten Hobbygärtners und helfen auch weniger enthusiastischen Gartenbesitzern über die schwere Anfangszeit hinweg.

Schreckt man nicht vor noch mehr Arbeit zurück und möchte Kosten sparen, dann ist die erste Saison genau richtig, um Blumen in einem Anzuchtbeet vorzuziehen. Einige Pflanzen wie Glockenblume, Akelei, Salbei, Taglilie und Rittersporn sind im Gartencenter recht teuer, aber leicht aus Samen zu ziehen. Andere wie Katzenminze, Frauenmantel, winterharte Geranien, Garbe, Astern und Phlox kann man

TIPS UND TRICKS

OBEN: *In solchen Beeten kann man teure Pflanzen in großen Mengen aus Samen oder Ablegern ziehen.*

UNTEN: *Lücken in Blumenbeeten lassen sich mit Einjährigen wie Ringelblumen und sich schnell ausbreitenden Kräutern wie Majoran füllen.*

sich von freundlichen Nachbarn erbitten oder recht günstig kaufen. Ernährt man diese gut, bilden sie über den Sommer schnell kräftige Stauden, die sich dann im folgenden Frühling in mehrere Pflanzen teilen lassen. Rosen, Buddleja, Goldlack, Nelken, Lavendel, Rosmarin und Zistrose lassen sich ohne spezielle Behandlung gut aus Stecklingen ziehen. Legen Sie im Sommer ein extra Beet an, stecken diese Ableger in sandige Erde, wässern sie regelmäßig; im nächsten Frühjahr sollten sich so viele Wurzeln entwickelt haben, daß unbedenklich verpflanzt werden kann. Auf diese Weise lassen sich sehr viele Pflanzen vermehren.

KLETTERPFLANZEN UND STRÄUCHER

Bereits vorhandene Kletterpflanzen und solche, die im ersten Jahr gepflanzt wurden, müssen beschnitten und angebunden werden. Kletterpflanzen brauchen immer viel Pflege; man sollte deshalb nicht zu viele Kletterer auf einmal pflanzen. Wenn Sie nicht gerade von Leitern begeistert sind, sollten Sie außerdem auf große Kletterpflanzen wie Rambler-Rosen und Wisteria verzichten. Sie benötigen zwei- bis dreimal im Jahr einige Stunden Aufmerksamkeit – und das meist von der obersten Leitersprosse aus. Wählen Sie statt dessen Kletterer wie Hortensie *Hydrangea anomala* ssp. *petiolaris* für schattige Stellen oder Sternjasmin für eine warme Mauer – sie brauchen keine Rankhilfen. Immergrüne Sträucher wie Säckelblume oder Feuerdorn können als Stütze für Rankgewächse wie Clematis oder Lonicera dienen; sie müssen zwar auch viel beschnitten werden, sind aber meist von den unteren Stufen einer Leiter aus zu erreichen. Kletterrosen können Sie später, wenn Sie etwas mehr Zeit haben, immer noch hinzufügen. Sie wachsen sehr schnell. Im ersten Jahr müssen vielleicht auch bereits vorhandene, ältere Sträucher, die im Frühling blühen, ausgelichtet werden. Als generelle Regel gilt, daß bei allen Sträuchern, die vor Juli blühen, das Holz, an dem geblüht wurde, gleich nach der Blüte ausgeschnitten werden muß. An den neuen Trieben entwickelt sich dann die Blüte für das nächste Jahr. Forsythie, Flieder, Jasmin – alle bekannte und beliebte Sträucher – verholzen eher und blühen mit zunehmendem Alter weniger, wenn sie nicht regelmäßig ausgeschnitten werden. Sie können auch im Winter geschnitten werden – Sie verlieren dann aber eine Blühsaison. Sie können auch nur die Hälfte eines Strauches ausschneiden und mit der anderen Hälfte bis zum nächsten Winter warten. Die Sträucher nehmen eine solche Behandlung nicht übel.

Im ersten Sommer gehören neben der Rasenpflege das Unkrautentfernen, Bewässern und die Nährstoffversorgung der neuen Pflanzungen zu den wichtigsten Aufgaben. Um neue Bäume herum sollten Sie den Rasen mindestens 30 Zentimeter fernhalten und diese Fläche mit einer Mulchschicht

EIN ZEITPLAN FÜR EINEN NEUEN GARTEN

belegen. Wenn die Mulchschicht nach etwa zehn Tagen ohne Regenfälle austrocknet, muß gewässert werden. Neue Pflanzen sollten entweder zu Beginn der Wachstumsperiode mit einem Langzeitdünger versorgt werden, der den ganzen Sommer über wirkt, oder alle sechs Wochen mit einem Flüssigdünger. Ganz eifrige Gärtner düngen alle zwei Wochen. Ich selbst benutze einen Langzeitdünger und einen Flüssigdünger, um das Wachstum junger Pflanzen anzuregen, aber nur bis Mitte August, um zu verhindern, daß die jungen Triebe unter der nächsten kalten Jahreszeit leiden. Das Bewässern kann reduziert werden, sobald es morgens und abends feuchter wird. Wenn Sie vor dem Arbeitsaufwand zurückschrecken, den ein neuer Garten verlangt, können Sie sich für die ersten Jahre Hilfe besorgen, um etwa langes Gras zu mähen oder alte Hecken und Sträucher auszulichten. In den nachfolgenden Jahren fällt dann immer weniger Arbeit an. Bevor Sie mit neuen, großen Gartenprojekten anfangen, sollten Sie sich überlegen, was schon alles geschafft worden ist und ob weitere Beete, Rasenflächen oder Teiche nicht zuviel zusätzliche Pflege erfordern.

LINKS: *Die Säckelblume ist ein schnellwachsender Kletterer, der beschnitten werden muß, sobald er ausgeblüht hat, um die Pflanze unter Kontrolle zu halten. Dieser Strauch ist ideal für andere Kletterer wie spätblühende Clematis-Sorten, die sich durch die Zweige hindurchwinden können. Der Wurzelbereich der Clematis muß aber im Schatten liegen.*

OBEN: *Kletterrosen wachsen schnell und können bei richtiger Pflege eine Pergola in wenigen Jahren bedecken. Hohe Blumen wie Fingerhüte betonen in einem neu angelegten Garten die Vertikale.*

DIE PFLEGE DES GARTENS

Richtige Pflege ist der Schlüssel für einen schönen Garten. Der beste Gartendesigner kann ein gutes Layout und einen optimalen Bepflanzungsplan vorschlagen, aber ohne die notwendige Pflege ist im folgenden Jahr nicht mehr viel von der perfekten Anlage zu sehen.

Über die Jahre sollte ein Garten immer weniger Arbeit und dafür mehr Vergnügen bereiten. Trotzdem sollten Sie weiterhin die wichtigsten Aufgaben im Herbst und im Winter ausführen, um den Sommer über Zeit für die Pflege des Gartens zu haben. Mulchen Sie weiter jedes Jahr, denn so sparen Sie viele Stunden ein, die Sie sonst mit Unkrautjäten und Bewässern verbringen müßten. Versuchen Sie, im Gemüsegarten zu hacken, bevor das Unkraut erscheint. Sie können etwa neun Quadratmeter in weniger als einer Stunde bewältigen – wenn Sie die Arbeit alle zwei Wochen durchführen. Liegt zwischen Himbeeren, Bohnen und Erbsen eine Mulchschicht, muß dort gar nicht gehackt werden.

DÜNGER

Die meisten Pflanzen sind für eine jährliche Verbesserung des Bodens dankbar. Schnellwachsende, mediterrane Gewächse jedoch bevorzugen kargen Boden, auf dem sie auch eher den Winter überstehen. Regelmäßiges Düngen ist aber für viele Pflanzen wie Rosen, Päonien, Dahlien und Rittersporn angebracht. Womit Sie düngen, hängt von persönlichen Vorlieben ab. Viele Gartenliebhaber schwören auf Seetang-Extrakt, weil dadurch Blattläuse abgehalten werden, andere verwenden überwiegend Stickstoffdünger und wieder andere benutzen für alle Blumen Tomatendünger. Ich selbst habe gute Erfahrungen mit getrocknetem Blut für Immergrüne und organischem Langzeitdünger für die übrigen Pflanzen gemacht. Auf unserem Boden, der nicht genügend Magnesium enthält, benutze ich oft Rosendünger (nicht nur für Rosen), denn Rosenblätter und Buchsbaumhecken werden schnell gelb, wenn Magnesiummangel herrscht. Fragen Sie Gärtner in der Umgebung, welche Düngemittel sie empfehlen, und richten Sie sich auch danach, denn nicht alle Mittel sind für alle Böden gleichermaßen geeignet. Wenn Sie nicht die Zeit haben, einzelne Pflanzen zu düngen, können Sie statt dessen im Frühjahr eine Schicht Stallmist oder Kompost aufbringen oder einen Langzeitdünger verwenden. Gärten, die – anders als unserer – eher nach ökologischen Gesichtspunkten angelegt sind, mit einheimischen Pflanzen, die auch in der näheren Umgebung gut gedeihen, oder Pflanzen, die kargen Boden bevorzugen, benötigen weit weniger Dünger. Hat man sich aber entschieden, nicht nur die natürlichen Bewohner der Gegend in den Garten zu holen, muß man der Erde jedes Jahr auch Nährstoffe zurückgeben. Gärtnern, wie wir es tun, bedeutet eigentlich eine intensive Bodennutzung, wodurch nach einigen Jahren auch die beste Erde ausgelaugt wird. Trotzdem muß man keine Kunstdünger verwenden.

Mist und Kompost sind die besten Mittel, um einen Boden zu verbessern. Hornspäne sind gute Langzeitdünger, und Seetang-Extrakt ist ideal, um Pflanzen einen schnellen Wachstumsschub zu ermöglichen. Diese Mittel können alle mit gutem Gewissen verwendet werden. Man sollte Dünger nie direkt auf Blätter oder trockene Erde geben. Warten Sie mit dem Düngen, bis ein regnerischer Tag angekündigt ist.

WASSER

Bei unserem schnell austrocknenden Kalkboden kann auf Wässern nicht verzichtet werden. Während Trockenperioden leiden die Pflanzen sehr schnell. Hobbygärtner mit ähnlich leichtem Boden, die nicht die Zeit zum Bewässern haben oder aber aus ökologischen Gründen den Wasserverbrauch nicht unnötig steigern möchten, müssen auf den Anbau von Obst, Gemüse und auf Pflanzen, die viel Nahrung verlangen, verzichten. Es gibt genügend Pflanzen, die mit diesen Bedingungen zufrieden wären, wie die mediterranen Sträucher – ich möchte aber auch andere Pflanzen im Garten haben. Viele Gewächse, die zu wenig Wasser bekommen, werden schnell von Krankheiten und Ungeziefer befallen. Mehltau breitet sich auf Jakobsleiter, Rosen und Lungenkraut aus, sobald der Boden zu trocken ist. Gut gepflegte Pflanzen sind jedoch weniger anfällig als solche, die verzweifelt um ihre Existenz kämpfen. Großzügige Mulchschichten und jahrelange Bodenverbesserungen helfen, den zusätzlichen Wasserbedarf zu reduzieren. Beim Pflanzen sollten Sie tiefe Löcher ausheben und mit organischen Materialien

GEGENÜBER: *Ein Garten, in dem nicht gearbeitet wird, wirkt etwas leblos. Hier herrscht emsige Betriebsamkeit.*

LINKS: *Der feine Sprühnebel auf den Blumen läßt auf einen besorgten Gärtner schließen; das ist für den Fotografen ideal, aber nicht so sehr für die Pflanzen. Wird in direktem Sonnenlicht bewässert, können die Blätter leicht verbrennen.*

TIPS UND TRICKS

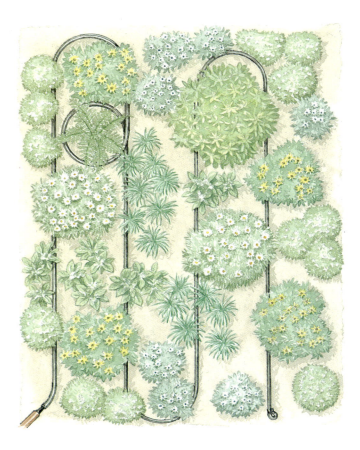

Ein Schlauch mit Löchern, der auf dem Boden ausgelegt wird, ist eine sehr effektive und ökonomische Bewässerungsmethode. Pflanzen, die größere Wassermengen benötigen, können mit dem Schlauch eingekreist werden.

auffüllen, denn dadurch wird der Boden feuchter gehalten. Wenn eine Bewässerung unumgänglich ist, kann ich nur die porösen Schläuche empfehlen, die wir in den Christrosen-Beeten und in den Beeten vor der Mauer zur Kirche verwenden; das ist eine sehr ökonomische Art der Bewässerung. Die Anschaffung dieses Spezialschlauchs, der aus alten Autoreifen hergestellt wird, ist ihren relativ hohen Preis auf jeden Fall wert. Wird dieser Schlauch an neu gepflanzten Hecken unter einer Mulchschicht verlegt, kann man in Trockenperioden viele Stunden Arbeit einsparen und durch Düngerzusätze das Wachstum während des Sommers erheblich beschleunigen. Ich würde nicht die Bewässerungssysteme mit Düsen verwenden, da sie leicht verstopfen und wesentlich teurer in der Anschaffung sind. Herkömmliche Sprenger sind nicht sehr effizient, weil viel Wasser verschwendet wird. Außerdem kann man diese Sprenger nicht an sonnigen Tagen benutzen, weil die meisten Blätter verbrennen würden.

Für das Gemüse benutzen wir allerdings einen Sprenger. Wenn Sie einen Sprenger kaufen wollen, sollten Sie einen wählen, der das Wasser sehr hoch wirft und so einen sanften Regen vortäuscht.

SCHÄDLINGE UND KRANKHEITEN

Sofortiges Durchgreifen ist unbedingt erforderlich. Wenn Sie Schädlinge früh erkennen, können Sie oft auf den Einsatz chemischer Mittel verzichten. Ist eine einzelne Rose oder eine andere Pflanze von Mehltau oder Sternrußtau befallen, läßt sich das meist durch Wasser bekämpfen. Wenn der Befall sehr schlimm ist, kann man die Pflanze zurückschneiden und durch großzügiges Bewässern in wenigen Wochen wieder zu neuem Leben erwecken. Wir spritzen fast nie mit chemischen Mitteln, benutzen aber manchmal organische Schädlingsbekämpfungsmittel gegen Blattläuse. Sobald Schädlinge am Holunder auftauchen, und das geschieht jedes Jahr, werden die befallenen Triebe sofort entfernt. In einem Garten, in dem sich die unterschiedlichsten Schneckenarten tummeln, muß man immer wieder zusehen, wie ganze Reihen von jungen Pflanzen bis auf den Boden abgefressen werden. Wir benutzen deshalb oft Schneckenfallen.

Die schlimmsten Schädlinge in unserem Garten sind aber wesentlich größer. Vogelscharen stürzen sich auf Kohlköpfe und Goldlack, wenn sie nicht durch Netze geschützt werden. Kaninchen sind überall – trotz der vielen Mauern und Maschendraht. Viel kann man nicht gegen sie unternehmen. Renardine, ein furchtbar stinkendes Teeröl, hält Kaninchen – aber auch Menschen – fern. Manchmal hilft es, Pflanzen mit Pfeffer zu bestreuen. Man kann die kleinen Pflanzen natürlich mit Maschendraht schützen. Unseren Zierkohl umgeben wir jedes Jahr mit einem Drahtgeflecht, bis er eine Höhe von etwa 30 Zentimetern erreicht hat. Ich habe gelernt, daß einige Pflanzen wie Nelken und weichblättrige Glockenblumen in kanincheninfizierten Gegenden reine Zeitverschwendung sind. Andere Pflanzen, wie etwa Akelei, die eigentlich dafür bekannt sind, kaninchenresistent zu sein, werden ebenfalls gefressen. Haben die Pflanzen aber schon eine gewisse Höhe, wenn sie gepflanzt werden, können sie überleben, auch wenn alle unteren Blätter abgenagt sind. Probleme mit Mäusen und Maulwürfen haben nicht alle, wir leider ja. Junge Triebe von Clematis und Pfirsichbaum, Tulpen- und Krokuszwiebeln und alle Arten von Erbsen oder Bohnen gehören zu ihren favorisierten Mahlzeiten. Ich kann nicht bestätigen, daß das Eintauchen von Blumenzwiebeln in Paraffin, Öl oder Benzin nützt, aber es gibt viele, die auf diese Behandlung schwören. Fallen sind wohl die effektivste Methode zur Mäuse- und Maulwurfbekämpfung, man muß dann aber sehr viele Fallen aufstellen. Ich bin nicht gewillt, Gift oder Katzen als Bekämpfungsmittel einzusetzen. In jedem Garten

DIE PFLEGE DES GARTENS

gibt es Räuber; man sollte lernen, sie schnell zu erkennen und dann beschließen, ob Kampf oder Flucht die richtige Verhaltensweise ist.

BESCHNITT

Das Beschneiden gehört auch zu den alljährlich unvermeidbaren Aufgaben. Alle Pflanzen wachsen ohne menschlichen Eingriff, aber Ziel des Beschneidens bei den meisten Sträuchern ist es, das Gewächs überschaubar zu halten und so viele Blüten wie möglich zu erhalten. Bei allen Sträuchern (das schließt auch Rosen ein) muß das tote und dünne Holz entfernt werden. Es sollte versucht werden, die Mitte so zu beschneiden, daß Sonne und Licht einfallen können. Dazu werden alle sich kreuzenden Triebe in der Mitte der Pflanze herausgeschnitten. Außerdem muß man versuchen, Schäden durch Wind im Wurzelbereich gering zu halten, so daß bei Pflanzen, die im oberen Bereich sehr schwer sind, die langen Triebe eingekürzt werden und dann nicht mehr so stark vom Wind angegriffen werden können. Dieses sind allgemeine Regeln, die für alle Sträucher beachtet werden sollten. Sie müssen sich bei jedem einzelnen Strauch, den Sie kaufen, genau informieren oder nachlesen, wie er zu beschneiden ist. Generell gilt, daß alle Sträucher, die am vorjährigen Holz geblüht haben, von diesem Holz nach der Blüte befreit werden sollten, um viel Licht und Luft an die neuen Triebe heranzulassen. Sträucher aber, die am frischen Holz blühen, wie viele Rosenarten, Schmetterlingsstrauch und Säckelblume, müssen zu Beginn des Frühjahrs stark zurückgeschnitten werden, um sie zur Bildung vieler neuer Triebe anzuregen. Oft ist es nützlich, einen Zeitplan für den Beschnitt der eigenen Pflanzen aufzuschreiben und dort sichtbar anzubringen, wo die Gartengeräte stehen. Nur wenige Gartenliebhaber können sich beispielsweise erinnern, welcher Gruppe eine bestimmte Clematis angehört. Ich hatte in meinen ersten Gärtnerjahren Schwierigkeiten, die unterschiedlichen Beschnitte für Rote und Schwarze Johannisbeeren im Kopf zu behalten; immer wieder mußte ich kurz ins Haus rennen, um die Einzelheiten nachzulesen. In den Wintermonaten kann man sich eine Liste aller Pflanzen im Garten anlegen und vermerken, welche wie beschnitten werden müssen – man spart dadurch viel wertvolle Zeit in den Sommermonaten.

Rosen vor Mauern blühen besser, wenn man sie dazu bringen kann, daß die Triebe in einem Bogen nach unten wachsen. Dazu kürzt man jeden Trieb ein und bindet ihn an mehreren Stellen an quer gespannten Drähten mit starkem Band – nicht mit Draht – fest. Das kann im Herbst oder im Frühjahr geschehen, vorausgesetzt, es herrscht kein Frost. Als Belohnung sollte man dann im nächsten Jahr eine Mauer erhalten, die vor lauter Rosenblüten kaum noch zu sehen ist. Obstbäume, die als Spalier gezogen werden, auch Wisterien, benötigen einen Sommerschnitt.

Bei Sträuchern wie Jasmin, die am vorjährigen Holz blühen, muß das alte Holz gleich nach der Blüte ausgeschnitten werden.

Die Buddleja *blüht am diesjährigen Holz und muß im Winter stark zurückgeschnitten werden.*

Bei Flieder sollte regelmäßig das Verblühte entfernt werden. Ein Fliederstrauch kann durch vorsichtigen Beschnitt langsam verjüngt werden.

Rosen vor einer Mauer blühen üppiger, wenn die Triebe leicht nach unten gebogen wachsen. Die Seitentriebe werden gekürzt und so gebogen, daß sie vorhandene Lücken füllen. Vielleicht ist es auch erforderlich, jedes Jahr ein oder zwei der ältesten Triebe zu entfernen.

Bei der Buddleja, wie dieser üppig blühenden 'Dartmoor', sollte das Verblühte regelmäßig entfernt werden, damit der Strauch in seiner ganzen Schönheit zur Wirkung kommt.

RÜCKSCHNITT VON STAUDEN

Das Beschneiden von Bäumen und Sträuchern wird überall dokumentiert, aber auch Stauden reagieren auf einen Schnitt, und darüber gibt es recht wenig Informationen. Ich habe gelernt, daß durch ein frühes Ausbrechen der Blüten bei Astern, Chrysanthemen und Phlox die Pflanzen wesentlich buschiger werden, mehr Blüten hervorbringen und weniger gestützt zu werden brauchen. Bei Rittersporn kann man die Blütezeit erheblich verlängern, indem man einige Stengel fast ganz zurückschneidet, so daß eine Hälfte früher als die andere blüht. Oder Sie können alle zur gleichen Zeit blühen lassen und dann die ganze Pflanze zurückschneiden, düngen und wässern und sich auf eine zweite Blüte im Herbst freuen. Viele andere Pflanzen erzeugen ebenfalls eine zweite Blüte, wenn sie zum Ende der ersten Blütezeit zurückgeschnitten werden. Winterharte Geranien, Stiefmütterchen, *Polemonium*, *Centaurea*, *Alchemilla* und *Nepeta*, um nur einige zu nennen, können alle zu einer zweiten Blüte angeregt werden. Stiefmütterchen können sich fast zu Tode blühen. Wie Kinder auf einer Party machen sie weiter, bis sie vollkommen erschöpft „umfallen". Schneidet man sie jedoch zurück, sobald sie erste Zeichen von Ermüdung zeigen und Samen bilden, erholen sie sich in wenigen Wochen und blühen dann genauso unermüdlich wie beim ersten Mal. Der richtige Zeitpunkt für diese Rückschnitte variiert von Jahr zu Jahr. Wenn Sie ihre Blumen aufmerksam beobachten, können Sie bald erkennen, wann eine Pflanze müde wirkt. Schneiden Sie sie dann radikal zurück, versorgen sie mit Nährstoffen und reichlich Wasser und schon bald hat sich die Pflanze vollkommen erholt. Das Entfernen von verblühten Blüten, diese schöne Beschäftigung älterer Damen, die niemals schmutzige Fingernägel haben, ist auch eine Form der Sommerpflege.

Die Blütezeit von Rittersporn läßt sich verlängern, indem man einige Triebe im Frühsommer zurückschneidet.

Beim Entfernen von verblühten Rosen sollte man den Trieb bis zum nächsten Auge entfernen, weil die Zweige unansehnlich werden und absterben.

Die meisten Gärtner, die Rosen angepflanzt haben, ziehen das Verblühte nur mit den Fingern ab. Wird die Rose jedoch bis zum nächsten Auge zurückgeschnitten, sieht sie ansehnlicher aus und blüht länger. Viele andere Pflanzen kann man zu längerer Blüte anregen, wenn man verhindert, daß sich Samen bildet. Wird Verblühtes beispielsweise bei Island-Mohn regelmäßig entfernt, blüht er monatelang, und besonders schöne Akelei-Sorten blühen länger. Ich mache mir die Arbeit, Verblühtes sofort herauszuschneiden, besonders bei Primeln, Ringelblumen, *Hemerocallis*, Margeriten, Kornblumen, Iris, Scabiosen und Nelken. Der Garten sieht wesentlich ordentlicher aus, und die Blütezeit wird verlängert. Hätte ich mehr Zeit, würde ich diese Behandlung bei viel mehr Blumen anwenden. Die Samenbildung schwächt jede Pflanze, und Mehltau und Botrytis haben größere Chancen, wenn man den Samen nicht entfernt. Auch Christrosen und Päonien sind kräftiger und gesünder, wenn die Stengel, an denen die Blüten waren, herausgeschnitten werden. Man kann ein oder zwei Blüten übrig lassen, um selbst Samen zu gewinnen, der Rest sollte aber besser entfernt werden.

Die Entscheidung für den richtigen Zeitpunkt, wann eine Pflanze an Kraft verliert und deshalb zurückgeschnitten werden sollte, ist schwer zu treffen. Wenn im Sommergarten nach und nach alle Pflanzen ausgeblüht haben, befürchte ich jedes Jahr, daß nichts mehr übrig bleiben wird, wenn ich mit dem Rückschnitt fertig bin. Aber sobald ich dann mit der Arbeit begonnen und schon einige Karrenladungen mit Verblühtem abgefahren habe, sind doch nur wenige Lücken zu bemerken. Ab und zu muß einmal eine Pflanze versetzt werden, um eine leere Stelle auszufüllen, oder wir sehen uns nach etwas Neuem um, was dort hinpassen könnte. Auf dem schmalen Beet vor der Nordmauer des Gemüsegartens finden wir meist genügend Lückenfüller. Wir ziehen dort für solche Notfälle jedes Jahr einige Tabakpflanzen und Schmuckkörbchen zusätzlich heran. Astern und Chrysanthemen, die im Frühjahr geteilt wurden und in Reihen gepflanzt warten müssen, bis sie größer sind, lassen sich schnell und einfach versetzen. Als letzte Möglichkeit kann man immer noch eine Pelargonie wie 'Brunswick' in die Lücke setzen. Im Verlaufe eines Sommers kommen immer wieder Freunde mit Pflanzen vorbei, oder ich kaufe irgendwo eine absolut unwiderstehliche Pflanze, die dann Platz in den Lücken finden können. Am schwierigsten ist es wohl, die Blütezeit zu verlängern. Es gibt so viele Gärten, die, nachdem die Hauptblüte der Rosen vorüber ist, traurig und vernachlässigt wirken. Aus diesem Grund ist es wichtig, auch im Spätsommer und Herbst für eine schöne Blüte zu sorgen.

STÜTZEN

Es ist eine wahre Kunst, Pflanzen so zu stützen, daß sie nicht eingeengt wirken. Rittersporn, Astern, Päonien und mehrjähriger Mohn, wie auch viele andere, sind auf Stützhilfen angewiesen. Das ist eine recht komplizierte und zeitaufwendige Arbeit. Wenn die Pflanze ihre volle Höhe erreicht hat, sollten die Stützen und das Bindematerial nicht mehr zu sehen sein. Am besten fängt man deshalb bereits im Frühling

Durch Stützen kann eine Pflanze im Wind nicht auseinanderbrechen – außerdem gewinnt man auf einem Beet mehr Platz. Kleine Zweige können so zusammengesteckt werden, daß sie eine feste, aber elastische Stütze bilden. Alle Stützen sollten im zeitigen Frühjahr in die Erde gesetzt werden.

LINKS: *Rittersporn wird schnell vom Wind erfaßt und bricht leicht. Eine Stützhilfe ist immer erforderlich. Dieser selbstgebaute Rahmen fällt mehr auf als kleine Stützzweige, er ist aber so schön, daß er den Gesamteindruck betont.*

UNTEN: *Zarte Blumen wie der Mohn kommen ohne Stützen aus. Mohn gehört zu den Pflanzen, die am einfachsten aus Samen zu ziehen sind. Die Blumen lassen sich aber nur ungern versetzen, so daß man direkt an Ort und Stelle oder in Töpfen aussäen sollte.*

Schäden zu vermeiden. Wenn Ihr Garten starkem Wind ausgesetzt ist und Sie mit dem vielen Stützen nicht zurechtkommen, bleibt Ihnen nichts anderes übrig, als Blumen zu wählen, die niedriger sind oder keine Hilfen benötigen.

VERMEHRUNG

Viele Arbeiten im Garten sind nicht unbedingt erforderlich. So kann man durchaus einen sehr schönen Garten haben, ohne Pflanzen selbst zu vermehren. Wenn Sie zu den gut organisierten Menschen gehören, können Sie zum richtigen Zeitpunkt kleine Pflänzchen kaufen. Haben Sie sehr wenig Zeit oder Platz, ist das wahrscheinlich am vernünftigsten. Trotzdem ist es schade, denn ein Großteil der Freude am Garten besteht in der Vermehrung der eigenen Pflanzen. Es ist einfach schön, immer ein paar Pflanzen zuviel zu haben, die dann an Freunde und Bekannte verschenkt werden können. In unserem Garten haben wir viel zu viele Stauden – Fingerhüte, Goldlack, Bartnelken, Island-Mohn, Angelica, weißblühende Silberlinge, *Salvia sclarea* var. *turkestanica* – die Liste ist fast unbegrenzt. Hätte ich zuwenig Zeit und Platz, wäre es bestimmt besser, auf einige zu verzichten, aber noch kann ich das nicht. Nimmt man Ableger von Pflanzen, die regelmäßig erneuert werden müssen, wie von Stiefmütterchen und Nelken, oder von nicht ganz winterharten Pflan-

an. Ist eine Pflanze erst einmal umgekippt, ist es wesentlich schwieriger, sie wieder aufzurichten. Im Winter sammeln wir große Mengen kleiner, gut verzweigter Äste, die wir später als Stützen verwenden – zum Ende des Sommers sind trotzdem nie genügend übrig. Man könnte natürlich auch viel Geld für die sogenannten „Verbindungsstützen" ausgeben, um dieses Problem in den Griff zu bekommen, aber sie sehen etwas steril aus und können sich der Pflanze nicht anpassen. Eine andere Möglichkeit wäre, nur niedrigere Pflanzen zu wählen. Wenn Sie nicht die Zeit oder Geduld haben, Pflanzen ständig anzubinden, ist es wahrscheinlich besser, die wirklich hohen Gewächse, die stets gestützt werden müssen, zu meiden. Das heißt aber nicht, daß Sie auf Rittersporn zu verzichten haben: Die Belladonna-Hybriden sind wunderschöne Blumen und blühen länger als die dominierenden, riesigen Vertreter im Staudenbeet. Nicht alle Riesen sind auf Stützen angewiesen. Königskerze, Fingerhut, Meerkohl und Engelwurz benötigen trotz ihrer Größe keine Stützhilfen.

Durch intensives Wässern und starke Regenschauer werden aber auch Pflanzen, die eigentlich von allein aufrecht stehen, flachgelegt. Wind ist das größte Übel für hohe Pflanzen. Wie auch bei allen anderen Arbeiten im Garten ist es hier besonders wichtig, im voraus zu planen, um allzu große

zen, die den Winter nicht überleben würden, so ist das eine eher genüßliche Aufgabe. Das Arbeiten im Treibhaus macht Spaß, ist aber nur sinnvoll, wenn Sie das ganze Jahr über zu Hause sind oder jemanden haben, der in Ihrer Abwesenheit nach dem Rechten sieht. Pflanzen in Töpfen und Trögen erfordern im Sommer ebenfalls tägliche Aufmerksamkeit, so daß auf sie verzichtet werden sollte, wenn die notwendige Zeit nicht aufzubringen ist. Man muß genau wissen, wo die eigenen Grenzen sind und einen Arbeitsplan einhalten, der auch realistisch ist. Es ist nicht unbedingt wichtig, alles genau zum richtigen Zeitpunkt zu erledigen, es kann aber viel Zeit sparen. Wenn Sie hacken, bevor das Unkraut erscheint, und Sträucher beschneiden, bevor sie außer Kontrolle geraten, machen Sie sich das Leben einfacher. Führt man Arbeiten nur aus, wenn alles kurz vor dem Chaos steht, tut man weder sich noch dem Garten einen Gefallen – es ist immer besser, regelmäßig alle zwei oder drei Tage einige Stunden im Garten zu verbringen als einmal im Monat wie ein Sturmtrupp über den Garten herzufallen. Planen Sie nie mehr, als Sie auch wirklich bewältigen können – mit den Jahren nimmt die Arbeit im Garten allerdings ab. Wenn der Garten für Sie zu anstrengend ist, müssen Sie versuchen, Abhilfe zu schaffen. Ein Garten sollte vor allem ein Ort zur Entspannung sein, ein Platz, an dem man sich immer wohl fühlen kann.

OBEN: *Zweijährige Pflanzen wie der Fingerhut können leicht durch Ableger vermehrt werden.*

UNTEN: *Durchgeschnittene Plastikflaschen eignen sich vorzüglich als Mini-Treibhäuser. Die Verschlüsse kann man öffnen, um Luft hereinzulassen.*

LIEBLINGSPFLANZEN

Diese Aufstellung bezieht sich auf meine persönlichen Lieblingspflanzen; die Auswahl ist bei weitem nicht vollständig. Vorausgesetzt, diese Pflanzen erhalten einen guten Start und werden gepflegt, sind sie alle nicht besonders anspruchsvoll. E bedeutet, die Pflanze ist empfindlich, also nicht winterhart, Z, die Pflanze ist überwiegend zweijährig und S, die Pflanze fühlt sich im Schatten wohl.

SOLITÄRPFLANZEN

Dies ist eine Auswahl besonderer Pflanzen, die als Blickfang dienen und den Stil einer Gartenanlage mitbestimmen. Sie sind entweder das ganze Jahr über oder aber zu einer bestimmten Jahreszeit eine besondere Attraktion. Von diesen Pflanzen ausgehend kann man dann alles andere gestalten.

Formen und Blätter

Bäume:
- *Crataegus laevigata* 'Rosea Flore Pleno'
  Der blaßrosa Weißdorn mit seinen gefüllten Blüten wächst schnell und unter fast allen Bedingungen.
- *Magnolia x soulangeana*
  Hübsch im Winter wegen ihres außergewöhnlichen Wuchses und im Frühling wegen der Blüten. In kalten Regionen sollte man die spätblühende 'Lennei' pflanzen.
- *Malus domestica*
  Apfelbäume sind schön und nützlich. 'Discovery', 'Arthur Turner' und, bei genügend Platz, 'Bramley's Seedling' verleihen einem Garten einen eigenen Charakter. Bestehen Sie auf Hoch- oder Halbstämmen; aus den modernen Buschformen kann nie ein richtiger Baum werden.
- *Malus transitoria*
  Kleiner, eleganter Zierapfel.
- *Morus nigra*
  Die schwarze Maulbeere hat bereits als kleiner Baum eine wunderbare Form.
- *Prunus x subhirtella* 'Autumnalis'
  Fragen Sie nach der weißen, nicht der rosa Sorte ('Autumnalis Rosea') dieser winterblühenden Kirsche. Die weiße Kirsche blüht wesentlich länger. Vor einem Hintergrund aus Immergrünen gehört dieser Baum zu den Höhepunkten im Gartenjahr.
- *Ptelea trifoliata*
  Der Lederstrauch hat winzige, duftende Blüten, hübsche Blätter und grüne Samenbüschel.
- *Robinia x slavinii* 'Hillieri'
  Eine kugelige, kleine Akazie mit eleganten Blättern und duftenden, rosa Blüten im Sommer.

Große Sträucher:
- *Buxus sempervirens* (verschiedenste Sorten)
  Immergrüner Buchsbaum unterstreicht jedes Gartenthema und ist auch im Winter dekorativ.
- *Cotinus coggygria* 'Notcutt's Variety'
  Diese violette Sorte des Perückenstrauchs bildet einen hübschen Hintergrund für fast alle Farben.
- *Ilex aquifolium* 'Golden Queen', 'Silver Queen'
  Die Stechpalmen mit ihren mehrfarbigen Blättern heitern im Winter jeden Garten auf.
- *Mahonia x media* 'Charity'
  Riesige immergrüne Blätter und im Winter gelbe Blüten.
- *Osmanthus delavayi* (Duftblüte)
  Winzige, immergrüne Blätter und duftende Blüten im April. Nicht für kalte Regionen geeignet.
- *Rhamnus alaternus* 'Argenteovariegata'
  Dieser mediterrane, immergrüne Busch mit silbrigen Blattspitzen paßt gut zu Rosen.
- *Rosa glauca*
  Die Strauchrose mit unscheinbaren Blüten, aber wunderschönem, kupferfarbenem Laub.
- *Sambucus racemosa* 'Plumosa Aurea'
  Der Goldene Holunder mit seinen gezähnten Blättern wächst besser im Halbschatten als in direkter Sonne.
- *Viburnum plicatum* 'Mariesii'
  Ein flacher Japanischer Schneeball mit waagerecht angeordneten, breit ausladenden Zweigen. Die weißen Blüten stehen in Dolden längs der Triebe.

Kleinere, besonders attraktive Pflanzen

- *Acanthus spinosus*
  Lange, geteilte Blätter. Die *spinosissimus*-Arten haben noch ausgeprägtere Blätter, sie sind aber nicht so winterhart.
- *Alchemilla mollis* (Frauenmantel)
  Mit runden, samtigen Blättern und zarten grüngelben Blüten. Eine sehr beliebte Pflanze. Vor der Samenbildung sollte ein Rückschnitt erfolgen.
- *Artemisia lactiflora* 'Guizhou'
  Zinnfarbene Blätter mit etwas Rosa. Kleine, weiße Blüten. Bevorzugt einen feuchten Standort.
- *Euphorbia characias* ssp. *wulfenii* 'Lambrook Gold'
  Die schönste der großen Wolfsmilch-Pflanzen.
- *Euphorbia x martinii*
  Kleiner als 'Lambrook Gold' mit roten Stengeln. Eine sehr anspruchslose Pflanze.
- *Fuchsia magellanica* var. *gracilis* 'Tricolor'
  Rosagraue Blätter den ganzen Sommer lang. S
- *Helleborus argutifolius*
  Die korsische Christrose mit hübschen Blättern und grünen Blüten, die sich monatelang halten.
- *Iris pallida* var. *pallida*
  Die einzige Iris, die den ganzen Sommer über schöne Blätter hat. Duftende, hellblaue Blüten.
- *Melianthus major* (Honigstrauch)
  Für sehr warme Standorte. Das blaugraue Laub sieht wie geschnitzt aus; die Blätter verströmen aber einen etwas unangenehmen Duft.
- *Morina longifolia*
  Pinkfarbene, distelähnliche Blüten.
- *Rosmarinus officinalis* 'Miss Jessopp's Upright'
  Für sehr warme, trockene Standorte. Die hochwachsende Pflanze bildet silbriggrüne Säulen.

Langblühende Sträucher

- *Buddleja davidii* 'Nanho Blue'
  In milden Wintern immergrün; wirkt zarter als die meisten *Buddleja*-Sorten.
- *Lavatera* 'Barnsley'
  Die hellrosa Blüten heitern jeden neuen Garten auf, bis andere, ausgefallenere Pflanzen herangewachsen sind. Die Neuzüchtung der Malve *Lavatera* 'Pink Frills' hat kleinere, ungewöhnliche Blüten.

Rosen

Viele der alten Rosensorten können in den Sommermonaten einen wahren Blickfang bilden. In großzügigen Anlagen wirken die Moschata-Hybriden 'Buff Beauty', 'Penelope' und 'Felicia' am schönsten.
- *Rosa* 'Cerise Bouquet'
  Überrascht mit ihren großen, offenen Büscheln vieler kleiner, kirschrosa Blüten. Sehr große, moderne Strauchrose.
- *Rosa* 'De Rescht'
  Portland-Rose mit karmesinroten Blüten in der Form alter Rosen. Sie blüht den ganzen Sommer über. Guter, buschiger Strauch.
- *Rosa* 'Pearl Drift'
  Eine moderne Rose, die aber die Blütenform alter Rosen hat.

Auf Fragen, ob sich die von Ihnen ausgewählten Pflanzen auch in deutschen Klimaverhältnissen wohlfühlen, geben Gärtnereien und Gartencenter gerne Auskunft.

Blüht üppig; gutes, krankheitsresistentes Laub und niedriger, breiter Wuchs. Große, weiße Blüten.

Große Sträucher und Stauden
(über 90 Zentimeter)
- **Anemone hupehensis 'September Charm'**
Die rosablühende Japanische Anemone und die weißblühende (*A. x hybrida* 'Honorine Jobert') gehören zu den Höhepunkten im Spätsommer.
- **Dahlia 'Arabian Night'**
Dahlien sind unschätzbare Höhepunkte im Spätsommer. Diese dunkle, karmesinrote Dahlie ist mein Favorit. Man kann zwischen sehr vielen Formen und Farben wählen.
- **Delphinium x belladonna**
Diese Rittersporn-Arten kommen meist ohne Stützhilfen aus und blühen viel länger als die eher bekannten Arten. 'Völkerfrieden' ist enzianblau, 'Moerheimii' cremeweiß und 'Cliveden Beauty' porzellanblau.
- **Nepeta 'Six Hills Giant'**
Die beste und winterhärteste Sorte der großen Katzenminzen. *N. sibirica* ist genauso groß, aber heller blau. Beide blühen monatelang. Nach einem Rückschnitt blühen sie sogar noch einmal.
- **Verbena bonariensis**
Zarte Staude, die den ganzen Spätsommer hindurch mit dunkelvioletten, kleinen Blüten auf dünnen Stielen blüht. Mannshoch.

Kleinere, langblühende Sträucher und Stauden
(ideal als wiederkehrende Elemente in einer Rabatte)
- **Aster x frikartii 'Mönch'**
Die lavendelblauen kleinen Astern blühen fast den ganzen Spätsommer über.
- **Aster lateriflorus 'Horizontalis'**
Aster mit rosa Stengeln und winzigen Blüten im Herbst.
- **Erysimum 'Bowles' Mauve'**
Noch immer die zuverlässigste und schönste Goldlacksorte mit grauen Blättern und purpurfarbenen Blüten fast den ganzen Sommer über.
- **Erysimum 'Constant Cheer'**
Mit grünen Blättern und rostfarbenen Blüten. Auch sie blüht lange.
- **Gaura lindheimeri** (Prachtkerze)
Wolken kleiner, weißer Sterne im Spätsommer; bevorzugt lockeren Boden und einen warmen Standort.

PFLANZEN FÜR UNTERSCHIEDLICHE JAHRESZEITEN

Die folgende Aufstellung beinhaltet viele Pflanzen, mit denen ich zu irgendeinem Zeitpunkt einmal gute Erfahrungen gemacht habe. Wenn Sie einige der Pflanzen ebenfalls anschaffen möchten, sollten Sie auf den hier angegebenen Sorten bestehen. Die Blütezeiten der Stauden und Zwiebeln, die nach den Bäumen, Sträuchern und Kletterpflanzen aufgeführt sind, sind von örtlichen Klimabedingungen abhängig. Die Reihenfolge der Blütezeiten sollte aber überwiegend gleich sein. Man kann die Blüte einiger Pflanzen durch einen Rückschnitt zur richtigen Zeit steuern und verlängern. Derartige Tricks entdecken Sie selbst am besten durch zahlreiche Versuche – was in dem einen Garten funktioniert, kann im nächsten ein großer Mißerfolg sein. Die Pflanzen, die ich in sehr vielen Arten und Sorten empfehle, sind separat auf Seite 204 f. aufgeführt. Ein Sternchen hinter der Bezeichnung weist darauf hin, daß die Pflanze bis in die nächste Saison hinein blüht.

Winter, zeitiges Frühjahr

Bäume und Sträucher:
Buxus sempervirens 'Elegantissima' S
Camellia 'Cornish Snow' S
Camellia x williamsii S
Chimonanthus fragrans
Cornus mas S
Daphne mezereum f. alba S
Garrya elliptica 'James Roof' S
Hamamelis x intermedia 'Pallida' S
Lonicera x purpusii 'Winter Beauty'
Mahonia japonica 'Bealei' S
Mahonia x media 'Charity' S
Pittosporum 'Garnettii'
Prunus x subhirtella 'Autumnalis'
Ribes laurifolium S
Sarcococca hookeriana var. *digyna* S
Viburnum x bodnantense 'Dawn' S
Viburnum farreri 'Farrer's Pink'
Viburnum tinus 'Eve Price'
Viburnum tinus 'Lucidum'

Kletterpflanzen und Sträucher vor Mauern:
Azara microphylla
Clematis armandii 'Apple Blossom' S
Clematis cirrhosa 'Freckles' S
Coronilla valentina ssp. *glauca* 'Citrina' *
Hedera helix 'Glacier' S
Hedera helix 'Goldheart' S
Hedera hibernica S
Jasminum nudiflorum S
Prunus mume 'Beni-chidori'
Prunus mume 'Omoi-no-mama'

Stauden und Blumenzwiebeln:
Anemone blanda *
Bergenia 'Ballawley' S
Bergenia 'Silberlicht' S
Crocus biflorus ssp. *weldenii*
Crocus 'Blue Pearl'
Crocus 'Cream Beauty'
Crocus 'E. A. Bowles'
Crocus tommasinianus
Cyclamen coum
Eranthis hyemalis
Galanthus (siehe Liste S. 205) S
Helleborus niger (siehe Liste S. 205)
Helleborus orientalis (siehe Liste S. 205) S *
Iris 'Joyce'
Iris 'Katharine Hodgkin'
Iris unguicularis 'Mary Barnard'
Iris unguicularis 'Walter Butt'
Primula, Polyantha-Hybriden S
Pulmonaria officinalis 'Sissinghurst White' S
Pulmonaria rubra 'Redstart' S
Pulmonaria saccharata 'Frühlingshimmel' S
Pulmonaria saccharata 'Glebe Blue' S
Viola odorata S

Frühjahr

Bäume und Sträucher:
Amelanchier lamarckii
Chaenomeles speciosa 'Moerloosei' S
Chaenomeles x superba 'Lemon and Lime' S
Chaenomeles x superba 'Rowallane' S
Crataegus laciniata
Daphne blagayana
Daphne odora 'Aureomarginata'
Daphne tangutica retusa
Forsythia suspensa 'Atrocaulis' S
Magnolia kobus S
Magnolia x soulangeana S
Osmanthus delavayi
Paeonia delavayi S
Prunus tenella
Ribes x gordonianum S
Ribes sanguineum 'Pulborough Scarlet' S
Ribes speciosum
Syringa microphylla 'Superba' S
Viburnum x burkwoodii 'Park Farm Hybrid' S
Viburnum carlesii 'Aurora' S
Viburnum plicatum 'Pink Beauty' S

Kletterpflanzen:
Clematis alpina 'Frances Rivis'
Clematis macropetala 'Maidwell Hall'
Clematis macropetala 'Markham's Pink'

Stauden und Blumenzwiebeln:
Brunnera macrophylla S
Cardamine pratensis 'Flore Pleno'
Chionodoxa
Crocus *
Dianthus (siehe Liste S. 205)

Dicentra 'Langtrees' S
Dicentra 'Stuart Boothman' S
Erysimum 'Bowles' Mauve'
Erysimum 'Bredon'
Erysimum 'Constant Cheer' *
Erysimum
  'John Codrington' *
Euphorbia characias ssp.
  wulfenii S *
Euphorbia myrsinites
Euphorbia polychroma S *
Galanthus (siehe Liste S. 205) S
Helleborus argutifolius S *
Helleborus foetidus
  (siehe Liste S. 205) S *
Helleborus lividus S
Helleborus x sternii
  (siehe Liste S. 205) S
Iris bucharica
Iris (Bartiris, mittelhoch)
  'Greenspot'
Iris (Bartiris, niedrig)
  'Austrian Sky'
Iris (Bartiris, niedrig)
  'Blue Hendred'
Iris (Bartiris, niedrig)
  'Clay's Caper'
Iris (Bartiris, niedrig)
  'Hocus Pocus'
Iris (Bartiris, niedrig)
  'Lemon Flare'
Iris (Bartiris, niedrig)
  'Little Blackfoot'
Muscari S
Narcissus, Cyclamineus-
  Hybriden S
Narcissus 'February Gold'
Narcissus 'February Silver'
Narcissus 'Jenny'
Narcissus pseudonarcissus ssp.
  obvallaris S
Narcissus 'Thalia'
Paeonia cambessedesii
Phlox divaricata ssp. *laphamii*
  'Chattahoochee'
Polemonium foliosissimum S
Polemonium
  'Lambrook Mauve' S
Polemonium 'Sonia's Bluebell' S
Primula, Polyantha-Hybriden S
Primula auricula
  (siehe Liste S. 205)
Primula 'Corporal Baxter' S
Primula 'Ken Dearman' S
Primula 'Tawny Port'
Primula vulgaris 'Alba Plena'
Primula 'Wanda' S
Pulmonaria 'Glebe Blue' S
Pulmonaria 'Lewis Palmer' S
Pulmonaria 'Mawson's Blue' S

Pulmonaria 'Weetwood Blue' S
Ranunculus aconitifolius
  'Flore Pleno' S
Scilla siberica
Tulipa (siehe Liste S. 205)
Vinca minor 'Atropurpurea' S
Vinca minor 'Gertrude Jekyll' S
Vinca minor 'La Grave' S
Viola odorata S

Spätes Frühjahr / Frühsommer

Bäume und Sträucher:
Abutilon vitifolium var. *album*
Abutilon vitifolium
  'Veronica Tennant'
Berberis x ottawensis
  'Superba' S
Buddleja alternifolia
Cistus x cyprius
Cistus x hybridus
  (syn. *C. x corbariensis*)
Cistus 'Peggy Sammons'
Cornus alba 'Elegantissima'
Hebe hulkeana
Magnolia wilsonii
Malus toringo ssp. *sargentii*
Philadelphus coronarius S
Prunus padus 'Watereri'
Prunus 'Shirotae'
Prunus 'Shogetsu'
Rubus 'Benenden' S
Syringa x persica
Syringa vulgaris 'Charles Joly' S
Syringa vulgaris 'Firmament' S
Syringa vulgaris
  'Mme Lemoine' S
Syringa vulgaris 'Vestale' S
Weigela 'Florida Variegata' S
Weigela middendorffiana

Kletterpflanzen:
Ceanothus 'Edinburgh'
Ceanothus 'Puget Blue'
Clematis montana 'Elizabeth' S
Hydrangea anomala ssp.
  petiolaris S
Lonicera periclymenum
  'Belgica'
Lonicera rupicola var.
  syringantha S
Lonicera x tellmanniana S
Schisandra rubriflora S
Wisteria floribunda 'Rosea'
Wisteria sinensis 'Alba'

Stauden und Blumenzwiebeln:
Allium giganteum
Allium hollandicum
  'Purple Sensation'

Allium roseum
Anemone nemorosa
Angelica archangelica Z S
Anthemis punctata ssp.
  cupaniana
Aquilegia chrysantha S
Aquilegia fragrans S
Aquilegia 'Hensol Harebell' S
Aquilegia S
Aquilegia vulgaris 'Nivea'
  (syn. 'Munstead White') S
Aubrieta 'Doctor Mules'
Bergenia ciliata
Centaurea montana
Convallaria majalis
Corydalis flexuosa
  'China Blue' S
Dicentra 'Bacchanal' S
Dicentra spectabilis
Dicentra spectabilis 'Alba' S
Fritillaria imperialis
Fritillaria meleagris
Fritillaria pallidiflora
Geranium nodosum
Geranium phaeum S
Geranium sylvaticum
  'Mayflower' S
Geum 'Borisii'
Geum 'Mrs J. Bradshaw'
Helianthemum
  'Henfield Brilliant'
Helianthemum 'The Bride'
Helianthemum
  'Wisley Prim rose'
Hemerocallis lilioasphodelus
Hesperis matronalis
Heuchera cylindrica
  'Greenfinch'
Iberis sempervirens
Iris graminea
Iris (Bartiris) 'Just Jennifer'
Iris (Bartiris, mittelhoch)
  'Avanelle'
Iris (Bartiris, niedrig)
  'Adrienne Taylor'
Iris pallida var. *pallida*
Iris sibirica 'Cambridge'
Iris sibirica 'Flight of Butterflies'
Iris sibirica 'Orville Fay'
Iris sibirica 'Sparkling Rose'
Iris (Bartiris, hoch)
  'Annabel Jane'
Iris (Bartiris, hoch)
  'Autumn Leaves'
Iris (Bartiris, hoch)
  'Black Hills'
Iris (Bartiris, hoch)
  'Deep Pacific'
Iris (Bartiris, hoch)
  'Jane Phillips'

Iris (Bartiris, hoch)
  'Lemon Tree'
Iris (Bartiris, hoch) 'Ruby Mine'
Lathyrus vernus
Leucojum aestivum S
Lunaria rediviva S
Lupinus arboreus
Muscari
Narcissus poeticus var.
  recurvus
Nectaroscordon siculum
Nepeta 'Six Hills Giant' *
Paeonia delavayi
Paeonia mlokosewitschii S
Paeonia officinalis
Parahebe perfoliata *
Primula, Polyantha-Hybriden S
Primula 'Guinevere' S
Primula veris S
Primula vulgaris S
Pulsatilla vulgaris
Silene alpestris 'Flore Pleno'
Tulipa (siehe Liste S. 205)
Veronica gentianoides
Viola 'Arkwright Ruby' S
Viola 'Aspasia' S *
Viola 'Boughton Blue' S *
Viola cornuta 'Alba' S *
Viola 'Huntercombe Purple'
Viola 'Irish Molly' S
Viola 'Little David' S *
Viola 'Martin' S *
Viola 'Moonlight' S *
Viola 'Rebecca' S *

Sommer

Bäume und Sträucher:
Bupleurum fruticosum S
Carpenteria californica
  'Ladhams' Variety'
Cytisus battandieri
Jasminum humile
  'Revolutum'
Philadelphus 'Beauclerk' S
Philadelphus 'Belle Etoile' S
Potentilla fruticosa
  'Vilmoriniana'
Ptelea trifoliata
Rosa (siehe Liste S. 205)
Santolina pinnata ssp.
  neapolitana 'Sulphurea'
Teucrium fruticans 'Azureum'
Viburnum opulus 'Roseum'

Kletterpflanzen:
Buddleja crispa
Jasminum officinale f. *affine*
Lathyrus latifolius
  'White Pearl'

Lathyrus rotundifolius
Lonicera x *heckrottii*
  'Goldflame' **S**
Lonicera periclymenum
  'Serotina' **S**
Lonicera sempervirens **S**
Piptanthus nepalensis
Rosen (siehe Liste S. 205)
Solanum crispum 'Glasnevin'

Stauden und Blumenzwiebeln:
Alchemilla mollis **S**
Allium caeruleum
Allium cernuum
Allium christophii
Centranthus ruber
Cephalaria gigantea
Crambe cordifolia
Delphinium x *belladonna* *
Dianthus (siehe Liste S. 205)
Erigeron karvinskianus *
Filipendula ulmaria
  'Flore Pleno'
Geranium 'Ann Folkard' *
Geranium clarkei
  'Kashmir White'
Geranium himalayense
  'Gravetye'
Geranium 'Johnson's Blue'
Geranium macrorrhizum
  'Ingwersen's Variety'
Geranium x *oxonianum*
  'A.T. Johnson' **S**
Geranium x *riversleaianum*
  'Mavis Simpson' *
Geranium x *riversleaianum*
  'Russell Prichard' *
Lupinus 'The Chatelaine'
Lupinus 'The Governor'
Nepeta sibirica 'Souvenir
  d'André Chaudron'
Paeonia lactiflora
  'Duchesse de Nemours'
Paeonia lactiflora
  'Edulis Superba'
Paeonia lactiflora
  'Felix Crousse'
Paeonia lactiflora
  'Laura Dessert'
Paeonia lactiflora
  'Sarah Bernhardt'
Paeonia lactiflora
  'White Wings'
Papaver orientale
  'Cedric Morris'
Papaver orientale
  'Turkish Delight'
Phlox 'Bill Baker'
Potentilla atrosanguinea
Potentilla 'Gibson's Scarlet'

Potentilla 'Monsieur Rouillard'
Potentilla nepalensis
  'Miss Willmott'
Selinum wallichianum
  (syn. *tenuifolium*)
Verbascum chaixii 'Album' **Z**
Verbascum 'Cotswold Queen' **Z**
Verbascum 'Gainsborough' **Z**
Verbascum 'Helen Johnson' **Z**

Spätsommer

Bäume und Sträucher:
Artemisia abrotanum
Brachyglottis 'Sunshine'
Buddleja davidii 'Dartmoor'
Buddleja davidii 'Empire Blue'
Buddleja davidii 'Nanho Blue' *
Buddleja fallowiana var. *alba*
Buddleja lindleyana
Buddleja 'Pink Delight'
Ceanothus x *burkwoodii*
Clematis heracleifolia var.
  davidiana 'Wyevale' *
Clematis integrifolia
Escallonia 'Iveyi'
Hydrangea aspera villosa **S**
Hydrangea macrophylla
  'Mariesii Perfecta'
  (syn. 'Blue Wave') **S**
Hydrangea macrophylla
  'Tricolor' **S**
Hydrangea 'Mme Emile
  Mouillère' **S** *
Hydrangea 'Preziosa' **S**
Hydrangea quercifolia **S**
Lavandula angustifolia
  'Hidcote' *
Lavandula stoechas
Ligustrum lucidum **S**
Ligustrum quihoui **S**
Phygelius aequalis
  'Yellow Trumpet' *
Phygelius x *rectus*
  'Winchester Fanfare' *
Rosa (siehe Liste S. 205)
Salvia microphylla var.
  neurepia

Kletterpflanzen und Sträucher
vor Mauern:
Abelia x *grandiflora*
  'Francis Mason'
Aconitum volubile **S**
Clematis 'Alba Luxurians' **S**
Clematis 'Bill Mackenzie' **S**
Clematis 'Duchess of Albany' **S**
Clematis 'Gravetye Beauty' **S**
Clematis 'Perle d'Azur' **S**
Clematis rehderiana

Dicentra scandens
Lathyrus grandiflorus
Lonicera x *americana* **S**
Lonicera periclymenum
  'Graham Thomas' **S**
Myrtus communis
Passiflora caerulea
Rosa (siehe Liste S. 205)
Trachelospermum
  jasminoides
Tropaeolum speciosum

Stauden und Blumenzwiebeln:
Acanthus mollis **S**
Acanthus spinosus **S**
Achillea 'Moonshine'
Achillea 'Schwefelblüte'
Aconitum carmichaelii
  'Barker's Variety' **S**
Aconitum 'Ivorine' **S**
Aconitum 'Sparks Variety' **S**
Agapanthus Headbourne-
  Hybriden
Alcea rosea 'Nigra' **Z**
Alcea rugosa **Z**
Allium sphaerocephalon **S**
Anaphalis triplinervis
Anemone hupehensis *
Artemisia lactiflora
  'Guizhou'
Aster x *frikartii* 'Mönch' *
Campanula lactiflora
  'Prichard's Variety' **S**
Campanula latiloba
  'Hidcote Amethyst' **S**
Clematis x *durandii*
Coreopsis verticillata
  'Moonbeam'
Crocosmia 'Emily Mackenzie'
Crocosmia 'Lucifer'
Crocosmia 'Solfaterre'
Dahlia 'Arabian Night' *
Dahlia 'Bishop of Llandaff' *
Dahlia 'Claire de Lune' *
Dahlia coccinea *
Dahlia 'Glorie van Heem-
  stede' *
Dahlia 'Hugh Mather' *
Dahlia 'John Street' *
Dahlia merckii *
Dahlia 'Moonlight' *
Dahlia 'Porcelain' *
Echinops bannaticus
  'Taplow Blue'
Epilobium angustifolium f.
  album **S**
Eryngium x *oliverianum*
Eryngium x *tripartitum*
Galega officinalis
Gaura lindheimeri *

Geranium pratense
  'Mrs Kendall Clark'
Geranium pratense
  'Plenum Violaceum'
Geranium psilostemon
Geranium sanguineum var.
  striatum
Hemerocallis fulva 'Stafford' **S**
Hemerocallis 'Hyperion' **S**
Hemerocallis
  'Marion Vaughn' **S**
Hemerocallis 'Whichford' **S**
Hosta plantaginea
Knautia macedonica
Kniphofia 'Green Jade'
Kniphofia 'Little Maid'
Leucanthemum x *superbum*
Lilium regale
Lobelia 'Queen Victoria' **E**
Lobelia tupa **E**
Lychnis coronaria 'Alba'
Lychnis coronaria
  'Atrosanuinea'
Macleaya microcarpa
  'Kelway's Coral Plume'
Nepeta govaniana **S**
Nicotiana langsdorffii **E S**
Nicotiana sylvestris **E S**
Oenothera stricta
  'Sulphurea' **S** *
Origanum laevigatum
  'Hopleys'
Penstemon 'Evelyn' *
Penstemon 'Garnet' *
Phlox maculata 'Omega' **S**
Physostegia virginiana
  'Summer Snow'
Romneya coulteri
Salvia involucrata 'Bethellii' **E** *
Salvia sclarea var.
  turkestanica **Z**
Salvia uliginosa **E**
Sedum 'Ruby Glow'
Sidalcea 'Elsie Heugh'
Thalictrum delavayi
  'Hewitt's Double'
Thalictrum flavum
Verbascum olympicum **Z**
Verbena bonariensis **E**

Herbst

Bäume und Sträucher:
Arbutus unedo **S**
Caryopteris x *clandonensis*
  'Heavenly Blue'
Ceratostigma willmottianum
Euonymus europaeus
  'Red Cascade' **S**
Euonymus hamiltonianus **S**

Eupatorium ligustrinum
Fuchsia magellanica var.
   molinae 'Sharpitor' **S**
Fuchsia magellanica
   'Versicolor' **S**
Fuchsia 'Riccartonii' **S**
Rosa moyesii
Rosa rugosa 'Alba'
Sorbus hupehensis
Viburnum opulus
   'Compactum' **S**
Viburnum opulus
   'Xanthocarpum' **S**
Viburnum plicatum
   'Nanum Semperflorens' **S**

Kletterpflanzen:
Abutilon 'Kentish Belle'
Aconitum hemsleyanum
Campsis x tagliabuana
   'Mme Galen'
Ceanothus 'Autumnal Blue'
Cotoneaster horizontalis **S**
Dicentra scandens
Parthenocissus henryana **S**
Vitis 'Brant'
Vitis coignetiae

Stauden und Blumenzwiebeln:
Aconitum 'Bressingham
   Spire' **S**
Aster amellus 'King George'
Aster 'Coombe Fishacre'
Aster lateriflorus
   'Horizontalis'
Aster 'Little Carlow'
Aster thomsonii 'Nanus'
Dendranthema 'Anastasia'
Dendranthema 'Clara Curtis'
Dendranthema
   'Duchess of Edinburgh'
Dendranthema
   'Emperor of China'
Dendranthema 'Mary Stoker'
Dendranthema 'Mei-kyo'
Dendranthema
   'Wedding Day'
Geranium wallichianum
   'Buxton's Variety'
Nerine bowdenii
Salvia microphylla var.
   neurepia
Salvia uliginosa
Schizostylis coccinea
   'Sunrise'
Schizostylis coccinea
   'Viscountess Byng'

ZWEIJÄHRIGE PFLANZEN

Die Zweijährigen sind eine Pflanzengruppe, die man nicht übersehen sollte. Sie benötigen relativ viel Pflege, blühen aber oft zwei Sommer lang und säen sich vielfach selbst aus. Einige Pflanzen dieser Liste sind eigentlich mehrjährige Stauden, die man aber besser als Zweijährige behandeln sollte.

Alcea rosea und *A.* 'Nigra'
Alcea rugosa
Angelica archangelica
Bellis perennis Pomponette
Erysimum 'Carmine Bedder'
Erysimum 'Primrose Bedder'
Erysimum 'Vulcan'
Delphinium staphisagria
Dianthus barbatus
Digitalis purpurea f. *albiflora*
Digitalis purpurea
   'Sutton's Apricot' **S**
Lunaria annua
   'Alba Variegata' **S**
Myosotis **S**
Onopordum acanthium
Papaver nudicaule
   'Constance Finnis'
Salvia sclarea var.
   turkestanica
Silybum marianum
Smyrnium perfoliatum **S**

EINJÄHRIGE PFLANZEN

Für eine schnelle Blütenpracht

Antirrhinum 'Black Prince'
Borago officinalis
Calendula
Centaurea cyanus
Cleome hassleriana
   'Helen Campbell'
Cosmos 'Purity'
Cosmos 'Versailles Red'
Helianthus annuus
   'Italian White'
Helianthus annuus
   'Velvet Queen'
Linum grandiflorum
   'Rubrum'
Malva sylvestris 'Zebrina'
Nicotiana alata
Nicotiana langsdorffii
Nicotiana 'Lime Green'
Nicotiana sylvestris
Nigella damascena 'Miss Jekyll'
Papaver rhoeas
Papaver somniferum
Tropaeolum
   'Empress of India'
Zinnia 'Envy'

Frostempfindliche Einjährige

Die folgenden Einjährigen eignen sich besonders, um Lücken zu füllen oder als Topfbepflanzung. Sie können aber ohne Schutz kaum einen Winter überstehen. Man sollte deshalb rechtzeitig Ableger nehmen oder die Pflanzen frostfrei überwintern.

Anisodontea capensis
Argyranthemum gracile
   'Chelsea Girl'
Argyranthemum 'Vancouver'
Azorina vidalii (syn.
   Campanula vidallii)
Bidens ferulifolia
Convolvulus sabatius
Diascia lilacina
Diascia 'Ruby Field'
Francoa sonchifolia
Geranium palmatum
Heliotropium 'Chatsworth'
Heliotropium
   'Princess Ma-rina'
Lobelia 'Queen Victoria'
Lobelia tupa
Lotus berthelotii
Malva sylvestris 'Primley Blue'
Malvastrum lateritium
Mimulus glutinosus
Pelargonium (siehe Liste
   S. 205)
Penstemon 'Apple Blossom'
Penstemon 'Blackbird'
Penstemon 'Catherine de la
   Mare'
Penstemon 'Evelyn'
Penstemon 'Garnet'
Penstemon 'Hidcote Pink'
Penstemon 'Rubicundus'
Penstemon 'Stapleford Gem'
Rhodanthemum gayanum
Salvia cacaliifolia
Salvia patens
Salvia uliginosa
Senecio cineraria
Sphaeralcea munroana
Tweedia caerulea
Verbena 'Apple Blossom'

Kletterpflanzen:
Cobaea scandens 'Alba'
Eccremocarpus scabe
   (rot und gold)
Ipomoea 'Heavenly Blue'
Lathyrus 'Noel Sutton'
Lathyrus odoratus
Rhodochiton atrosanguineus

GRÜNPFLANZEN

Für sonnige Standorte; ohne oder nur unscheinbare Blüten; viele dieser Pflanzen sind Kräuter.

Artemisia 'Powis Castle'
Ballota pseudodictamnus
Foeniculum vulgare
   'Giant Bronze'
Hebe rakaiensis **S**
Lotus hirsutus (syn.
   Dorycnium hirsutum)
Origanum vulgare
   'Aureum' **S**
Ruta graveolens
   'Jackman's Blue'
Salvia officinalis 'Icterina'
Salvia officinalis 'Purpurascens'
Salvia officinalis 'Tricolor'
Stachys byzantina
Thymus x citriodorus
   'Silver Queen'

Schattige Standorte sind ideal für Farne. Mit den hier aufgeführten habe ich gute Erfahrungen gemacht, selbst auf recht trockenem Boden.

Dryopteris filix-mas
Polypodium vulgare
Polystichum setiferum
   'Divisilobum'

PFLANZEN ZUM SAMMELN

Die folgenden Pflanzen gehören zu denen, die ich selbst sammle. Rosen, Helleborus, Dianthus, Tulpen, Galanthus, Auricula und Pelargonien zählen für mich zu den schönsten Blumen. Die Auflistungen beschränken sich auf meine absoluten Lieblingspflanzen. Da ich nie einen

LIEBLINGSPFLANZEN

Garten mit sehr feuchtem Boden bearbeitet habe, sind meine Erfahrungen mit Primeln noch recht begrenzt. Diese – genau wie Dahlien, Clematis, winterharte Geranien, Astern und winterharte Chrysanthemen – sind aber Kandidaten für zukünftige Pflanzensammlungen.

Auricula (Primel)
(am besten in Töpfen und im Winter an einem luftigen Standort; schattenliebend)
'Adrian'
'Blue Steel'
'Bonnard's Green'
'Elsie'
'Gretna Green'
'Jack Dean'
'Joy'
'Lockyer's Gem'
'Moneymoon'
'Prague'
'Rosebud'
'Sandwood Bay'
'Sirius'
'St Boswells'
'Susan'
'Victor Bell'

Dianthus (Nelke)
(viele mehrmals blühend)
'Allspice'
'Bat's Double Red'
'Becky Robinson'
'Brympton Red'
'Farnham Rose'
'Gran's Favourite'
'Haytor White'
'Inchmery'
'Laced Monarch'
'London Lovely'
'Old Square Eyes'
'Old Velvet'
'Pike's Pink'
'Queen of Sheba'
'Red Emperor'
'Red Welsh'
'Rose de Mai'

Galanthus (Schneeglöckchen)
(Halbschatten)
'Atkinsii'
caucasicus
'Desdemona'
elwesii
'Galatea'
gracilis
'Hippolyta'
'Lady Beatrix Stanley'
'Magnet'
'Merlin'
nivalis
'Ophelia'
plicatus ssp. *byzantinus*
'S. Arnott'
'Straffan'
transcaucasicus
 (syn. *G. lagodechianus*)
'Viradapicis'

Helleborus (Christrose)
argutifolius
atrorubens
foetidus 'Green Giant'
foetidus 'Miss Jekyll'
foetidus 'Sopron'
foetidus 'Wester Flisk'
niger (Blackthorn-Gruppe)
niger 'White Magic'
x *nigercors*
x *nigristern*
orientalis ssp. *abchasicus*
 'Early Purple'
orientalis 'Ballard's Black'
orientalis 'Elizabeth
 Strangman's Pink'
orientalis ssp. *guttatus*
orientalis 'Yellow Ballard'
x *sternii* (Blackthorn-Gruppe)
x *sternii* 'Boughton Beauty'
Torquatus-Hybriden

Pelargonium
(können auf einer sonnigen Fensterbank überwintern)
'Arden'
'Barbe Bleu'
'Brunswick'
'Clorinda'
'Copthorne'
'Crimson Unique'
crispum 'Variegatum'
'Crystal Palace Gem'
'Friesland'
'Grey Lady Plymouth'
'Lady Mary'
'Lord Bute'
'Miss Australia'
'Mr Wren'
'Mystery'
'Paton's Unique'
'Rollisson's Unique'
'Sweet Mimosa'
tomentosum
'Vestale'
'Yale'

Rosa (Rose)
'Aloha'
'Ballerina'
'Buff Beauty'
'Cardinal Hume'
'Cécile Brunner'
'Céleste'
'Cerise Bouquet'
'Complicata'
'Comte de Chambord'
'Cornelia'
'De Rescht'
'Dupontii'
'Fantin-Latour'
'Felicia'
'Ferdinand Pichard'
'Fru Dagmar Hastrup'
'Fritz Nobis'
'Frühlingsgold'
glauca
'Graham Thomas'
'Heritage'
'Iceberg'
'Ispahan'
'Jacques Cartier'
'L. D. Braithwaite'
'Maigold'
'Mme Isaac Pereire'
moyesii 'Geranium'
'Nevada'
nutkana 'Plena'
'Pax'
'Pearl Drift'
'Penelope'
'Petite de Hollande'
pimpinellifolia 'Grandiflora'
primula
'Reine des Violettes'
'Rose d'Amour'
'Rosemary Rose'
'Roseraie de l'Haÿ'
'The Fairy'
'White Pet'
'Wickwar'
'William Lobb'
'Windrush'
xanthina 'Canary Bird'
xanthina f. *hugonis*
'Yellow Button'
'Yesterday'

Kletterrosen
'Adélaïde d'Orléans'
'Albéric Barbier'
'Albertine'
'Alchymist'
'Alister Stella Gray'
banksiae 'Lutea'
'Blush Noisette'
Climbing 'Pompon de Paris'
'Félicité Perpétue'
'Gloire de Dijon'
'Guinée'
'Leverkusen'
'Mermaid'
'Mme Alfred Carrière'
'New Dawn'
x *odorata* 'Mutabilis'
'Phyllis Bide'
'Rambling Rector'
'Sanders' White Rambler'
'Sombreuil'
'Zéphirine Drouhin'

Tulipa (Tulpe)
'Abu Hassan'
acuminata
'Aladdin'
'Angélique'
'Apricot Beauty'
'Apricot Parrot'
'Artist'
'Bleu Aimable'
'Bright Eyes'
'Carnaval de Nice'
'China Pink'
clusiana
'Couleur Cardinal'
'Estella Rijnveld'
'Fantasy'
'Flair'
'Garden Party'
'Generaal de Wet'
'Hummingbird'
linifolia (Batalinii-Gruppe)
 'Bright Gem'
'Marilyn'
marjolettii
'Maureen'
'Maytime'
'Orange Favourite'
'Prince Charles'
'Prince of Austria'
'Purissima'
'Queen of Sheba'
'Queen of the Night'
'Rococo'
'Shirley'
'Spring Green'
sylvestris
'Union Jack'
'West Point'
'White Triumphator'
'Yokohama'

REGISTER

Die geraden Ziffern beziehen sich auf die Textseiten, die kursiven auf die Abbildungsseiten.

Abelia × *grandiflora* 'Francis Mason', 103
Abutilon (Schönmalve) 103
Acer palmatum 'Osakazuki' (Japanischer Ahorn) 99
Achillea (Garbe) 190
Aconitum (Eisenhut) 184
Agapanthus (Schmucklilie) 87, *87*, 93; *A. africanus* *133*, 142
Ahorn 99
Akanthus 109 f., 184
Alchemilla (Frauenmantel) *108–109*, 112, *182*, 189, *189*, 196; *A. mollis* *182*, *185*
Allium (Lauch) 122; *A. hollandicum* 'Purple Sensation' *114*, *182*
Aloysia triphylla (Zitronenstrauch) 134
Alstroemeria psittacina (Inkalilie) 142
Anchusa (Ochsenzunge) 117
Anemone 36, *37*; *A. blanda* *43*, 46, 49, 184; *A. nemorosa* (Buschwindröschen) 184
Angelica *108*, *109*, 163, 199
Angelica archangelica (Engelwurz) 121
Antirrhinum (Löwenmaul) 122
Anzuchtbeete, Anzuchtgefäße 189 f., *190*, 199
Apfelbäume 24 ff., *53*, *55*, 61, 68, *72–75*, 77, 149, *160*, 196
Aquilegia (Akelei) 65, 70, 122, 189, 194, 197
Armeria (Grasnelke) 112
Artemisia lactiflora 'Guizhou' (Beifuß) *124*, *125*
Asplenium scolopendrium (Streifenfarn) *185*
Astern *71*, 190, 196 ff.
Aster tripolium (Strandaster) 65, 70, 96
Aurikeln *137*, 142, *143*
Austen, Jane 15
Austen, Ralph 75
Azara 143

Bäume 170, 175 f., 184 f., 187, *185*
Baldrian 90
Begonia fuchsioides *155*; *B. sutherlandii* *143*
Betjeman, John 12
Bewässerung 193 f., *193*, *194*
Birken *43*
Blumenrabatten 178–185
Blumenzwiebeln *182*, 188 f., 194
Böschungen, Stützmauern 169, *185*
Borago officinalis (Boretsch) 25, 29, *35*
Botticelli, Sandro 77
Brunnera 70
Buchen 41, 47, *59*, 148, 175 f., *175*
Buddleja (Schmetterlingsstrauch) *195*, 195; *B. agathosma* *138*; *B. crispa* 25; *B. 'Dartmoor' 120, 122, *196*; *B. 'Nanho Blue' 127; *B. 'Nanho Purple' 127
Buxus (Buchsbaum) 25 f., 44, 46, *55*, 58, *59*, 64 f., *64*, *100*, *111*, 112, 121, 175, *193*; *B. sempervirens* 26; *B.s.* 'Greenpeace' *111*, 121; *B.s.* 'Handsworthii' *59*

Calendula (Ringelblume) 25, *25*, 32, *33*, *190*, 197
Campanula (Glockenblume) *115*, 122, 184, 189, 194; *C. vidalii* 141
Casteels, Pieter 77, *117*
Ceanothus (Säckelblume) 131, 176, 190, *191*, 195; *C.* 'Edinburgh' *134*, *182*; *C.* 'Puget Blue' 134
Centaurea (Kornblume) 70, *70*, 197
Cephalaria gigantea (Schuppenkopf) 121
Cestrum (Hammerstrauch) 103
Chaenomeles speciosa 'Moerloosei' *127*
Chatto, Beth 110, 160, *160*
Cheiranthus (Goldlack) 70, 141, 190
Chimonanthus fragrans (Winterblüte) 127
Chrysanthemum 70, *71*, 196 f.; *C.* 'Apollo' *27*; *C.* 'Bronze Elegance' *27*
Cistus (Zistrose) 92, 112, 176, *182*, 190
Clematis (Waldrebe) 35, 134, 190, *191*, 194 f.; *C.* 'Alba Luxurians' *135*; 1*C. armandii* 'Apple Blossom' 131; *C. cirrhosa* 'Freckles' *138*; *C. florida* 'Sieboldii' 131; *C.* 'Gravetye Beauty' *180*, *181*; *C.* 'Jackmanii' *182*; *C. montana* 138; *C.* 'Perle d'Azur' 131
Coreopsis 'Moonbeam' (Mädchenauge) *31*
cornflowers 70, *70*, 197
Coronilla valentina ssp. *glauca* 'Citrina' (Kronwicke) 131, *131*
Cosmos (Schmuckkörbchen) 19, *71*, 197; *C.* 'Versailles Red' *138*
Cotoneaster (Zwergmispel) 143, 147
Crambe (Meerkohl) 29, *50*, *51*, 70, 198; *C. cordifolia* 121
Crataegus (Weißdorn) *175*
Crocosmia 'Lucifer' (Montbretie) 122
Crocus 79, 81, 142, 189, 194; *C. tommasinianus* 79
Cyclamen (Alpenveilchen) *94*, 95, 184 f., *185*; *C. coum* 102
Cymbidium (eine Orchideenart) 143
Cytisus (Geißklee) 176; *C. battandieri* *130*, 131

Dahlia 65, *180*, 193; *D.* 'Arabian Night' 70, *119*; *D.* 'Bishop of Llandaff' *119*, 122; *D.* 'Hugh Mather' *96*, 103, *107*
Daphne (Seidelbast) 19; *D. laureola* *185*; *D. mezereum* 102; *D. pontica* *185*
Delphinium (Rittersporn) 70, *182*, 196, *196*, 198
Dianthus (Nelke) 61, 87, 178, *180*, 190, 194, 197, 199; *D. barbatus* (Bartnelke) *55*; *D.* 'Becky Robinson' *181*; *D.* 'Gran's Favourite' *181*; *D.* 'Haytor White' *181*; *D.* 'Laced Monarch' *181*
Dicentra scandens (Herzblume) 96
Digitalis (Fingerhut) 163, 184, *191*, 198, *199*; *D. purpurea albiflora* *185*
Drainage 170, *170*

Eccremocarpus (Schönranke) 19, 131, *131*, 133
Ehret, G.D. 99
Eiben 18, *18*, *38*, 39, 47 f., 65, 74, 90, 91 ff., *91*, 93, 147, 175, *175*, 176
Einjährige 184, 189, *190*
Erdbeeren 22, *23*, 27, 65
Erigeron karvinskianus (Berufkraut) 90
Erysimum 'Bowles' Mauve' *182*; *E. cheiri* 'Bloody Warrior' 32; *E.* 'Primrose Bedder' *139*, 140
Euonymus europaeus (Pfaffenhütchen) 'Red Cascade' *43*, 48
Euphorbia (Wolfsmilch) 69, 97; *E. characias* ssp. *wulfenii* 'Lambrook Gold' *101*, 106, *143*; *E. griffithii* 'Fireglow' *35*; *E.* × *martinii* 105

Farne *45*, 160, 184
Flieder 17, 48 f., *114*, *146*, 190, 195
Foeniculum (Fenchel) 27, *27*, 69
Fritillaria (Kaiserkrone) 81; *F. meleagris* (Schachbrettblume) 77
Fuchsia magellanica var. *gracilis* 'Tricolor' *143*
Furber, Robert 77, *117*

Galanthus (Schneeglöckchen) 36, *37*, *45*, 49, *94*, *95*, 102, 127; *G.* 'Desdemona' 102; *G.* 'Galatea' 102; *G.* 'Magnet' 102
Galium (Labkraut) 21, 79
Gambier-Parry, Sidney 13, 24
Garrya elliptica 73
Gaura lindheimeri (Prachtkerze) 127
Gemüse *51* f., *59*, 60, 63, 65, 189
Gemüsegarten *16*, 51–70, 147, 149
Geranium 109, 112, *182*, 190, 196; *G. psilostemon* 94; *G. sanguineum* 87; *G.s.* var. *striatum* *127*
Gewächshäuser 18, *135*
Glendening, Alfred 55
Gras, Gräser 79, 81, 171, *171*, 188 f.

Habichtskraut 79
Hahnenkamm *72*, *73*, 79
Haselnußsträucher 59
Hebe (Strauchveronika) 19
Hecken 163, 174, 175 f., *175*, 187
Hedera (Efeu) *133*, *185*
Helianthemum (Sonnenröschen) 142
Heliotropium 'Chatsworth' *138*, 141; *H.* 'Princess Marina' 141
Helleborus (Christrose) 18, 21, 92, *94*, 95, 96–102, *100*, 105 f., 110, 126, *126*, 127, 197; *H. argutifolius* 18, 68; *H.* × *ericsmithii* 97; *H. foetidus* 45, 48; *H. niger* 97, 99; *H.* × *nigercors* 18, 97; *H. orientalis* 97
Hemerocallis (Taglilie) 105, 189, 197
Hepatica (Leberblümchen) 49
Hesperis (Nachtviole) *114*, 122, *144*, *145*
Himbeeren *53*, *57*, 62, 192
Hooker, William 29
Hopfen 179
Hyazinthen 81
Hydrangea anomala ssp. *petiolaris* (Hortensie) *170*, 190
Hypericum (Johanniskraut) 12, 18, 38

Iberis sempervirens (Schleifenblume) 112
Ilex (Stechpalme) *39*, 47, 99, 105, 147
Iris (Schwertlilie) 52, 69, *114*, 117, 182, 184, 197; *I. foetidissima* 'Citrina' 184, *185*; *I.* 'Jane Phillips' 26, 32; *I.* 'reticulata' 90; *I. sibirica* 120, 121 f.

Japan. Aprikose *138*
Jasminum 131; *J. polyanthum* 143; Winterjasmin 142, 195
Jekyll, Gertrude 162
Johannisbeeren *59*, 61

Kamille 86
Kapuzinerkresse 25, 32
Kartoffeln *55*, *59*, 173
Kieswege *166*, 166
Kirschbäume 47 f., 120, *146*, 149, *158*
Kletterpflanzen 129–138, *130–137*, 190
Komposthaufen 174, *174*, 187
Kräuter 32, 190

Lathyrus odoratus (Wicke) 189
Laube, Laubengang *30*, 32, 35
Lavatera 'Barnsley' (eine Malvenart) *180*, *182*, *182*
Lavendel 29, 91, 92, *114*, 176, 190
Le Nôtre, André 17
Lewis, John Frederick 117
Ligustrum 47, 175; *L. lucidum* *126*; *L. quihoui* 120
Linum narbonense (Flachs) 178, *180*, *181*; *L. perenne* 178
Lloyd, Christopher 127
Lobelia tupa *124* f.
Löwenzahn 81, *188*
Lonicera (Geißblatt) 21, 52, 59, 69, 133, 190 ; *L. etrusca* 'Superba' *133*, *133*; *L.* × *heckrottii* 'Gold Flame', *L. periclymenum*: 'Belgica' *133*; *L.p.* 'Graham Thomas' 69, 127; *L.* × *purpusii* 'Winter Beauty' *126*; *L.* × *tellman-niana* *133*
Lorbeerbäume 12, 17, 32, 44, 120, 134, *146*
Lotus berthelotii (Hornklee) 142

Loudon, Jane *117*
Lunaria (Silberling) *97, 105, 142, 160,* 199
Lychnis coronaria (Lichtnelke) 122

Magnolia 111; *M.* 'Maryland' 131; *M.* x *soulangeana* 120
Mahonia aquifolium (Mahonie) 185
Maiglöckchen 14, 21, 49
Majoran *31, 32,* 190
Malus coronaria 'Charlottae' (Apfelbaum) 48; *M. floribunda* 48; *M. trilobata* 44, 48; *M.* x *zumi* 'Golden Hornet' *43,* 48, *48*
Malvastrum lateritium (Malvenart) 103, 142
Malven 19, 103, 121, 142, 180
Margerite *70, 72, 73,* 197
Marvell, Andrew 75
Mauern 129–138, *167, 167–169, 169*
Meerkohl s. a. Kohl *56,* 63
Morley, John *137*
Morus (Schwarzer Maulbeerbaum) 24, *24, 26, 33* ff., 61
Mulchen 173, 174, 187, 191
Myrte 32, 134, 142

Narcissus 182, 184; *N.* 'Actaea' 81; *N.* 'February Silver' *53, 75,* 79; *N. pseudonarcissus* 79; *N.* 'Thalia' *53*
Nash, John 133
Nasturtium (Brunnenkresse) 142
Nepeta (Katzenminze) *69, 70, 70,* 121, 122, 182, 189, 196; *N. sibirica* 'Souvenir d'André Chaudron' *121,* 122
Nicotiana alata (Tabak) 127

Obstgarten 18, *72-83, 73-81,* 149
Onopordum (Eselsdistel) *119,* 121
Origanum 124, *125;* O. 'Herrenhausen' *182*

Papaver (Mohn) *65,* 70, 120, 187; *P.* 'Pink Chiffon' *115;* Islandmohn *66, 67,* 197
Paeonia (Pfingstrose) 52, *65,* 70, 91, 96, 109 f., *117,* 123, 146, 176, *177, 182,* 197, *197, 198;* *P. delavayi 104,* 105; *P. mlokosewitschii* 86, *87;* Strauchpäonien 14, *104,* 105
Page, Russell 149
Palmer, Samuel 75, 77, 81
Parochetus africanus 143
Pelargonium (Geranie) *142,* 143; *P.* 'Barbe Bleu' *138,* 141; *P.* 'Brunswick' 122, 141, 197; *P.* 'Clorinda' *135;* *P.* 'Crystal Palace Gem' 142; *P.* 'Duke of Edinburgh' *141;* *P.* 'Friesdorf' 142; *P.* 'Lord Bute' 122; *P.* 'Mystery' *141;* *P.* 'Paton's Unique' *128, 129,* 141; *P.* 'Sweet Mimosa' *143;* *P.* 'Versailles Red' 141; *P.* 'Yale' 141
Penstemon 'Blackbird' 122; *P.* 'Garnet' 122; *P.* 'Laura's Red' 122

Perovskia 182; *P. atriplicifolia* 124, 125
Petunien 189
Pfade, Wege 162, 165 f., *165, 166,* 187 f.
Pfirsichbäume 32, 134, 194
Pflanzendünger 175, 187, 191 ff.
Pflanzenkrankheiten 194 f.
Pflanzenschnitt, geschnittene Gartenkunst *65,* 89, 90, 91 f., *91, 99, 100*
Pflanzenstützen 197, 198, *198*
Pflastern 35, 56, 65-68, *165, 166*
Pflege des Gartens 192–199
Philadelphus (Sommerjasmin) 48, 146, 154, 195, *195*
Phygelius (Kap-Fuchsie) 105
Physostegia (Gelenkblume) *119*
Pissarro, Camille 77
Plumbago (Bleiwurz) 34
Polemonium (Jakobsleiter) 193, 196
Polypodium vulgare (Engelsüß) 185
Polystichum setiferum (Schildfarn) 106; *P.s. divisilobum* 185
Pope, Alexander 11
Potentilla 'Monsieur Rouillard' (Fingerkraut) 32
Primula 45, *65,* 79, 81, 102 f., *102, 103,* 127, 143, 184, *184;* *P.* Barnhaven-Stamm 102; *P.* Cowichan-Stamm *35;* *P.* 'Guinevere', *P.* 'Ken Dearman', *P.* 'Wanda' 102
Prunus avium (Vogelkirsche) 47 f.; *P.* 'Beni-shidori' 138; *P. padus* 48; *P.* 'Shirotae' 48; *P.* 'Shogetsu' 48; *P.* x *subhirtella* 'Autumnalis Rosea' 120; *P.* 'Taihaku' 48
Ptelea trifoliata (Lederstrauch) 120
Pulmonaria (Lungenkraut) 19 f., 105, 193; *P.* 'Dora Bielefeld' 127; *P.* 'Frühlingshimmel' *100,* 102; *P.* 'Glebe Blue', *P.* 'Lewis Palmer', *P.* 'Redstart', *P.* 'Sissinghurst White' 102
Pyracantha (Feuerdorn) 147, 190
Pyrus (Birnbaum) 20 f., 47, 55, 61 f., *63,* 77; *P.* 'Doyenné du Comice' 132

Ranunculus (Butterblume, Hahnenfuß) *36, 37,* 49, 60, 81
Rasen *15, 17, 154, 171, 171,* 188 f.
Ravilious, Eric 137
Repton, Humphrey 47
Rhabarber 56
Rhamnus (Kreuzdorn) 120 ff.
Rhamnus alaternus 'Argenteovariegata' 120
Rhododendron maddenii 142 f.
Ribes x *gordonianum* (Stachelbeere) 35; *R. laurifolium* 102, *107*
Robinson, William 81
Rollrasen, Fertigrasen *171, 171,* 188
Rosa (Rosen) 18, 32, 45, 49, 52, 95, 105, 110, 114, *115,* 129, 160, 176, *176,* 178, *179,* 190, *191,* 193,195 f., *195, 196;* *R.* 'Adélaïde d'Orléans' 135; *R.* 'Albéric Barbier' *35,* 134; *R.* 'Albertine' 103; *R.* 'Alchymist' 103; *R.* 'Alister

Stella Gray' 134; *R. banksiae* 19, 130, *131,* 131; *R.b.* 'Lutea' *137;* *R.* 'Betty Hussey' 135; *R.* 'Cerise Bouquet' 120; *R.* 'Climbing Iceberg' *182;* *R.* 'Climbing Lady Waterlow' 134; *R.* 'Climbing Pompon de Paris' 138; *R.* 'Complicata' 120; *R.* 'Constance Spry' 120; *R.* 'De Rescht' 87; *R.* 'Dupontii' 48; *R. eglanteria* 48; *R.* 'The Fairy' 120, 124, *125;* *R.* 'Félicité Perpétue' *35,* 135 f.; *R.* 'Francis E. Lester' 135; *R. glauca* 120; *R.* 'Guinée' 131; *R.* 'L.D. Braithwaite' *123;* *R. laevigata* 'Cooperi' 138; *R.* 'Leverkusen' 131; *R.* 'Mme Isaac Pereire' 121; *R. moyesii* 47, *48;* *R.m.* 'Geranium' *43;* *R.* 'New Dawn' 135, 180, *181;* *R. nutkana* 'Plena' 120; *R.* 'Paul's Lemon Pillar' 134 f.; *R.* 'Phyllis Bide' 133, *133;* *R. pimpinellifolia* 'Grandiflora' 48; *R. rugosa* 38, 44, 48; *R.* 'Sanders' White Rambler' 135; *R.* 'Summer Wine' 103; *R.* 'Veilchenblau' 138; *R. webbiana* 48; *R.* 'William Lobb' 120; *R.* 'Zéphirine Drouhin' *182*
Rosmarin 86, 91 f., *91,* 176, 190
Ross-Craig, Stella 29

Salvia (Salbei) 25, 122, 176, *177,* 189; *S. elegans* 'Scarlet Pineapple' 135; *S. microphylla* var. *neurepia* 142; *S. patens* 32, 34; *S. sclarea* var. *turkestanica* 87, *87,* 127, *163,* 199
Schatten 184 f.
Schisandra rubriflora (Beerentraube) 68 f.
Schnitt, Rückschnitt 195 ff., *195, 196*
Scilla (Blaustern) 49, 189
Sempervivum (Hauswurz) 141 f.
Shakespeare, William 37
Silberdisteln 121 f.
Skabiose 184, 197
Smyrnium perfoliatum 49, 184
Solanum (Nachtschatten) 131, 180; *S. crispum* 'Glasnevin' *181*
Sommergarten 109–123, *144, 145*
Sonnenblumen *25, 33*
Stachelbeeren, Stachelbeergarten 23–35, 149
Stauden 175 f., 195, *195*
Sternbergien 49
Stockrosen 130, 163
Strachan, Arthur Claude 117
Streptocarpus (Drehfrucht) 143
Stufen *167, 168, 168*
Swimmingpool, Teich *38, 39,* 44 f., 148 f., *148, 150*
Syringa (Flieder) 127

Tabakpflanzen 127, 197
Tal *36–49, 37–49*
Terrassen, Plateaus 18, *84–93, 85–93*
Teucrium fruticans 'Azureum' (Gamander) 131

Thomas, Graham Stuart 127
Thomas, Keith 75
Thujen 13, *15,* 17
Töpfe, Topfpflanzen *129,* 133, 136–143, *139–143*
Tomaten 55
Trachelospermum (Sternjasmin) 25, 131, 190
Tulipa (Tulpe) 70, 77, 81, 87, *105,* 118, 122, 141, 178, *180,* 182, 194; *T.* 'Aladdin' 32; *T.* 'Angélique' *139;* *T. batalinii* 'Bright Gem' *142;* *T.* 'Carnaval de Nice' *104,* 105; *T.* 'China Pink' *139, 182;* *T.* 'Couleur Cardinal' *180;* *T.* 'Generaal de Wet' *25, 31;* *T. linifolia* 'Bright Gem' *90;* *T.* 'Queen of Night' *182;* *T.* 'Spring Green' *180;* *T.* 'West Point' *86, 140;* *T.* 'White Triumphator' *86;* *T. whittallii* 29

Umziehen mit Pflanzen 176
Unkraut 59 f., 172 f., *173,* 187

Veilchen 65
Verbascum (Königskerze) 198
Verbena 122, 134, 163; *V. bonariensis* 122, 138
Vermehrung 199 f., *199*
Vermessungen 160 ff., *161*
Viburnum (Schneeball) 48; *V.* x *bodnantse* 69; *V. burkwoodii* 'Park Farm Hybrid' 131; *V. farreri* (Duft-Schneeball) 69; *V. opulus* 'Roseum' 44
Vinca minor 'Argenteovariegata' (Immergrün) 185; *V.m.* 'La Grave' *185*
Viola (Stiefmütterchen) *22, 23,* 70 f., 196, 199; *V.* 'Arkwright's Ruby' *26*
Vitis vinifera 'Fragola' (Echter Wein) 135

Walther, Johann *99,* 117, *137*
Weigela middendorffiana (Weigelie) 120
Wicken *65, 65,* 189
Wildblumen 79 ff., 189
Wilder Wein 11, 13, *14,* 130, 139
Wilson, Ernest 68
„Wintergarten" 126f., *126, 127*
Winterharte Pflanzen, Rückschnitt 196 f.
Wisteria (Glyzine) 111, 129 ff., *130,* 190, 196; *W. sinensis* 137
Woodville, William 29

Zedern 24, 96
Zierapfel *43,* 48
Zierkirsche 48
Zitronenbaum 142
Zypressen 47

Dank

Für ihre praktische Hilfe, wertvolle Hinweise und wundervolle Pflanzen-Geschenke bin ich folgenden Personen zu ganz besonderen Dank verpflichtet: Nell Maydew, John Rimes, Des Hall, Tony Bowman, Dick Warriner, Sue Dickinson, Graham Harvey, John Sales, Ruth Birchall, Chloe Darling, Carole Clement, Corinne Renow-Clarke, Sarah Pearce, Louise Simpson, Stuart Cooper, Sarah Riddell, Jess Walton, Leslie Harrington, Lesley Craig und Tony Lord.

Bildnachweis

14–15 Mit freundlicher Genehmigung von Frank Knight; 156–157 Andrew Lawson (Bramdean House, Hampshire); 158 Jill Mead (Greys Court, Oxfordshire); 159 Jill Mead (Mirabel Osler); 160 Marianne Majerus (Beth Chatto); 161 Clive Nichols (Le Manoir Aux Quat Saisons); 162 Jerry Harpur (Stonecrop, Coldspring, New York); 163 Jerry Harpur (Eastgrove Cottage Garden, Sankyns Green, Worcester); 164 Marianne Majerus (Mirabel Osler); 165 Ken Druse; 166 Marianne Majerus (Design: Mark Brown); 167 *unten* Ken Druse; 167 *oben rechts* Marijke Heuff (La Casella); 167 *oben links* Andrew Lawson (Privat, Northamptonshire/Design: Dan Pearson); 168 Marijke Heuff; 169 *oben* Ken Druse (Design: Margaret Roach); 169 below Marijke Heuff; 171 oben Country Life/Hugh Palmer (Badminton); 171 *unten* Gary Rogers; 172 Marianne Majerus; 174 *oben* Marijke Heuff; 174 *unten* Marijke Heuff (The Coach House, Oxfordshire); 175 S&O Mathews; 176 Clive Nichols (Wollerton Old Hall, Shropshire); 177 below Andrew Lawson (Ashtree Cottage, Wiltshire); 177 *oben* Gary Rogers; 178 Richard Felber (Pam Kay, Ogunquit, Maine); 179 *oben* Country Life/Anne Hyde (Hardwick Hall); 179 *unten* Juliette Wade (The Old Chapel, Gloucestershire); 180 Clive Nichols (Hadspen Gardens, Somerset); 184 Country Life/Clive Boursnell (Barford Park); 185 Country Life/Alex Ramsay (Overbecks); 186 Henk Dijkman; 187 Marijke Heuff; 188 Jerry Harpur (Great Dixter, Northiam, Sussex); 189 Marijke Heuff (Boogaard); 190 Marijke Heuff (Ineke Greve); 191 *links* Marie O'Hara (Mr and Mrs Hinton); 191 *rechts* Maggie Oster (Dickey); 192 Jill Mead (Arden Hall, North Yorkshire); 193 Marijke Heuff (Brinkhof); 196 Neil Campbell-Sharp (Newby Hall); 198 *links* Jerry Harpur (Holker Hall, Grange-over-Sands, Cumbria); 198 *rechts* Steve Robson (mit Dank an John Morley); 199 Steve Robson (Pemberton Garden)

Alle anderen Fotos von Andrew Lawson

Nachweis der Pinwände

DER STACHELBEERGARTEN: 28–29
1 Clive Nichols (Château De Villandry, France); 2 Gemma Nesbitt (John & Carol Hubbard); 3 Angelo Hornak; 4 Mary Evans Picture Library; 5 The Natural History Museum, London/Bridgeman Art Library; 6 Clive Nichols (Chateau de Villandry, France); 7 C.S. Sykes/Interior Archive; 8 Andrew Lawson (Barnsley House)

DAS TAL: 40–41
1 C.S. Sykes/Interior Archive; 2 Andrew Lawson (Knightshayes, Devon) 3 Country Life/Anne Hyde (Hardwick Hall, Derbyshire); 4 National Trust Picture Library/Nick Meers (Hidcote, Gloucestershire); 5 Tania Midgley; 6 Hugh Palmer (Knightshayes, Devon); 7 Marijke Heuff

DAS TAL: 42–43
1 J.S. Sira/GPL; 2 Jerry Harpur (Writtle College, Essex); 3 John Glover/GPL; 4 Jerry Harpur (Newby Hall, Yorkshire); 5 Jerry Harpur; 6 Stephen Robson (mit Dank an Mr und Mrs Mullins, Pinbury Park); 7 Andrew Lawson; 8 Jerry Harpur (Benington Lordship, Hertfordshire)

DER GEMÜSEGARTEN: 54–55
1 Sue Snell; 2 Brigitte Thomas/GPL; 3 Edifice/Weideger (West Dean, Sussex); 4 Sue Snell; 5 Sue Snell; 6 SIP/Yves Duronsoy; 7 Fine Art Photographic; 8 Mary Evans Picture Library; 9 Sue Snell

DER OBSTGARTEN: 76–77
1 C.S. Sykes/Interior Archive; 2 Clive Nichols (Eastgrove Cottage, Hereford und Worcester); 3 Musée d'Orsay, Paris/Giraudon/Bridgeman Art Library; 4 Sue Snell; 5 Andrew Lawson; 6 Foto James Ravilious/Common Ground; 7 Clay Perry/GPL; 8 Galleria Degli Uffizi, Florenz/Bridgeman Art Library; 9 mit Dank an Board of Trustees of the Victoria & Albert Museum, London/Bridgeman Art Library; 10 Courtesy of the Board of Trustees of the Victoria & Albert Museum, London

DAS PLATEAU: 88–89
1 Andrew Lawson (Beckley Park, Oxfordshire); 2 Andrew Lawson (Sapperton, Gloucestershire); 3 Country Life/Alex Ramsay (Plas Brondanw, Gwynedd); 4 Hugh Palmer (Beckley Park, Oxfordshire); 5 Robert Emmett Bright (Villa La Pietra von Harold Acton); 6 Vivian Russell (Levens Hall, Cumbria); 7 Hugh Palmer (Hasely Court, Oxfordshire); 8 Marianne Majerus/GPL; 9 Andrew Lawson (Sapperton, Gloucestershire)

DIE CHRISTROSEN-BEETE: 98–99
1 National Trust Picture Library/Andrew Lawson; 2 Hugh Palmer (Essex House); 3 Courtesy of the Trustees of the Victoria & Albert Museum, London/Bridgeman Art Library; 4 John Glover/GPL; 5 Anne Hyde; 6 Andrew Lawson (The Old Rectory, Burghfield); 7 Anne Hyde; 8 Mary Evans Picture Library; 9 Anne Hyde; 10 Andrew Lawson (Kidlington, Oxfordshire); 11 Angelo Hornak

DER SOMMER- UND DER WINTERGARTEN: 116–117
1 The Royal Horticultural Society, The Lindley Library; 2 Galerie George/Fine Art Photographic; 3 Harris Museum & Art Gallery, Preston, Lancashire/Bridgeman Art Library; 4 Fine Art Photographic; 5 National Trust Photographic Library/Nick Meers (Snowshill Manor); 6 The Royal Horticultural Society, The Lindley Library; 7 John Glover/GPL (Designer: Dan Pearson); 8 Angelo Hornak

AN MAUERN UND IN TÖPFEN: 136–137
1 Angelo Hornak; 2 City of Bristol Museum & Art Gallery/Bridgeman Art Library; 3 Marianne Majerus; 4 Private Collection/Bridgeman Art Library; 5 Painting by John Morley; 6 Andrew Lawson; 7 Clive Nichols; 8 Sue Snell